营销制胜

菲利普·科特勒（Philip Kotler）
何麻温·卡塔加雅（Hermawan Kartajaya） 著　王永贵 译
许丁宦（Hooi Den Huan）

Marketing for
Competitiveness

中国人民大学出版社
·北京·

THE TRANSLATOR'S WORDS

译|者|序

互联网、移动互联网、物联网、虚拟现实、云计算、大数据、数字化等所包含的丰富内涵及其在商业和生活中的应用,在彻底改变企业价值创造模式和创新逻辑的同时,也从根本上改变了人们的生活和消费方式,人们仿佛一夜之间就进入一个完全不同的世界。一方面,越来越多的企业面临着转型升级和持续创新的压力;另一方面,消费者也在思考和探索更有效的消费方式和更便利的生活方式。在这样的大背景下,管理实践者和理论研究者都在夜以继日地工作,希望尽快帮企业找到一条成功实现转型升级的捷径。

正是基于此,菲利普·科特勒、何麻温·卡塔加雅、许丁宦撰写并出版了力作《营销制胜》。我于2010年在美国西北大学凯洛格商学院做富布赖特访问学者时与菲利普·科特勒教授结识,许丁宦教授则是我于2006年参加哈佛商学院案例教学进修时的同窗。该书从变革解析入手,系统描述了市场营销的传统模式及其不足,深刻地剖析了营销战略、营销策略和营销价值等方面的重大变革,进而构建起了全新的、水平化的新浪潮营销范式。最后,三位作者从亚洲的三类企业(本土冠军企业、区域领先企业和全球企业)的定位出发,展开了相对深入的案例研究,展示了新浪潮营销的关键元素在相应企业实践中的应用和效果。

我们的研究团队一直在关注和研究价值共创和开放创新中的系列问题,希望在当今的数字化经济、共享经济、体验经济、互联网经济背景下为企业找到一种实现基业长青的战略逻辑：从以前的竞争逻辑转向现在的合作逻辑、生态逻辑和共创逻辑。同时，我们的团队也一直在跟踪菲利普·科特勒教授的系列名著。在主持翻译了菲利普·科特勒教授等人的《营销管理》第 13 版和第 14 版以及菲利普·科特勒教授编撰的其他系列营销学论著之后，我还基于中国本土的制度环境和商业文化的视角，跟菲利普·科特勒教授合作出版了《市场营销学（第 12 版全球版）》中国版（中国人民大学出版社，2017），该书被广泛地用于不少大学的市场营销学相关课程。

在翻译本书过程中，我们也一直在践行本书作者菲利普·科特勒、何麻温·卡塔加雅和许丁宜基于成功企业所总结的共创逻辑。初译稿具体分工如下：对外经济贸易大学英语学院的朱在芝负责第 1～6 章，国际商学院的游畅负责第 7～12 章，我指导的博士研究生金夏芳负责第 13～15 章。最后，对外经济贸易大学图书馆的张欣与我一起统校了全书。由于原书语言相对晦涩和译者水平有限，虽然中间几易译稿，但始终无法令人满意，是以拖延至今，甚感遗憾。在经过了无数个日日夜夜的翻译、校对、讨论和修改之后，自我 2017 年接受翻译邀请迄今已历时一年有余。值本书出版之际，感谢在此过程中给我提供帮助和鼓励的朋友和家人。

鉴于译者水平有限，书中错误在所难免，敬请读者批评指正。

王永贵

FOREWORD

序|言

今天，我们置身于一个快速变化、不稳定、不确定、复杂和模糊的世界。它以推动力和破坏力为特征，而这些力量从根本上影响着整个商业蓝图。

可以说，无论是大型组织还是小型组织，无论是公共组织还是私人组织，无论是营利性组织还是非营利组织，没有任何一个组织可以忽视上述力量及其重大影响——对其成功和可持续性产生的深远影响。这些力量不仅存在于组织内部，而且遍及每个个体，从而引发了消费者行为以及组织行为的重大变化。

应对上述挑战并利用好其中可能存在的机会，营销是最合适的学科之一。因为营销总是会触及每个人的心智和灵魂。正如瑞吉斯·麦肯纳（Regis McKenna）在一篇文章中所说的："营销就是一切。"

如果可以进一步强调，那么我们想说，"营销无处不在"，这不仅适用于亚洲，在世界其他地区同样适用。实际上，无论是按照规模、增长率、多样性还是其他任何可能想到的标准来衡量，亚洲都是世界上最具活力的地区之一。在过去半个世纪的时间里，亚洲经历了如此快速的变革，以至于有些人把21世纪称为"亚洲的世纪"。

鉴于营销作为一门学科的重要性和亚洲作为一个地区的重要性，我们有责任总结亚洲和其他地区的理论和实践，并与所有人分享这些经验和知识，以此来进一步推动营销事业的发展，否则我们就真的太失败了。

在这个互联互通的世界里，我们不会也不可能独自做事。通过亚洲营销联盟（Asia Marketing Federation），我们促进了区域乃至国际协作。

因此，我们非常支持菲利普·科特勒、何麻温·卡塔加雅和许丁宦教授撰写这样一本书，他们都是亚洲营销联盟的核心成员。我们相信，这必将进一步推动我们主要目标的实现——帮助发展一系列有关营销理论和实践的艺术与科学知识，进一步促进全球、区域和当地营销水平的提高。

- 亚洲营销联盟主席
- 亚洲营销联盟基金会主席
- 中国国际贸易促进委员会商业行业委员会
- 中国香港市务学会
- 印度尼西亚营销协会
- 马来西亚营销协会
- 日本营销协会
- 柬埔寨营销协会
- 泰国营销协会
- 新加坡营销协会
- 孟加拉国营销协会
- 韩国营销协会
- 蒙古国营销协会
- 缅甸营销协会
- 菲律宾营销协会
- 斯里兰卡营销协会
- 中国台湾行销科学学会
- 越南营销协会

CONTENTS

目录

导论 解析变革

第1章 以技术作为基本驱动力 // 4
  亚洲的数字革命：增长与挑战 // 5
  亚洲数字生态系统 // 8
  数字化的影响 // 12
  数字化的三个悖论 // 14

第2章 以政治法律、经济和社会文化作为主要驱动力 // 18
  亚洲的政治法律挑战 // 19
  数字化与政治法律变革 // 19
  数字化与亚洲经济挑战 // 19
  数字化与社会文化新趋势 // 22

第3章 以市场作为终极驱动力 // 25
  当技术颠覆市场的时候 // 26
  竞争新面貌 // 28
  新顾客之路 // 32
  宣传和"哇"效应 // 36

新市场、新营销 // 38

第 I 篇　市场营销就是转变？
竞争蓝图：动态舞台

第 4 章　以产品为中心的观点：产品开发中的互联互通 // 46

产品开发和互联互通 // 48

新产品开发的挑战 // 49

应对挑战：阶段 – 门模型 // 53

开放式创新与互联互通 // 55

连通产品 // 59

第 5 章　以顾客为中心的观点：连接数字化消费者 // 63

顾客管理基础 // 65

进入数字化消费者的头脑 // 67

在数字时代挽留和增长客户 // 70

在数字时代赢返失去的顾客 // 74

第 6 章　以人为本的观点：在互联互通中行善得福 // 77

社会和商业目标的整合 // 78

以人为中心的营销实践 // 79

社会转型进程的推动者 // 80

解决贫困问题的催化剂 // 80

解决环境问题的贡献者 // 81

连接和改变世界 // 83

第 II 篇　市场营销就是行动？
竞争地位：核心所在

第 7 章　存在战略：从定位到确认 // 92

传统时代的定位发展 // 95

定位的衰落、角色说明的崛起 // 97

角色声明的剖析 // 98

第 8 章　核心策略：从差异化到编码 // 104

从差异化到编码 // 110

品牌 DNA 的编码 // 111

编码的洋葱模型 // 112

第 9 章　价值指标：从品牌到人格 // 118

人性化品牌 // 121

人格化品牌：品牌关系新趋势 // 122

第 III 篇　市场营销就是创造？
竞争营销：一整套方案

第 10 章　价值探索的营销战略 // 134

从市场细分到社区化 // 135

从目标市场选择到确认 // 140

第 11 章　价值融入的营销策略 // 146

从产品到共同创造 // 146

从价格到行情 // 151

从促销到沟通／对话 // 154

从渠道到社区活化 // 155

从销售到商业化 // 157

第 12 章　依托价值观的价值营销 // 162

从服务到关爱 // 162

从 SOP 到 VBP // 165

医疗保健业的关爱教训 // 167

VBP 的内部化 // 169

从流程到协作 // 173

协作：两种类型和三个等级 // 175

结语　全球区域本土化的心态
从亚洲走向世界

第 13 章　亚洲本土冠军 // 183

老挝航空公司 // 184

UFC 集团 // 187

华和百货商店 // 190

第 14 章　亚洲区域企业：亚洲化愿景，本土化行动 // 193

Zalora // 194

爱喜利达银行 // 198

越南乳业公司 // 201

马尔代夫库鲁巴度假村 // 205

第 15 章　亚洲跨国公司：全球价值、区域战略和本土化策略 // 210

快乐蜂集团 // 211

本田公司 // 215

三星电子公司 // 219

导 论
解析变革

亚洲是世界上人口最多的地区，占世界人口的60%以上。亚洲年轻人口不断增长，中产阶层不断扩大，各国经济高速增长，已成为非常有潜力的市场。事实上，与欧洲或北美等市场较为成熟的地区相比，亚洲不断发展中的市场毫不逊色。想在亚洲成功开展业务的营销者应该了解这一地区正在发生的变革。

本书第Ⅰ篇讨论了受地区内部和外部力量影响的动态商业环境、形成这些内外部力量的具体因素、企业面临的各种挑战以及可供利用的市场机会等。长期以来，虽然市场一直在发展演化，但一些变量，如技术的快速进步、全球化的快速发展以及数量不断增长的见多识广的客户群体如何做出应对（它们在过去十年里持续地发挥着作用）等，促使变革的速度不断加快。旧的经营规则必须做出改变以在不断变化的市场中保持相关性和竞争力。这将带来牺牲与妥协、赢家与输家，并且谁都不希望在追求进步和繁荣时落在后面。

变革是决定外部宏观经济环境的动态因素，继而影响了组织的战略制定。在《反思：可持续营销——亚洲公司成功的战略、策略和执行力》一书中，我们得出了这样的结论：变革包括技术、政治法律、社会文化、经济和市场五个要素（见图A）。其中，技术是变革的基本驱动力，会对人们的工作和生活产生直接的重要影响，并影响着政治和法律制度、经济发展和社会文化标准。这些变革间接地创造了新市场、终结了旧市场。

本书第1章到第3章详细地阐述了亚洲宏观环境的动态特征，特别是亚洲迅速发展的数字技术革命和这场革命对其他市场要素所产生的影响。反过来，这些变革又进一步影响了所有利益相关者：政府、公司、消费者等等。若了解这些变革及其影响，营销人员将能够在竞争对手还在应对现有挑战时识别和把握新的机会。

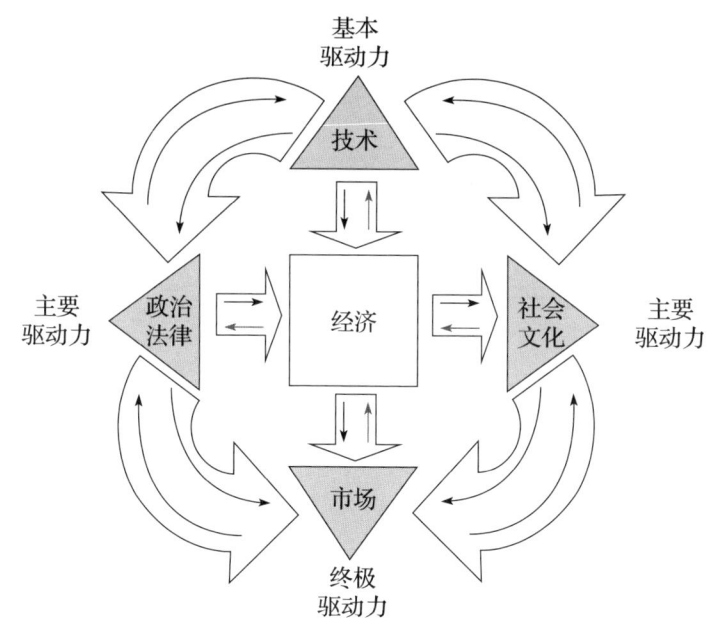

图 A　解析变革

第 1 章
以技术作为基本驱动力

> 移动，移动，移动！亚洲的互联网用户主要通过移动终端连接。他们中的绝大多数不是迁移到移动终端，而是以移动终端为起点。
>
> ——谷歌亚太地区前董事总经理米歇尔·居特里
> （Michelle Guthrie）

毋庸置疑，19 世纪的工业革命使技术成为强大的变革力量。蒸汽机的发明及其在动力机械和机车上的最终应用，导致全世界的农业、制造业、矿业、交通运输和政治都发生了重大转变。

另一场革命是数字革命，它在过去半个世纪里持续影响着我们。从机械技术和电子技术到数字技术，最后是移动技术的转变，激发了各行各业的显著发展，同时推翻了各个领域的传统秩序。

有些人更喜欢称这种变革为破坏。无论我们是否认可，数字革命都标志着企业和社会运作方式的重大转型。从数字技术和移动技术惊人的发展速度来看，这种影响显而易见，特别是跟以往时代的技术变革相比。例如，在美国从第一户家庭安装了电话到有一半家庭安装了电话耗时 50 多年，而智能手机仅用五年多的时间就进入美国一半家庭。收音机花了 30 多年的时间吸引了5 000万受众,而脸书(Facebook)在12个月内就做到了,推特(Twitter)则只用了9个月时间。微信(WeChat)——中国的腾讯公司开发的移动端信息和语音通信服务,两年内增加了4亿用户(Thompson et al.,2015)。

除了无与伦比的发展速度,数字革命还以难以想象的方式给我们生活的许多方面带来重大变化。在商业世界中,行业发展呈现出碎片化趋势,各行业的融合势不可当,经济可以一夜重塑。今天的银行正在与电信业展开竞争,提供支付服务;酒店业正在努力保护其地盘免受线上租房服务的极大威胁(如爱彼迎(Airbnb)和Couchsurfing);传统运输公司由于市场份额的下滑也开始恐慌,因为美国的优步(Uber)、中国的滴滴出行、马来西亚的Grab和印度尼西亚的GoJek等新兴线上运输服务网络出现了;考虑到电子商务和线上市场的增长,实体零售商正在努力吸引访客进入商店。总而言之,整个市场竞争情势发生了巨大的变化。

数字革命影响了消费者的行为:消费者从搜索到购买、支付、使用和处理产品的方式都发生了变化。消费者的媒体习惯也发生了巨大改变,这迫使营销人员不得不仔细思考并寻求替代渠道,以更有效地与消费者接触和互动。结果,市场上涌现出各种各样的旨在创建双向和多向对话的线上互动平台。相应地,消费者的决策过程也因为各种各样的影响而变得更加复杂,这些影响既包括线下的也包括线上的。

对于在亚洲展开经营活动的企业来说,不断演化的行业同消费者一样值得关注,管理者必须以积极的态度来应对变化。亚洲作为世界上人口最多的地区,拥有一个非常有吸引力的消费市场。然而,亚洲市场是各种文化、语言、消费者的独特行为和其他差异的大熔炉,这些差异给企业带来了巨大挑战。本章介绍了亚洲的技术发展情况、决策者和营销人员所面临的挑战以及这些变革对宏观环境和商业环境的影响。

亚洲的数字革命:增长与挑战

亚洲是世界上人口最多的地区,中国、印度和印度尼西亚的人口密度都很高。总体上,亚洲的手机普及率已高达93%,略低于全球平均普及率97.7%(见表1-1)。事实上,半数以上的亚洲国家手机普及率已达到100%以上,这意味着人均拥有多部手机(见表1-2)。

表1-1　　互联网和手机用户:亚洲和世界其他地区　　单位:人

	人口(2015年估计数)	占世界人口的百分比(%)	互联网用户(2015年)		手机用户(2015年)	
			人数	普及率(%)	人数	普及率(%)
亚洲*	3 915 876 022	53.9	1 580 740 616	40.4	3 639 947 757	93.0
非亚洲地区	3 344 026 221	46.1	1 785 520 540	53.4	3 450 052 243	103.2
世界	7 259 902 243	100	3 366 261 156	46.4	7.090.000.000	97.7

*不包括中东国家和前苏联地区等。

资料来源:Data on population and Internet users from internetworldstats.com; data on mobile phone users from GSMA Intelligence, Wikipedia, wearesocial.sg, internetworldstats.com.

表1-2　　亚洲部分国家的数字化　　单位:人

国家	人口(2015年估计数)	互联网用户(2015年)		手机用户(2015年)	
		人数	普及率(%)	人数	普及率(%)
孟加拉国	168 957 645	53 941 000	31.9	133 720 000	79.1
不丹	741 919	254 998	34.4	570 000	76.8
文莱	429 646	318 901	74.2	495 000	115.2
柬埔寨	15 708 756	5 000 000	31.8	24 200 000	154.1
中国*	1 361 512 535	674 000 000	49.5	1 276 660 000	93.8
印度	1 251 695 584	375 000 000	30.0	1 017 968 757	81.3
印度尼西亚	255 993 674	78 000 000	30.5	308 200 000	120.4
日本	126 919 659	114 963 827	90.6	155 600 000	122.6
朝鲜	24 983 205	7 200	0.0	2 800 000	11.2
韩国	49 115 196	45 314 248	92.3	56 000 000	114.0
老挝	6 911 544	985 586	14.3	7 000 000	101.3
马来西亚	30 513 848	20 596 847	67.5	41 800 000	137.0

续前表

国家	人口（2015年估计数）	互联网用户（2015年）		手机用户（2015年）	
		人数	普及率（%）	人数	普及率（%）
马尔代夫	393 253	230 000	58.5	673 000	171.1
蒙古国	2 992 908	1 300 000	43.4	3 100 000	103.6
缅甸	56 320 206	7 100 000	12.6	13 300 000	23.6
尼泊尔	31 551 305	5 700 000	18.1	25 200 000	79.9
巴基斯坦	199 085 847	29 128 970	14.6	149 200 000	74.9
菲律宾	109 615 913	47 134 843	43.0	114 600 000	104.5
新加坡	5 674 472	4 653 067	82.0	8 300 000	146.3
斯里兰卡	22 053 488	5 689 800	25.8	27 400 000	124.2
泰国	67 976 405	38 000 000	55.9	97 000 000	142.7
东帝汶	1 231 116	290 000	23.6	861 000	69.9
越南	94 348 835	47 300 000	50.1	128 300 000	136.0
亚洲**	3 915 876 022	1 580 740 616	40.4	3 639 947 757	93.0

* 不包括中国的香港特别行政区、澳门特别行政区和台湾省。
** 不包括中东国家和前苏联地区等。
资料来源：Data on population and Internet users from internetworldstats.com; data on mobile phone users from GSMA Intelligence, Wikipedia, Wearesocial.sg, internetworldstats.com.

移动终端普及率高的原因主要有两个：移动宽带覆盖率的提高和移动设备数量的增加。亚洲移动宽带覆盖面的扩大，是政府和私人部门（网络运营商）之间加强协作的结果，旨在建立支持扩大移动通信覆盖面的基础设施。移动通信设备拥有的更大的承载能力，可以归因于人口数量快速增长的中产阶层越来越多的可支配收入以及亚洲手机制造商的技术和制造业的创新。根据相关的统计数据（GSMA Intelligence，2015），在2014年发货的手机中，约有90%来自亚洲的供应商。这使得手机已经成为亚洲的大众产品。

移动电话的使用情况在亚洲看起来并不均衡。缅甸和朝鲜等国家远远落后于其他国家（见表1-2）。在其他国家中，由于社会经济发展差距，手机的普及率也有很大差异。一些国家的政府关于发展移动宽带基础设施投资的政策仍有待改进。在这方面，尽管缅甸经历了超过五年的政局不稳，但依然取得了比较有效的进展，政府加快了对外开放的步伐，实施了一系列经济改革措施，这促使亚洲的几家移动运营商和手机制造商在缅甸开始拓展业务，其他行业也是如此。在爱立信（Ericssion）2015年的一份报告中，缅甸的移动市场增长速度位列全球第四，仅仅落后于中国、印度和美国。

亚洲面临的另一个挑战是互联网使用不充分，这降低了该地区日益增长的手机使用的潜力。如表1-1所示，互联网用户在亚洲的普及率仅为40.4%。这表明亚洲绝大多数手机用户在使用过时的手机或功能有限的手机。例如，在印度这个人口最密集的国家，截至2015年，智能手机用户总计约1.679亿，仅占移动设备用户总数的16.5%（Statista，2016）。

一份关于各个国家的互联网用户数据的详细报告指出，亚洲的数字鸿沟将持续存在。有约25%的国家其互联网渗透率在60%以上，这些国家大多人口较少，其中包括新加坡和韩国。在手机和互联网普及方面，亚洲国家实际上处于落后状态。例如，印度和印度尼西亚的人口合计超过亚洲人口的1/3，但互联网的普及率仅约为30%（见表1-2）。这种不均衡性是亚洲相关行业的决策者和营销人员需要关注的问题。

亚洲数字生态系统

如果没有支持性的数字生态系统，亚洲的数字技术就不会有长足的进步。这个数字生态系统由多个方面构成，从政府和私营部门到向消费者提供的移动和互联网服务（见图1-1）。这个生态系统的重要性在于：有助于提高人们的数字素养，同时弥补亚洲的数字鸿沟。

根据GSM协会的研究，亚太地区（亚洲、澳大利亚和新西兰）2014年生态系统的总增加值——行业给员工支付的工资、向政府缴纳的税款以及给股东分配的利润的总和——约为3 950亿美元。同时，这一生态系统为亚太地区的650万人提供了直接就业机会，预计到2020年将增至800万人。

在该地区所有的数字生态系统参与者中，最大的经济贡献来自移动运营商，占生态系统总贡献的 70% 以上。

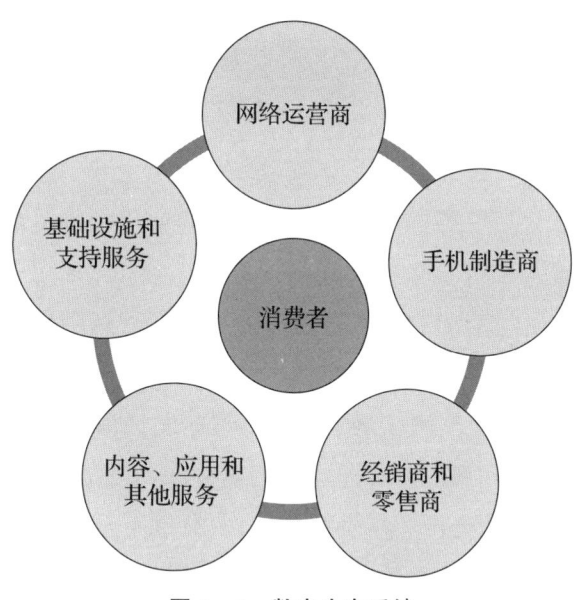

图 1-1 数字生态系统

基础设施和支持服务

信息通信技术（ICT）基础设施是信息社会显著且重要的基础（Sharma and Mokhtar，2006）。在私营部门的支持下，政府以统一的方法通过移动技术和相关基础设施的改进改善公众的互联网接入状况。在亚洲，几乎所有国家都制定了总体规划或倡议，以支持生活各方面的数字化。例如，新加坡开发了 eGov2015，以建立一个互动环境，政府、私营部门和消费者通过信息技术的应用实现无缝协同。泰国致力于通过其 2020 年蓝图和智能泰国（Smart Thailand）项目（Kotler et al.，2014）实现类似的 ICT 目标。

网络运营商

亚洲移动运营商和互联网服务供应商之间的良性竞争使得信息技术（IT）服务费降低。从市场趋势可以看出，使用手机和短信服务（SMS）的

9

成本一直在下降，这使得移动技术被更广泛的消费者所采用。2008—2015年，几乎所有亚洲国家网络运营商的每用户平均收入（ARPU）都有所下降，预计还会进一步下降（ROA Holdings，2012）。对网络运营商来说，能够在传统商业模式之外销售额外的服务既是挑战也是机遇。

手机制造商

2015年，亚太地区的智能手机使用率持续增长，达到40%。这个数据与亚洲互联网普及率统计数据的40.4%高度一致（见表1-2）。因此，可以设想智能手机使用率的上升将直接支持亚洲互联网用户数量的增加。随着本地智能手机制造商供应量的增加，像日本和韩国这样的先进市场同其他亚洲国家之间的数字鸿沟在逐渐缩小，这些制造商如小米（中国）、华为（中国）、三星（韩国）、Micromax（印度）、Advan（印度尼西亚）、Ninetology（马来西亚）、Cherry Mobile（菲律宾）等等（见例1-1）。

例1-1　　亚洲市场充斥着便宜的智能手机

手机制造商正在以低成本的智能手机占领亚洲市场。随着人们可支配收入的增加和购买能力的不断提高，智能手机的销售呈现出繁荣景象，本土制造商正在主导各个地区的市场。中国智能手机制造商小米在国内保持强劲增长态势的同时，开始在其他亚洲市场占据领先地位。其优质、便宜的智能手机得到了买家的认可。到2014年年底，小米成为中国市场上第一大智能手机供应商，领先三星和联想。国际数据公司（IDC）的数据显示，另外两家中国手机制造商——OPPO和vivo分别是世界第四和第五大手机销售商，位于三星、苹果和华为——另一大中国硬件制造商之后。

亚洲其他设备制造商在亚洲的智能手机市场上也呈现出明显的增长态势，包括菲律宾的Cherry Mobile、印度的Micromax等。这些公司优化了技术创新优势，使智能手机的单价在没有补贴的情况下可以低至

35美元。在亚洲生产低成本智能手机的其他设备制造商还包括马来西亚的Ninetology、印度尼西亚的Smartfren、巴基斯坦的Q Mobile和泰国的I-Mobile。

一方面，智能手机市场在亚洲的发达国家已相当成熟，如日本、新加坡、韩国等。另一方面，由于无线宽带的推出和低成本设备的可用性，智能手机的销售在发展中经济体蓬勃发展。爱立信的一份报告指出，到2020年，东南亚和大洋洲地区几乎2/3的手机用户使用的将是智能手机，使用规模达到约8亿人。

我们来看一些数据，它们证实了亚洲智能手机用户的增长。

- 马来西亚的移动通信用户中，智能手机用户占比从2012年的47%上升到2013年的63%。到2014年年底，马来西亚移动通信用户中智能手机用户占比达到74%。
- 斯里兰卡的智能手机销售额2014年比2013年翻了一番。
- 菲律宾的智能手机普及率在2014年年底达到34%（比上一年翻一番），预计到2016年年底将增至54%。
- 到2014年年底，越南拥有智能手机的人口比例高达38%，比2013年增长20%。智能手机用户约为2 200万，预计到2016年将达到2 600万。
- 印度尼西亚2015年全年的智能手机出货量增长17.1%，达到2 930万部。印度尼西亚的智能手机用户预计在2015年至2017年之间将以33%的年复合增长率（CAGR）增长，由2015年的5 200万人增至2017年的8 700万人。
- 截至2014年12月底，巴基斯坦的移动通信用户中只有5%的用户在无线3G和4G网络上使用智能手机；但增长很快，每个月大约有200万用户的增量。到2016年年底，巴基斯坦将有约4 000万智能手机用户。

资料来源：Sam（2015）。

经销商和零售商

分销公司的存在对亚洲的手机和互联网普及至关重要。通过广泛的分销渠道网络，它们帮助农村地区的消费者获得了手机和 SIM 卡。但随着时间的推移，这些实体分配渠道开始转变为就投资和基础设施而言更易于调遣的电子渠道。电子商务和线上市场促进了智能手机以更实惠的价格在城市的普及。小米通过与电子商务公司 Lazada 和 Flipkart 在印度成功协作，获得了相对较好的成本效益和受众广泛的分销平台，促进了小米在亚洲市场的销量大幅增长。

内容、应用和其他服务

由于线上新闻服务、社交媒体、即时通信商、应用程序开发商等的激增，内容、应用和其他服务以极快的速度发展壮大。除了谷歌（Google）、雅虎（Yahoo）和脸书等跨国公司以外，各国的本土企业甚至一些初创企业也开始提供应用程序、线上新闻等服务。在中国，2015 年 3 月，社交媒体——微博的月活跃用户已达到 1.98 亿，比上年增长了 38%（The Economist Corporate Network，2015）。应用程序开发商在亚洲的发展中国家得到了快速发展，全球风险投资家对其进行了大规模投资。本土企业则提供了更多本土化的且易于被亚洲消费者理解的内容。

数字化的影响

手机和互联网用户日益增多带来的影响是深远的。消费者可以随身携带功能强大的可上网设备。他们总是挂在网上，随时可以联系，甚至他们精确的位置也可以被定位到。业务遍及亚洲的马来西亚电信运营商 Axiata 数字服务公司的首席执行官表示："手机正在成为人们管理生活的平台。人的行为正在从非数字世界转换到移动环境中，从网约车到线上购物、移动支付、观看视频或与家人联系"（The Economist Corporate Network，2015）。

移动技术和互联网技术的深远影响不仅限于消费者的生活方式。在经济领域，数字化对亚洲和其他地区也有着显著的影响。2014年，移动技术和服务占亚太地区生产总值的4.7%，在50个不同的国家和地区（GSM Association，2015）贡献的经济价值超过1万亿美元。

数字化与经济增长之间有着很强的相关性。根据联合国教科文组织（UNESCO）衡量数字鸿沟程度的信息指数，信息指数最高的国家往往是生产总值最高的国家；同样，信息指数最低的国家其生产总值排名往往也最低。国际电信联盟（International Telecommunication Union，2008）的研究表明：东南亚国家联盟（ASEAN）成员之间互联网普及率与人均生产总值呈现正相关关系（Kotler et al.，2014）。

数字化也有助于减少发展中国家的贫困和失业现象。2014年，移动生态系统为亚太地区的650万人提供了直接就业机会，到2020年，这个数字预计会增至近800万人。移动生态系统所产生的经济活动在2010年间接支持了约600万个就业机会，到2020年，这一数字将增加到近700万（GSM Association，2015）。

通过适当使用数字技术，还可以减少城乡社会差距。技术跨越地理障碍，使世界各地的农村人口获得传统途径无法获得的产品和服务。移动银行和移动支付扩大了金融服务的范围，电子商务则促进了传统的实体零售领域的消费增长（Thompson et al.，2015）。难怪全球技术巨头谷歌和脸书都推出了旨在改善世界各地数百万农村居民数字化连接的专项举措。然而，在扩大农村人口之间的联系方面，起最重要作用的依然是政府。政府致力于改善落后地区移动通信和互联网基础设施的程度越高，该地区受到数字化趋势的积极影响就越大。

对于企业来说，数字化在无法预见的挑战中创造了大量的商业机会。企业受益于众多新技术带来的更新颖、更便宜的渠道选择来接触客户。新兴趋势，如大数据和人工智能，使企业可以基于客户的行为模式，更便利地提供更好的定制化产品或服务。技术也促使企业和客户之间的关系更加水平化，企业不能再把客户当作被动的接受者，而必须使他们积极地参与到企业的价值创造与交付之中。

数字化也导致了前所未有的市场竞争。传统的纸质报纸必须与可以"一键"调整出版内容的线上新闻网站进行竞争,传统运输公司越来越受到通过移动应用程序线上提供运输服务的公司的威胁,大型零售商担心由许多小规模供应商管理的网络电商的竞争。这就要求管理企业的视角和战略必须进行相应的转型。

数字化的三个悖论

在20多年之前,汉迪(Handy,1995)在《悖论时代》这本书中把许多事件(如技术的发展)称为悖论。书中的许多观点今天依然成立,政策制定者和营销人员正在见证变革,其中最显著的就是技术世界。为了在这个新时代具有竞争力,企业需要科学地理解和管理以下三个悖论(见图1-2)。

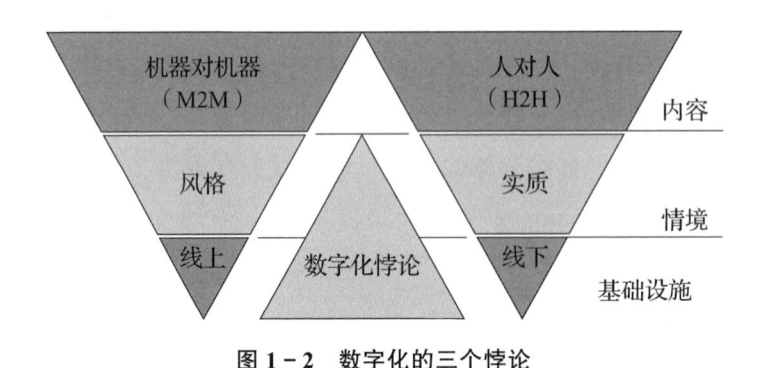

图1-2 数字化的三个悖论

线上与线下

互联网技术提供了便利和效率,公司与客户之间的互动可以随时随地进行。这促使亚洲公司涌入线上世界、建立自己的官方网站、培育线上社区并建立特殊的社交媒体团队,以与客户建立联系。事实上,线上世界仍然有诸多限制,这意味着线下世界的传统商业方式不可能完全被取代。尽管互联网的使用日益增加，人们的技术水平似乎也有所提高，但大多数消费者可能还不完全熟悉数字服务，或者根本没有足够的信心去跳转到数字领域。显然，为了走向数字化，企业越来越需要特别关注客户的线上教育。

例如，亚洲的电子商务公司开始意识到消费者线上和线下体验整合的重要性。尽管日益增长的电子商务规模令人鼓舞，但令人难以置信的商业现实是：大部分亚洲消费者仍然对线上支付方式持谨慎态度。Zalora 是一家位于新加坡的线上时尚零售商，它超越了传统的货到付款模式，开始采用独特的付款方式。Zalora 网站提供现金收款选项，这一概念已经在日本得到普及。同时 Zalora 在线下与一些便利店、连锁店合作，给在经销店购物的客户挑选物品和选择付款方式的机会（Kotler et al.，2014）。

在评价这种线上和线下互动的整合时，来自中国恒天然集团的一位管理者表示："线上和线下差异化其实是表象的区别。让线下和线上无缝协作，才是更重要的"（The Economist Corporate Network，2015）。

实质与风格

互联网创造了新的信息消费模式。传统印刷媒体的读者习惯成熟的写作风格，专注于更加细腻和深入的故事，而线上新闻网站的读者则习惯于更短、更简洁的内容。在小小的手机屏幕上，过多的内容会让读者觉得"不友好"和无聊。内容提供商经常使用视觉因素——影像和插图——来开发更具吸引力的线上内容并不断改进设计。里斯（Ries，2012）在《视觉锤》一书中强调了视觉的重要性，它作为语言定位的助推器对强化客户心中的某种感知相当重要。数字世界的这种趋势要求生产者在开发内容时要特别注重"风格"。

然而，企业无法仅仅依靠风格（视觉、听觉、设计等）来提供既有理性又有感性的信息给客户，因此，数字内容提供者必须努力进行平衡：一方面要创造简洁而有趣的内容，另一方面又不能失去核心。例如，YouTube 上的视频广告制作者必须拥有足够的创造力，才能在视频头五秒内设计出吸引观众关注的内容，以免他们跳过视频，这事关"风格"。但引人入胜的内容必须能够有效地传达产品的信息，这事关"实质"。

机器对机器与人对人

数字化已经实现了各种技术产品之间的"互动"。手机上的现有数据能够根据要求执行特定操作或输出的指令被转移到其他技术产品中。这就是物联网（IOT）或机器对机器（M2M）的技术。消费空间是 M2M 领域的重要组成部分，包括电信运营商和硬件制造商在内的一系列参与者正致力于解决消费空间的发展问题。例如，目前大家广泛关注的是可穿戴设备和智能家居（GSM Association，2015）。

过去几年，市场上已经推出了一系列可穿戴设备，包括 Samsung Gear 和 LG Lifeband 等。联网的设备和传感器使得客户可享有更智能、更高效的生活方式，其个人设备（如智能手机和平板电脑）可联网具备高度通信能力的智能家电，从而实现自动化。这可以使用户远程控制从照明设备到基本安保系统等。三星电子宣布其 90% 的产品（从智能手机到冰箱）能够在 2017 年之前联网。到 2020 年，其所有产品都将实现互联网接入（CNET，2015）。

但技术不会使人变成没有感情的机器。相反，数字技术，特别是社交媒体，已经使消费者变得更具表现力。这就是为什么不能忽视人对人（H2H）。技术必须优化，以创建更灵活（不受空间和时间限制）的 H2H 交互，而不是创建独立的空间并最终取代人们亲密的常规交互方式。

Zappos 是亚马逊在 2009 年以 12 亿美元收购的线上鞋类零售商，它有一种与客户建立 H2H 互动的独特方式。尽管 Zappos 积极利用推特、YouTube 和脸书等社交媒体与客户沟通，但该公司并没有放弃使用电话进行互动。Zappos 的首席执行官谢家华（Tony Hsieh）表示："我们并没有将推特看作营销手段。我们关心的是能够在更个人化的层面上与客户建立联系，所以我们通过电话和推特来实现这个目的。没有人去报道电话的作用，因为它不是一个有趣的新闻故事，但我们相信用电话进行交互的方式确实是最好的品牌营销策略之一。"

Zappos 呼叫中心的工作人员通过电话与客户建立完美的 H2H 连接。服务员的绩效根据客户对他们所处理的呼叫的满意度来进行评估，而且客户服务不受时间限制。Zappos 最长的客户服务电话打了近 6 小时。这些使 Zappos 成为客户强烈推荐的品牌之一（Frei et al.，2009）。

因此，企业实际上可以同时处理这三个悖论，而不必否定或忽略其中之一。企业需要在构建整合的线上和线下体验方面有创新，开发既有实质又有风格的内容以及为 H2H 连接提供支持的 M2M 技术。一个企业如果在管理这三个悖论方面能够成功，将会创造赢得亚洲数字消费者的强大竞争优势。

参考文献

CNET (2015). Samsung Co-CEO: In 5 Years, All Our Products Will be Internet Connected. http://www.cnet.com/news/samsung-co-ceo-in-5-years-all-our-products-will-be-internet-connected/ (last accessed April 25, 2016).

Frei, FX, RJ Ely and L Winig (20 October 2009). Zappos.com 2009: Clothing, Customer Service & Culture. *Harvard Business School Case*.

GSM Association (2015). *The Mobile Economy: Asia Pacific 2015*. London: GSM Association.

Handy, C (1995). *The Age of Paradox*. Boston: Harvard Business School Press.

Internet World Stats (2015). Internet Usage in Asia. http://www.internetworldstats.com/stats3.htm, (last accessed April 24, 2016).

Kotler, P, H Kartajaya and Hooi, DH (2014). *Think New ASEAN*. Singapore: McGraw Hill.

Ries, L (2012). *Visual Hammer: Nail Your Brand into the Mind with the Emotional Power of a Visual*. Georgia: Laura Ries.

ROA Holdings (2012). *Asian Mobile Market Forecast 2012–2015*. Tokyo: ROA Holdings.

Sam, SA (March 2015). The 2014–2019 Asia Mobile Learning Market. *Ambient Insight*.

Sharma, R and IA Mokhtar (2006). Bridging the digital divide in Asia. *International Journal of Technology Knowledge and Society*, 1(3) pp. 15–30.

Statista (2016). Number of Smartphone Users in India from 2013 to 2019. http://www.statista.com/statistics/467163/forecast-of-smartphone-users-in-india/ (last accessed April 24, 2016).

The Economist Corporate Network (2015). *Asia's Digital Disruption: How Technology is Driving Consumer Engagement in the World's Most Exciting Markets*. The Economist Intelligence Unit.

Thompson, *et al.* (2015). *No Ordinary Disruption: The Forces Reshaping Asia*. Singapore: McKinsey Global Institute.

第 2 章
以政治法律、经济和社会文化作为主要驱动力

> 今天，技术推动着公民赋权。
>
> 技术迫使政府在 24 分钟内而不是 24 小时内处理完大量数据并做出响应。
>
> ——印度总理纳伦德拉·莫迪（Narendra Modi）

世界在快速变化。数字技术革命将会形成雪球效应，改变宏观层面因素的秩序。全世界都如此，当然也包括亚洲。新兴的互联网和移动技术浪潮正在亚洲迅速蔓延，直接或间接地导致亚洲政治法律、经济和社会文化等方面的变革。在任何国家，这些方面都是影响人们生活的主要因素，它们界定了管理公民之间互动的规则和规范。

亚洲是一个巨大的市场，总人口超过世界人口的一半，拥有巨大的商业潜力。使人对亚洲市场保持乐观的另一个原因是：亚洲各国在过去十年中取得了显著的经济增长。亚洲不仅规模大而且非常多样化，从富裕和人口日益老龄化的日本到不那么富裕且存在老龄化问题的中国，再到较为贫困但人口更年轻的印度和印度尼西亚以及刚刚实施开放政策的缅甸等新兴市场（EIU，2014）。营销人员需要了解该地区的多样性和发展动态，以制定有效的策略来应对挑战和抓住机遇。

本章介绍了亚洲的政治法律制度、宏观经济状况和社会文化概况，指出亚洲国家中存在的多样性对亚洲企业的成功发展而言具有指导作用。此外，本章还重点强调和分析了上述这些方面的变化，以评估数字技术对亚洲所产生的影响。

亚洲的政治法律挑战

在影响亚洲政治状况的各种因素中，民主是一直被强调的重要因素。对于西方观察家而言，更是如此。关于民主的争论一直存在，因为对于如何衡量民主不存在共识，对民主的定义也是有争议的，并且不断演变。例如，在美国的外交政策优先考虑事项中，推动民主处于优先地位，但美国政府对民主的构成尚没有一致意见。

关于亚洲国家最理想的治理体系的争论将会一直持续，这跟亚洲领导人的政治实验密切相关。由于文化的差异和经济发展水平的不同，各个国家很容易对执政党和人民之间的理想关系产生不同的偏好。从亚洲存在的各种政治制度可以清晰地看出这一点。

数字化与政治法律变革

毫无疑问，数字技术革命让任何人都能够更加容易地获得信息。这也意味着政府的腐败或专制的治理方式不能再持续下去，因为公众会注意到政府的运作。从根本上讲，信息披露增强了人们对政治形势的认识。

数字化与亚洲经济挑战

20世纪下半叶，日本开创了新的工业化道路，经济摆锤开始回摆到世界的东方。在发展中国家经济状况不断改善的大背景下，曾经集中在西方的政治力量开始缓慢地向亚洲转移。几十年来，亚洲国家经济迅速发展。

这个趋势被称为"崛起"（Zakaria，2008）。

但在过去的十年中，我们看到的趋势更加壮观。随着中国、印度以及其他新兴经济体的崛起，世界的经济重心以前所未有的速度转移。英国花了150年的时间实现人均产出翻番，工业化进程中的中国和印度两国仅分别用了12年和16年就取得了这一成就。后两者的速度比英国工业革命的速度快了许多（Thompson et al.，2015）。

2016年，像过去的几年一样，亚洲继续被视为世界重要的增长引擎。自全球金融危机以来，世界经济平均年增长率为4%，发展中的亚洲贡献了其中的2.3个百分点，约占世界平均年增长率的60%。对整个亚洲来说，2016年的经济增长预计将达到6.3%（Asian Development Bank，2015）。但如果我们仔细分析就会发现，亚洲各国的经济增长有相当大的差距（见表2-1），而且这也只是困扰亚洲地区的一系列主要经济问题之一。

表2-1　　　　　　　亚洲部分国家年经济增长率（%）

国家	2014年	2015年*	2016年*
东亚			
中国	7.4	7.2	7.0
韩国	3.3	3.5	3.6
日本	-0.1	0.6	1.0
南亚			
孟加拉国	6.1	6.1	6.4
印度	7.4	7.8	8.2
巴基斯坦	4.1	4.2	4.4
斯里兰卡	7.4	7.0	7.3
尼泊尔	5.4	3.4	4.4
东南亚			
印度尼西亚	5.0	5.5	6.0
马来西亚	6.0	4.7	5.0
菲律宾	6.1	6.4	6.3

续前表

国家	2014 年	2015 年 *	2016 年 *
新加坡	2.9	3.0	3.4
泰国	0.7	3.6	4.1
越南	6.0	6.1	6.2
柬埔寨	7.0	7.0	7.2
缅甸	8.5	8.5	8.4
文莱	−2.3	−1.2	3.2
老挝	7.4	7.5	8.0

* 为预测数据。
资料来源：Asia Development Bank (2015) and International Monetary Fund (2015).

尽管有惊人的经济增长，但亚洲仍然有许多尚未解决的经济问题。亚洲存在的经济问题也是现代人类文明的典型问题：贫困、高失业率、收入不平衡等。为了解决这些问题，亚洲各国政府和相关部门一直在努力采取各种措施。互联网和移动数字技术是支持这些举措取得成功的关键驱动力。

麦肯锡全球研究所（McKinsey Global Institute，2015）的研究表明，互联网是一个强大的增长动力。2011 年，全球 13 个主要经济体对互联网的经济影响进行了分析，结果发现：互联网在过去 5 年里创造了 21% 的经济增长。2012 年的一份报告中提出，在过去 5 年里，部分国家互联网的普及率每年增长 25%。

2014 年，移动通信技术和服务占亚太地区生产总值的 4.7%，创造的经济价值超过 1 万亿美元。这一数字不包括间接社会经济影响，如相关移动应用程序改善了教育和卫生服务。预计到 2020 年，移动通信的贡献将以高于其他经济领域的速度增长，可能达到生产总值的 5.9%（GSM Association，2015）。

经济表现与数字化之间的联系对于政策制定者和营销人员而言，是熟悉技术的重要性及其在解决地区经济问题中的重要作用的早期指标之一，特别是在亚洲。存在技术支持的合作关系，将在增加金融业务、支持农村信息获取、创造就业机会、解决其他经济挑战方面大有作为。当技术与创造力匹配起来,这些问题甚至可以更早地得到解决,同时也会对相关业务产生重大的经济影响。

数字化与社会文化新趋势

亚洲拥有不同民族、社会和族群的丰富文化遗产。地理上,亚洲不是一个独立的大陆。一般而言,按照地理和文化因素可以把亚洲划分为若干区域:中亚、东亚、南亚、东南亚和西亚。

虽然亚洲存在很大的文化差异,但我们认为有三种新兴群体亚文化在亚洲扮演着重要的角色,包括年轻人亚文化(相对于年长者)、女性亚文化(相对于男性)以及网民亚文化(相对于公民)(见图2-1)。

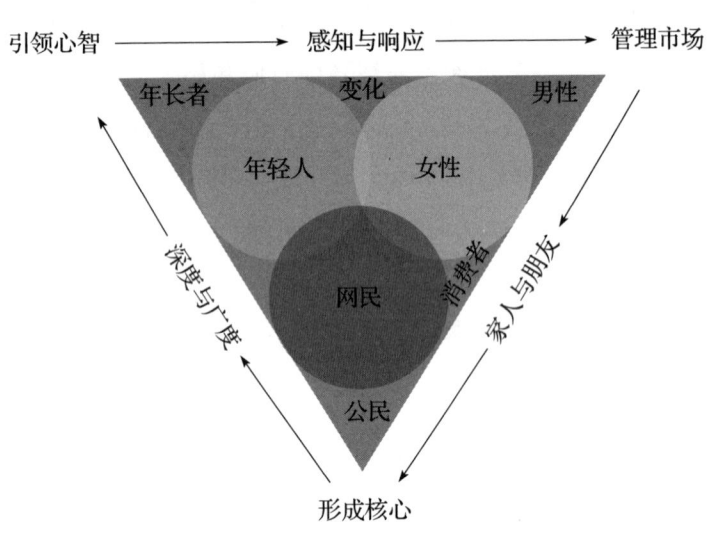

图2-1 三种新兴群体亚文化

第一种亚文化是年轻人亚文化。年轻人群体正日益挑战着年长者的统治地位。年轻人在"引领心智"中扮演着重要角色。他们之所以能够这样做,是因为他们更善于感知和做出回应,而不是像老一辈那样习惯于命令和控制。信息通信技术的发展,确实需要企业有更强大的能力去更快地发现变化并做出适当的应对。如果没有这样的能力,对手就会抢占先机。年轻人的另一个特征是充满活力，他们能够很快地适应外部环境中越来越难以预测和控制的变化。未来引领亚洲变革的将是年轻人。

女性亚文化构成了第二种亚文化。变革中的社会和文化对私人和公共领域的女性更加重视。在家庭中，女性在决策中扮演着越来越重要的角色，特别是在购买商品和服务方面。经济学人智库（EIU）在《2014年亚洲女性消费者》报告中指出：女性在财务方面越来越独立。超过2/3的受访者表示自己拥有独立的银行账户，48%的女性拥有自己的信用卡。大多数女性表示，她们负责对杂货、服装和配饰以及儿童用品的预算做出决策，在大多数其他产品类别中，如电子和旅游服务，则至少是共同决策者。

在公共领域，女性的影响力日益增强，因为她们能够通过口碑传播的方式引领潮流，这是由于她们具有与朋友和熟人分享信息的自然特质。随着口头语言对客户决策的重要性日益增加，女性自然更加重视她们的角色。因此，说女性在"管理市场"中发挥作用是没有错的。

第三种亚文化是网民亚文化，网民通过网络空间中的社区来扮演重要角色，并极大地改变了公民在现实世界中的角色。考虑到互联网和手机在亚洲国家的普及率较高，舆论已不再受主流媒体的主导，而是在很大程度上受到社交媒体和网民积极参与的影响。互联网技术允许网民处理"深层次"的信息。在这样做的时候，他们能够向数百万人传播想法。可以说，网民在"形成核心"中发挥了重要作用。

第三种亚文化的出现需要引起亚洲营销人员的高度重视。他们应该制订策略和营销计划，积极参与到网民的互动中。数字技术的发展进一步简化了公司与亚文化网民之间的协作过程。

参考文献

Asian Development Bank (2015). *Asian Development Outlook 2015*. Manila: Asian Development Bank.

BBC (2015). Sri Lanka Country Profile. http://www.bbc.com/news/World-South-Asia-11999611 (last modified October 11, 2015; last accessed July 25, 2016).

Chong, T and S Elies (ed.) (2011). *An ASEAN Community for All: Exploring the Scope for Civil Society Engagement*. Singapore: Friedrich-Ebert-Stiftung.

Coker, M, N Malas and M Champion (February 7, 2011). Google Executive Emerges as Key Figure in Revolt. *Wall Street Journal*.

Cronin-Furman, K (January 12, 2015). Sri Lanka's Surprise Political Transition. *Washington Post*. https://www.washingtonpost.com/blogs/monkey-cage/wp/2015/01/11/sri-lankas-surprise-political-transition/ (last accessed May 2, 2016).

Dibbert, T (April 21, 2016). Sri Lanka, Lost in Transition. *Foreign Affairs*.

ElBaradei, M (2011). Wael Ghonim: Spokesman for a Revolution. http://Content.time.com./time/specials/packages/article/0,28804,2066367-2066369,00.html (last modified April 21, 2011; last accessed July 25, 2016).

GSM Association (2015). *The Mobile Economy: Asia Pacific 2015*. London: GSM Association.

Gunasekara, S and L Gooneratne (2014). Maithripala Sirisena Used Satellite Phones to Avoid Detection by Govt Intelligence While Planning Defection Moves. http://dbsjeyaraj.com/dbsj/archives/35569 (November 30, 2014; last accessed May 2, 2016).

International Monetary Fund (2015). *Regional Economic Outlook 2015*. Washington: International Monetary Fund.

Kekic, L (2008). The Economist Intelligence Unit's Index of Democracy. http://www.economist.com/media/pdf/DEMOCRACY_INDEX_2007_v3.pdf (last accessed May 2, 2016).

Kotler, P, H Kartajaya and Hooi, DH (2014). *Think New ASEAN*. Singapore: McGraw-Hill.

Rodrik, D (2012). *The Globalization Paradox: Democracy and the Future of the World Economy*. New York: W. W. Norton.

Shirky, C (January/February 2011). The Political Power of Social Media. *Foreign Affairs*.

The Economist Intelligence Unit (2014). *On the Rise and Online: Female Consumers in Asia*. London: The Economist.

The Economist Intelligence Unit (2016). *Democracy Index 2015: Democracy in an Age of Anxiety*. London: The Economist.

Thompson *et al.* (2015). *No Ordinary Disruption: The Forces Reshaping Asia*. Singapore: McKinsey Global Institute.

Wafawarova, R (2013). Head to Head: African Democracy, http://news.bbc.co.uk/2/hi/africa/7671283.stm (last modified October 16, 2013; last accessed May 2, 2016).

Zakaria, F (2008). *The Post-American World*. New York: W. W. Norton.

第 3 章
以市场作为终极驱动力

> 人们将整套行为从非数字世界迁移到移动环境中来——
> 从预订出租车、购物、服务支付到观看视频或与家人联系。
> ——亚通电信（Axiata）数字服务公司 CEO
> 穆赫德·卡海尔·阿布杜拉（Mohd Khairil Abdullah）

市场是供需力量相互作用的地方。在这里，企业作为价值供应商，顾客作为价值需求者，企业通过竞争赢得顾客的忠诚。在商业世界里，市场就像大规模变革的聚居地。技术革命推动了经济、政治、法律和社会文化的变革，所有这些变革都会对市场产生影响。

几个亚洲国家经历了市场的结构性变化，不可避免地导致了更激烈的竞争。技术的发展进一步提高了信息的可获性，这促使一些国家的政治体制发生了深刻的变化。例如，开放型经济意味着垄断的边界在很大程度上不断消失，本土和外国的私营企业涌入一些重要行业，如电信业和银行业。竞争日益激烈的商业环境迫使参与者不断创新和提高效率。竞争所带来的发展促使产品和服务的可选择性更高，顾客在很大程度上从中受益。

正如弗里德曼（Friedman，2005）在《世界是平的》一书中声称的：技术在不断发展和变化。互联网和相关技术的出现使全球变成一个扁平的世界。国家之间的障碍似乎被所谓的"全球化 3.0"变革浪潮吞没。在这种大背景下，西尔金等人（Sirkin et al.，2008）指出：商业世界正面临着"全球化"挑战。在这个商业世界里，企业将面临与所有人在方方面面、在任何地方的全方位竞争。他写道："未来美国、欧洲、日本企业和其他成熟市场上的企业不仅将相互竞争，它们也将与中国企业以及来自世界其他地方的富有竞争力的企业竞争。这些富有竞争力的企业可能来自阿根廷、巴西、智利、埃及、匈牙利、印度、印度尼西亚、马来西亚、墨西哥、波兰、俄罗斯、泰国、土耳其和越南等地。"

唯一不变的就是变革。持续的技术革命将持续引发新的市场动态，特别是在亚洲。本章将讨论数字革命引发市场力量的变化，竞争变得越来越激烈，顾客关系变得越来越紧密。因此，市场要求市场营销做出根本性的范式变革。

当技术颠覆市场的时候

克里斯滕森（Christensen，1997）是哈佛商学院的教授，他在著作《创新者的窘境——当技术使大公司走向失败》中引入了"颠覆性技术"这个术语。在此之前，人们表达该意义使用的术语是"颠覆性创新"。尽管如此，颠覆性技术实际上出现得更早，是由熊彼特（Schumpeter）在 1942 年率先提出来的。熊彼特将颠覆性技术描述为一种技术创新、产品或服务，它采用"颠覆性策略"而不是"进化型"或"持续性"策略来推翻主流技术或市场上的现有产品。表 3-1 列举了几个颠覆性技术的例子。

面对这些加速发生的颠覆，企业必须迅速采取行动，识别关键技术的变化并适时做出必要的调整，以规避因不能赢得竞争而被市场抛弃的风险。在亚洲，几乎有百年历史的邮政服务行业已经感受到来自移动技术的潜在威胁。过去几年所实施的多样化战略带来了鼓舞人心的成果。2013 年全球邮政业报告显示，2011—2012 年，亚太地区邮政业的总收入增长了 10.8%。这一积极趋势主要得益于非邮件收入实现了 56.4% 的平均增长率。因此，即使邮件量下降了 3.1%，邮政服务公司仍然能够从其他来源获得收入，特别是包裹量增长了 4%（International Post Corporation，2013）。

表 3-1　　　　　　　　　　　颠覆性技术的例子

颠覆性技术	被取代或边缘化的产品
数码摄影	模拟摄像机
移动电话	邮件、电报、传统电话
笔记本电脑、平板电脑	台式机
音乐下载	光盘
电子书	纸质书
互联网	传统出版物

虽然数字技术和移动技术的发展侵蚀了曾经是邮政企业支柱的常规邮件服务的利润，但伴随着技术进步，新机会接踵而至。例如，亚洲电子商务交易的快速发展大大增加了出货量，这对邮政服务企业所经营的包裹业务来说无疑是一个好兆头。新机会的又一个例子是邮政服务企业开始提供金融服务产品，这为农村地区提供了更高的互联互通性，如此一来可以建立邮政服务企业与银行业协作的金融交易（包括支付）渠道。

在"连接时代"建立可持续发展组织的一种方式是更广泛地采用新技术。坚持老旧的做生意的方式有可能迫使顾客离开。今天，不同行业的企业正在扩大数字技术和移动技术在其业务中的应用，尽管这种应用的尺度可能存在很大的差异：有些只是使用社交媒体与顾客进行互动，有些则通过提供移动服务、应用程序或建立自己的在线平台来获得更大价值。

现在，大多数大型亚洲银行通过电子（网上银行）和移动（手机银行）渠道提供服务；零售商推出在线平台，替代与顾客开展业务的传统方式；汽车和运输行业的企业开始提供在线和（或）移动应用程序，为顾客提供数字化体验；就连公共部门也越来越多地为市民提供数字化的电子政务服务。

毋庸讳言，技术正在"以破坏市场的方式"对大多数企业提出严峻的挑战。在这种挑战的威胁下，行业参与者有机会创造性地应对各种挑战并把握新机会。

竞争新面貌

哈罗德·西尔金（Harold Sirkin）指出，技术带来的颠覆消除了国家之间的竞争界限，数字化使行业之间的界限变得无关紧要。时至今日，任何行业或部门都可能存在竞争。

酒店业就是一个例子。酒店不仅要与其他酒店展开竞争，还面临着来自爱彼迎等公司的威胁。后者只是简单地整合了住宿资源列表。该网站为旅行者提供了基于价格、住宿质量和地点的多种多样的选择，在190个国家（地区）3.4万个城市中有超过150万处房源。爱彼迎成立于2008年8月，总部设在加利福尼亚州的旧金山，公司由私人所有和运营（Brennan，2011）。

面对真正的威胁，传统的运输业看上去不无恐慌。优步（Uber）这样的在线交通服务企业与其亚洲地区的对手——马来西亚的Grab、中国的滴滴出行和印度尼西亚的GoJek，共同引发了传统运输组织者特别是传统交通运输企业的一系列悲观反应。相应地，有关政府机构也面临某些压力，这些新兴的在线交通服务企业在顾客中越来越受欢迎。然而，问题在于是否应该允许这些企业存在并成长，并以牺牲传统运输企业的利益为代价。这些另类交通工具的便利性和可支付性（廉价）让传统运输企业感到自己处于弱势，而且前者可能不会遵守传统运输企业的规则。

类似的颠覆在其他行业里也十分明显。Craigslist是一家分类广告网站，它将当地买家和卖家放在一起，这似乎使报纸失去了用武之地；亚马逊网站给出版商和书店带来了困扰；谷歌和百度使图书馆的作用日益降低。诸如此类的例子不胜枚举。事实上，即使是保守的行业，如银行业也难免受到冲击。现在，传统银行正面临着来自电信运营商和金融科技公司的竞争（见例3-1）。

例 3-1　亚洲银行业新的竞争对手

移动货币

移动货币，也称为移动支付或移动钱包，通常指的是在金融监管下运行，通过移动设备提供的支付服务。消费者不必使用现金、支票或信用卡，只用手机就可以为广泛的产品和服务付款。

根据世界银行 2012 年的数据，在亚洲，常规银行账户比例最低的国家如下：柬埔寨排名第一，为 3.6%；巴基斯坦排名第二，为 10%；印度尼西亚排名第三，为 19.5%；越南和菲律宾分别为 21% 和 26%。据世界银行估计，在南亚地区，2012 年，在 15 岁及以上的人口中，有 33% 在一家常规金融机构拥有账户，67% 没有银行账户，这使得该地区成为移动商务行业中增长潜力最大的地区之一。

Gartner 公司的研究主管桑迪·申（Sandy Shen）表示："对于没有银行账户的行业来说，银行没有发挥引领作用。这一领域主要由电信业务部门支配，这些电信业务部门在分销网络上覆盖面相当广泛，与享受移动服务的人们建立了更好的客户关系。"

P2P 借贷

P2P 贷款是一种通过在线服务向个人或企业放贷的做法，这种服务可以直接将借款者与贷款者进行匹配。提供这些服务的 P2P 借贷公司完全在线运营，可以以较低的成本运行，比传统金融机构更便宜地提供相应服务。因此，即使 P2P 借贷公司收取提供配对平台和检查借款人信用的费用，贷款者仍然可以获得比银行更高的回报，而借款者则可以以较低的利率完成借款。

根据国际证监会组织的数据，2013 年，韩国和中国在 P2P 借贷和股票融资市场中占有最大的市场份额。研究咨询公司赛讯（Celent）的一份报告指出，2012 年中国 P2P 借贷市场规模达到 9.4 亿美元，预计未来几年还会继续增长。

网上银行

中国技术创业者成为亚洲网上银行的先驱。中国首家网上银行是由游戏和社交网络集团腾讯公司牵头建立的一家合资企业。微众银行是根据政府试点计划授予私人经营银行许可证的五个机构之一，这是中国逐步放开银行业的一个举动。根据该计划，获得许可的银行预计将重点放在扩展小微企业和个人的融资渠道上。

腾讯公司运营着非常受欢迎的移动信息和社交媒体应用——微信，这是中国最大的社交网络，月活跃用户数量为5.49亿（截至2015年第一季度）。微信开始向客户提供金融服务，将客户的银行卡与其微信账户和腾讯财富管理平台建立关联，这为客户提供了通过智能手机投资第三方产品的机会。

微信面临着来自电商平台——阿里巴巴集团及其金融服务子公司蚂蚁金融服务集团的激烈竞争。蚂蚁金服运营着一家叫作网商银行的网上银行，该银行在2016年开始第二轮融资。蚂蚁金服在第一轮融资中筹集了120亿元人民币（约合18.2亿美元）。

网络企业渗透和颠覆中国银行业的程度部分取决于中国的监管机构。目前，微众银行和网商银行可能不会对中国的银行业构成大的威胁，但这些新企业未来的发展可能会改变中国银行业的格局。

资料来源：EY (2015), *Mobile Payment*, Wikipedia; *Peer-to-Peer Lending*, Wikipedia; Chandran (2014); Li (2014); Carew and Osawa (2016).

然而，有些银行并未把这些新参与者视为巨大的威胁，而是找到了有利可图的方式。新参与者面临的限制（如法律和技术）给传统金融机构与新参与者创造了协作的机会。例如，传统的金融机构将那些没有贷款资质的小企业客户推荐给银行的P2P贷款机构，从而为商业融资者提供资金。这个方式在英国已经得到政府的鼓励（EY，2015）。另一个例子是巴基斯坦Telenor公司和Tameer小额信贷银行之间的协作，该银行为巴基斯坦没有银行账户的企业提供流动资金（见例3-2）。

> **例3-2**   Easypaisa：巴基斯坦的移动货币
>
>   为了给数百万居住在巴基斯坦的无银行账户的客户提供金融服务，该国Telenor公司与Tameer小额信贷银行展开协作，2009年经巴基斯坦国家银行批准，启动了Easypaisa业务。截至2012年年底，Easypaisa已处理超过1亿笔交易，交易金额超过14亿美元。
>
>   通过Easypaisa，巴基斯坦的一大批无银行账户的客户可以采用安全方便的方式实现汇款。在Easypaisa启动之前，客户往往需要长途奔波，处理大量的文件，排队等待数小时，在规定的工作时间内进行交易。随着Easypaisa业务的开展，该行业经历了变革，客户可以通过当地零售商在安全方便的环境中进行交易。完成交易和接收到短信确认信息只需要几秒钟。
>
>   Easypaisa允许客户选择柜台（OTC）交易，这时他们需要前往最近的柜台；也允许客户通过移动电话登录账户。Easypaisa提供各种服务，包括还款、转出/转入资金、支付话费、发放工资、捐赠、购买保险和储蓄，从而更便利地满足客户一系列的财务需求。Telenor公司的服务范围仍在不断扩大，如增加跨行转账、在线支付、用移动设备贷款和购买医疗保险等功能，从而为客户提供卓越的服务。
>
>   Easypaisa并不限于Telenor公司的客户，任何人都可以享受Easypaisa提供的各种服务。随着该国7万多名商人的活动不断增加，Easypaisa为大众提供了大量的就业机会。从那以后，Easypaisa开始了一场非凡的创新之旅，以求在个人层面上为大众提供金融服务。
>
>   在Easypaisa的故事中，有三个重要的移动货币创新：首先，Easypaisa具有独特的公司结构——移动网络运营商Telenor公司获得了Tameer小额信贷银行51%的股权，两家公司共同建立了一家新的机构。其次，Telenor公司和Tameer银行都引入了OTC移动货币，这是一种

> 全新的模式，不需要注册电子钱包。最后，Easypaisa通过完全依靠其现有的全球移动通信系统（GSM）分销机构，在全国范围内实现了快速扩张。
>
> 资料来源："*About Easypaisa*",www.easypaisa.com.pk; Chandran (2014); McCarty and Bjaerum (2014).

在一些亚洲国家，监管机构充当协作的推动者，要求电信公司跟银行协作，因为银行持有交易平台的许可证。在印度，国家最大的私营部门 ICICI 与沃达丰印度公司展开协作，将非洲著名的移动支付服务 M-PESA 提供给客户。印度尼西亚的中央银行已经邀请商业银行和移动网络运营商（MNO）在某些农村地区投放混合产品（Chandran, 2014）。

未来，市场的融合将会继续发生，这与数字化的持续发展是一致的。商业人士应未雨绸缪，以便适应新的方式并谋求突破。作为监管机构，政府也必须采取行动，以确保没有任何政策会阻碍商业领域的技术创新。

新顾客之路

技术不仅改变了行业参与者的经营方式，也改变了顾客决策的模式。在"前连接"时代，顾客购买产品或服务的过程相对简单、快捷，可以用4A来描述：认知（Aware）、态度（Attitude）、行动（Act）、再行动（Act Again）。这个过程勾勒出了顾客消费过程中的关键节点：他们知道一个品牌，产生喜欢或不喜欢的态度，购买并考虑是否值得重复购买。这个过程呈漏斗形，代表随着顾客从一个阶段进入下一个阶段，顾客的数量在减少——喜欢这一品牌的顾客自然会注意到它，喜欢的顾客最终选择购买，那些再次购买的顾客以前购买过。

另外，4A顾客路径体现的是个人决策过程。顾客沿着4A路径前进时所做的决策只会受到企业与顾客的接触点的影响，如认知阶段的电视广告、行动阶段的销售人员或者是再行动阶段的服务中心等。在企业的控制下，顾客的消费过程似乎很顺利。

在今天这个连接时代，顾客的消费不再遵循如上所述的简单过程，也不再是个人决策过程。由技术驱动的互联互通世界所带来的变化，要求重新定义顾客的消费路径。目前，顾客的消费路径已经变成5A：认知（Aware）、吸引（Appeal）、询问（Ask）、行动（Act）和倡导（Advocate）。在新的顾客路径中有三个基本变化（见图3-1）。

1. 在前连接时代，顾客决定自己对品牌的态度。在一个互联互通的世界里，品牌的最初吸引力受到顾客所在"社区"的影响，这个社区最终决定了顾客的态度。围绕在顾客身边的，既有线上的也有线下的——朋友、熟人、同辈、同事，甚至社交媒体、论坛和博客上的互动，这些都会对他的购买决策产生深远的影响。考虑到亚洲人具有集体主义倾向，这种观察变得更有针对性。

2. 在前连接时代，顾客忠诚通常以顾客保有和回购为特征。在一个互联互通的世界里，忠诚被定义为倡导某个品牌的意愿。相对于单纯地重复购买产品和服务，倡导品牌有更大的风险。当顾客向别人推荐一个品牌时，他可能面临一个"社会风险"，即接受者对推荐品牌的质量感到失望。如果发生这种情况，可能会对推荐者的社会关系产生负面影响。因此，向别人推荐某个品牌往往意味着推荐者对该品牌有充足的信心。

3. 当涉及对品牌的理解时，顾客现在积极地与他人进行互动，建立一种询问和倡导的关系。鉴于对话中会存在偏见，互动可能会加强或削弱品牌的吸引力。因此，连接时代就像一把双刃剑：如果一个品牌能打动顾客并使其成为拥护者，那么它将获益匪浅；但同时，由于联系的增加，顾客感到自己有权在广泛的线下线上网络上公开抨击某个品牌或传播抱怨和不满。显然，在后一种情况下，信息传播的速度要快得多。如果发生这种情况，人们对该品牌的信心往往会荡然无存。

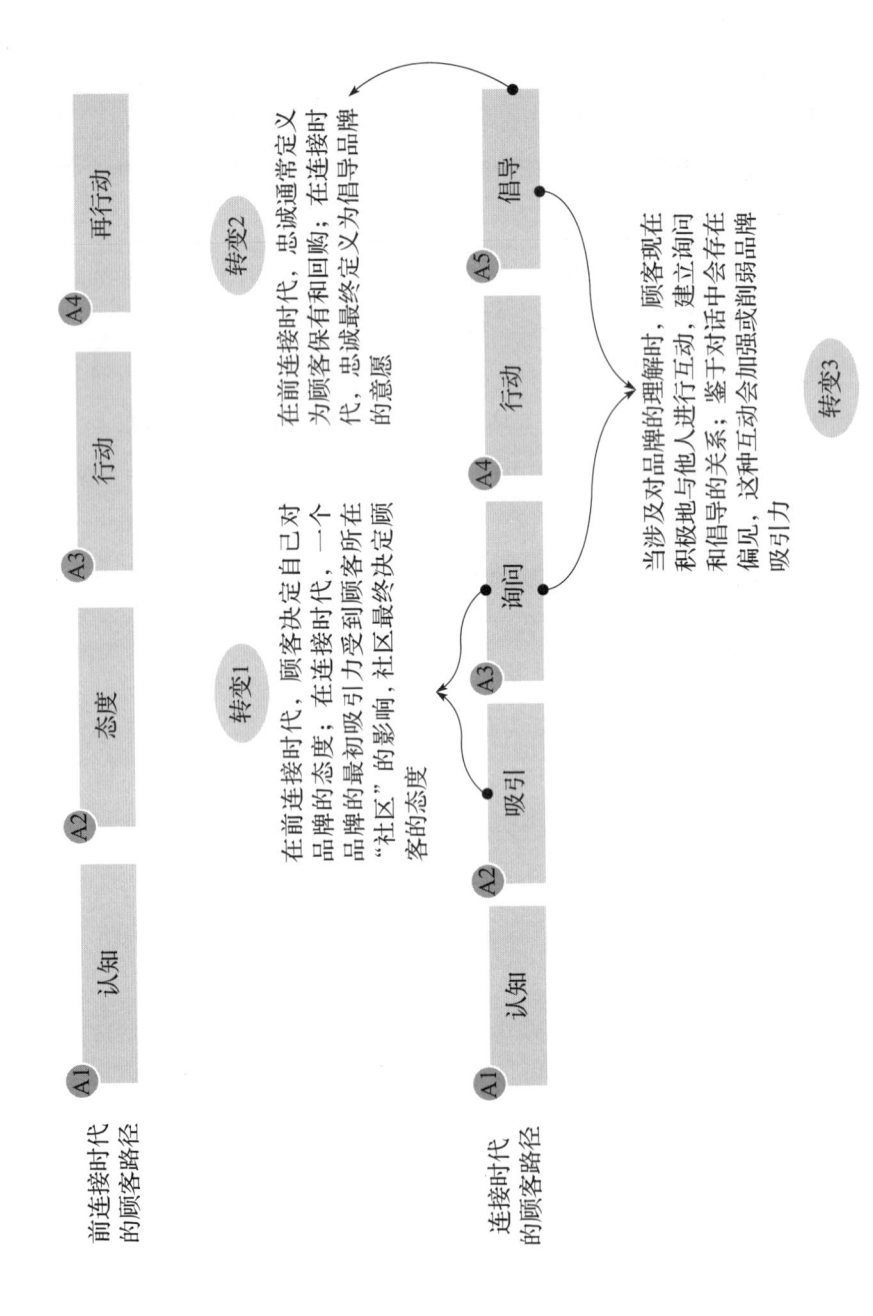

前连接时代的顾客路径

A1 认知 → A2 态度 → A3 行动 → A4 再行动

转变1：在前连接时代，顾客决定自己对品牌的态度；在连接时代，一个品牌的最初吸引力受到顾客所在"社区"的影响，社区最终决定顾客的态度

转变2：在前连接时代，忠诚通常定义为顾客保有和回购；在连接时代，忠诚最终定义为倡导品牌的意愿

连接时代的顾客路径

A1 认知 → A2 吸引 → A3 询问 → A4 行动 → A5 倡导

转变3：当涉及对品牌的理解时，顾客现在积极地与他人进行互动，建立询问和倡导的关系；鉴于对话中会存在偏见，这种互动会加强或削弱品牌吸引力

图 3-1 顾客路径的转变

表 3-2 概括了连接时代新的顾客路径——5A 路径的各个阶段①。在认知阶段，顾客被动地接触一长串品牌，这来源于他们之前的经验、营销宣传或他人的推荐。传统上，品牌会开展大规模的广告宣传活动，这些活动往往可以在短期内建立人们对品牌的认知。数字化的连接使品牌能够以更低的成本实现这一目标。例如，小米是一家中国民营企业，生产高性价比的智能手机，在短时间内通过顾客的推荐建立起相当规模的品牌认知。

表 3-2　　　　　　　　　　连接时代的顾客路径

	顾客路径				
	认知	吸引	询问	行动	倡导
顾客行为	顾客鉴于过去的经验、营销宣传或他人的推荐被动地接触一长串品牌	顾客处理他们接触到的信息，以产生短期记忆或加深长期记忆	在好奇心的驱动下，顾客积极搜索来自朋友、家人、媒体或直接来自品牌的更多信息	受到更多信息的影响，顾客决定购买某个特定品牌的产品或服务，并通过购买、使用或服务进行更深层的互动	随着时间的推移，顾客可能会对品牌形成较高的忠诚度，这反映在顾客保有、回购和最终对他人的推荐上
可能的接触点	• 从别人那里了解品牌 • 无意中接触到品牌广告 • 过去的经验	• 被品牌所吸引 • 创造经过深思熟虑的一系列品牌	• 给朋友打电话咨询 • 在网上搜索产品的评论 • 联系客服中心 • 比较价格 • 在商店试用产品	• 在店内或网上购买 • 首次使用产品 • 投诉 • 获取服务	• 继续使用品牌 • 回购品牌 • 向别人推荐品牌

在下一个阶段，顾客倾向于处理他们接触到的信息，由此产生短期记忆或加深长期记忆，最终顾客只会被一小部分品牌吸引。这就意味着进入吸引阶段。在众多品牌争夺情感份额的行业里，品牌应该建立强大的吸引力，这可以通过充分展示其在目标市场上功能和情感利益的差异化来实现（Tybout and Sternthal，2005）。例如，韩国三星集团在科技（功能利益）和品牌形象（情感利益）方面已经建立了这种优势。因此，想要购买智能手机

---

① 连接时代顾客路径的转变将成为我们即将出版的《市场营销4.0》（Kotler et al.，2017）中的一个主题。

的消费者，除了考虑苹果手机和黑莓手机，也会考虑三星手机。

最终，在好奇心的驱使下，顾客会积极寻找吸引他们的品牌的更多信息，这些信息可能来自朋友、家人、媒体或者该品牌企业。由此，就进入询问阶段。在这个阶段，顾客的路径从个人转变为社交。此时，与他人沟通的关键信息在很大程度上能够影响顾客的相应决策。这更像是对顾客早期所形成的品牌吸引力的确认，有助于顾客进入下一个阶段。在线平台的出现使顾客能够围绕产品或服务发布独立的评论，这是企业必须密切关注的趋势。酒店行业中的 TripAdvisor 公司是一家在线平台企业，在这个平台上，顾客可以提问题，可以对各种与旅游相关的服务提供商发表评论。

在获得更多信息来增进了解之后，顾客可能决定采取行动。他们购买某个特定的品牌，通过购买、使用或服务过程，与品牌进行更深层次的互动。得益于技术的发展，顾客现在可以在网上或通过手机购买产品或服务，而不一定需要面对面的交流。全球网络指数（GlobalWebIndex）在2014年进行的一项调查显示：使用个人电脑进行网上购物的亚太人口已经占到51%，使用手机购物的亚太人口占到15%（IAB Singapore and We Are Social，2015）。随着数字文化在亚洲的普及，上述数字有望继续增加。

随着时间的推移，顾客可能会对品牌形成较高的忠诚度，反映在顾客保有、回购和最终对他人的推荐上。这就意味着进入倡导阶段。在连接时代，倡导是企业可以充分利用的重要的顾客路径，这是因为：个人态度和在网上发布的观点逐渐成为最受信赖的推荐形式。尼尔森全球在线（Nielsen Global Online Survey，2015）的调查显示，最可靠的广告来自我们所了解和信任的人。在10个全球受访者中，约有8个（83%）表示完全或在很大程度上信任朋友和家人的建议。但这种信任并不局限于内部圈子里的人。事实上，有2/3的受访者表示他们相信网上发布的消费者意见。这是第三种最受信任的形式。

宣传和"哇"效应

随着新的顾客路径的出现，顾客在市场上的需求相应地发生了变化。

现在，顾客开始保护自己不受过度品牌曝光的影响。在选择品牌时，顾客倾向于向朋友、家人或其他有密切联系的可以信任的人征求意见，以便在信息更充分的条件下做出决策，并努力避免后期产生遗憾。

我们可以说，通常情况下，购买决策会变得更加社会化，这要求企业必须关注"哇"效应。"哇"效应是指减损任何一分都不足以让人倡导这个品牌。所有的营销人员都应该力争从顾客那里得到这种惊叹的表达。这种惊叹的表达是一种真实的、真诚的赞美。当顾客对某个品牌感到如此惊喜的时候，他们几乎被完全征服了，以至于不得不去谈论它。"哇"效应创造了某种惊喜元素，在结果超出预期的时候更是如此。这是营销人员超越顾客期望之处。"哇"效应是个体的情感表达，并不是每个人都会对产品或服务感到同等惊讶——只有当某个品牌直接触动特定顾客时，"哇"效应才会产生。最后，"哇"效应会传播开来。顾客有关"哇"效应的故事，很可能会触发别人的类似情绪，进而形成倡导。

从本质上讲，"哇"是顾客满意的最终表达。在图谱的另一端是"嘘"，这基本上是不满意的顾客意见表述。不满的顾客会"嘘"某个品牌，表达轻蔑或不满，这很可能触发消极的宣传。接下来的表达是"啊"，这仍然来自不满意的顾客，它更多代表一种挫败感，但一般不会导致负面评论。当顾客对某个品牌感到刚刚满意时，他的表达是"好"，这代表一种相对中立的态度。"啊哈"是下一个层次的表达，它刻画了对品牌印象深刻的快乐顾客的情感。营销人员应该努力使得顾客的最终表达是"哇"（图3-2）。

创造"哇"效应往往需要一种新的重新定义的营销方法。某个注重产品和服务特性的品牌，很可能会得到顾客"好"的品牌表述。但要达到"啊哈"，该品牌就必须在产品和服务特性上提供吸引人的顾客体验。为了达到最终的"哇"，该品牌必须与顾客密切接触。该品牌必须根据顾客的体验，提供能够改变其生活的个性化服务，准确定位顾客的焦虑和欲望（表3-3）。在竞争激烈的市场中，公司必须努力创造"哇"效应，除此之外，别无他法。

| 1 | 2 | 3 | 4 | 5 | 6 | 7 | 8 | 9 | 10 |

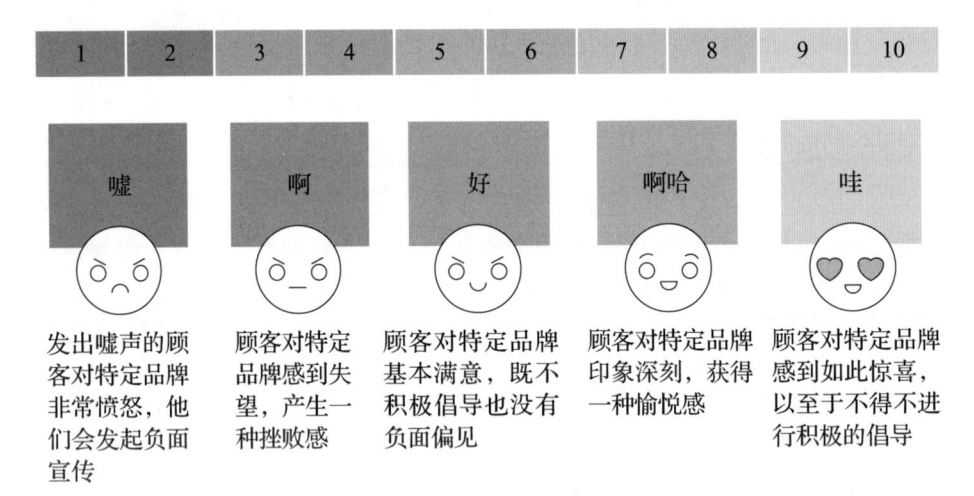

嘘 — 发出嘘声的顾客对特定品牌非常愤怒,他们会发起负面宣传

啊 — 顾客对特定品牌感到失望,产生一种挫败感

好 — 顾客对特定品牌基本满意,既不积极倡导也没有负面偏见

啊哈 — 顾客对特定品牌印象深刻,获得一种愉悦感

哇 — 顾客对特定品牌感到如此惊喜,以至于不得不进行积极的倡导

图 3-2 顾客的品牌表述

表 3-3 品牌的竞争力水平

竞争力水平	竞争实践	可能的公司行为	关键顾客表述
享受	开发满足顾客需求的产品和服务	● 创造卓越的产品和服务 ● 传达独特的产品和服务特性	"好"
体验	在产品和服务的基础上创造超出顾客预期的积极体验	● 用服务蓝图改善顾客互动 ● 打造各具特色的门店和数字化体验	"啊哈"
投入	在准确定位顾客焦虑和欲望的基础上,设计改变生活的个性化服务	● 提供定制的推荐产品 ● 为每个顾客定制顾客体验	"哇"

新市场、新营销

伴随着激烈的竞争和顾客行为的变化,亚洲市场发生着重大变化。竞争可能以任何形式在任何地方出现,因为顾客可以接触到来自任何地方的大量信息。市场的规则已经发生变化。传统的市场营销范式——我们称为传统营销——是垂直的、以企业为中心的,它必须相应地做出改变。在这种动荡和混乱的市场中,企业需要重新审视和修改自己的营销政策和营销工具。如果不这样做的话,企业必将受到新环境的惩罚,或许走向失败

(Kotler and Casoline，2009）。

这种新范式下的新方法就是"新浪潮营销"（New Wave Marketing），包括在数字化的连接时代向消费者提供具有最优价值的新战略和营销策略。在应用新浪潮营销时，我们必须修改传统营销的所有常规范例。在实践中，企业仍然可以在一定范围内遵守传统营销的原则，但与此同时，企业需要在新浪潮时代重新定义营销战略和策略，使其变得更加水平化。

事实上，传统营销的原则在一定程度上仍然影响着顾客的行为，特别是在早期阶段（认知和吸引阶段）。机械地进行市场细分、选择目标市场和进行市场定位以及利用传统的沟通工具，仍然可以建立初步的目标市场认知。但随着顾客消费路径的推进，企业需要重视新浪潮营销的应用，以便创造出期望的"哇"效应，最终引导顾客进入倡导阶段，而不是仅仅停留在行动阶段。当然，需要通过更广泛、更深入的顾客参与来实现参与性更高的社区化战略或新浪潮营销组合（见图3-3）。

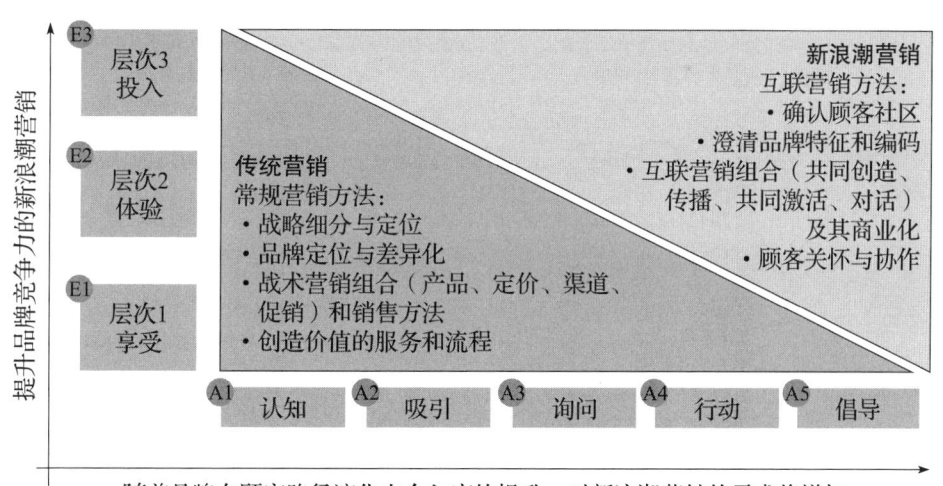

图3-3 传统营销和新浪潮营销的变化

接下来的几节将详细阐述在连接时代营销策略、战术和价值观的变化。

参考文献

Brennan, M (September 16, 2011). The Most Amazing and Absurd Places for Rent. *Forbes*.

Carew. R and J Osawa (January 27, 2016). China's Tencent-Backed WeBank Raising Funds at $5.5 Billion Valuation. *Wall Street Journal*. http://www.wsj.com/articles/chinas-tencent-backed-webank-raising-funds-at-5-5-billion-valuation-1453892057 (last accessed April 28, 2016).

Chandran, N (April 16, 2014). How Mobile Money Is Changing Asia. *CNBC*. http://www.cnbc.com/2014/04/16/how-mobile-money-is-changing-asia.html (last accessed April 28, 2016).

Christensen, C (1997). *The Innovator's Dilemma: When New Technologies Cause Great Firms to Fail*. Cambridge: Harvard Business School Press.

Easypaisa (2016). About Easypaisa. https://www.easypaisa.com.pk/about-easypaisa-1, (last accessed July 25, 2016).

EY (2015). *Banking in Asia Pacific: Size Matters and Digital Drives Competition*. Asia Pacific: EYGM Limited.

Friedman, TL (2005). *The World Is Flat*. New York: Farrar, Straus and Giroux.

IAB Singapore & We Are Social (March 10, 2015). *Digital, Social and Mobile in APAC 2015*.

International Post Corporation (2013). IPC Global Portal Industry Report 2013. Brussels: IPC Marketing Department.

Kotler, P and JA Casoline (2009). *Chaotics: The Business of Managing and Marketing in the Age of Turbulence*. New York: AMACOM.

Li, K (March 17, 2014). Hong Kong's First P2P Online Lender to Expand in Asia. *South China Morning Post*. http://www.scmp.com/business/banking-finance/article/1450259/hong-kongs-first-p2p-online-lender-expand-asia (last accessed April 28, 2016).

McCarty, MY and R Bjaerum (2014). *Easypaisa: Mobile Money Innovation in Pakistan*. London: GSMA.

Nielsen (2015). *Global Trust in Advertising*. http://www.nielsen.com/us/en/insights/reports/2015/global-trust-in-advertising-2015.html (last accessed April 27, 2016).

Schumpeter, J (1942). *Capitalism, Socialism and Democracy*. New York: Harper & Row (Reprod. 1950).

Sirkin, HL, JW Hemerling, and AK Bhattacharya (2008). *Globality: Competing with Everyone from Everywhere for Everything*. New York: Business Plus.

Tybout, AM and B Sternthal (2005). *Brand Positioning Kellogg on Branding*. New Jersey: John Wiley.

Wikipedia (2016). Mobile Payment. https://en.wikipedia.org/wiki/Mobile-payment (last accessed July 25, 2016).

Wikipedia (2016). Peer-to-Peer Lending. https://en.wikipedia.org/wiki/Peer-to-peerlending (last accessed July 25, 2016).

01

第1篇

市场营销就是转变？
竞争蓝图：动态舞台

MARKETING FOR
Competitiveness

在过去的几十年里，市场营销经历了三个阶段，称为市场营销1.0、市场营销2.0和市场营销3.0。在工业化时代，核心技术是工业机械，市场营销就是把工厂的产品卖给想要购买这些产品的人。产品是用来满足基本需要的，进行产品设计是为了服务大众市场。这是所谓的市场营销1.0或以产品为中心的营销时代。

市场营销2.0是当今信息时代的产物，信息技术是数字革命的核心。现在的消费者信息灵通，可以很容易地比较几种类似的产品。他们可以从广泛的功能特征和替代物中做出选择。此时，市场营销人员试图触及消费者的心。遗憾的是，以消费者为中心的方法隐含着这样的观点：消费者是营销活动的被动目标。这构成所谓的市场营销2.0或以顾客为中心的营销时代的基础。

目前，我们目睹了营销3.0或以人为本的营销时代的兴起。营销人员不再仅仅把人当作消费者，而是从一开始就把他们作为有思想、有精神追求的人来对待。越来越多的消费者不仅意识到许多社会和环境方面的问题，而且在寻找能够消除焦虑（使全球化的世界变得更加美好）的方法。他们不仅寻求功能和情感上的满足，而且在自己所选择的产品和服务中寻求精神上的满足。表A总结了市场营销1.0、市场营销2.0和市场营销3.0的特点。

表A　市场营销1.0、市场营销2.0和市场营销3.0的比较

	市场营销1.0：以产品为中心的营销	市场营销2.0：以顾客为中心的营销	市场营销3.0：以人为本的营销
目标	卖产品	满足并留住消费者	使世界变得更加美好
驱动力	工业革命	信息技术	新浪潮科技
公司如何看待市场	有物质需求的大众买家	理智的、更聪明的消费者	有思想、有精神追求的完整的人
主要营销理念	产品开发	差异化	价值
企业营销指南	产品规格	企业与产品定位	企业使命、愿景和价值观
价值主张	实用	功能和情感	功能、情感和精神
与消费者的互动	一对多交易	一对一关系	多对多协作

资料来源：Kotler et al.（2010）.

技术会继续发挥重要作用，同时顾客会变得更加人性化。如果一家企业能够利用机器对机器（M2M）的模式来实现人与人（H2H）之间的交互，那么 M2M 的营销工具将变得越来越强大。在数字经济的转型期和调适期，企业需要采用新的营销手段来引导市场营销人员预测和利用颠覆性技术，同时维持以人为本的营销方式，即市场营销 3.0。我们把这种营销方式称为市场营销 4.0。

这种营销转型——从产品到顾客再到人的精神——也反映在营销人员接触、反映和分析商业环境的不同方式上。可以使用三个术语来说明这一转变：洞察力（关注当前竞争蓝图）、预见（关注未来的竞争格局）、全景（重点关注当前和未来的竞争蓝图以及所有因素之间如何实现互联互通）(见图 A)。

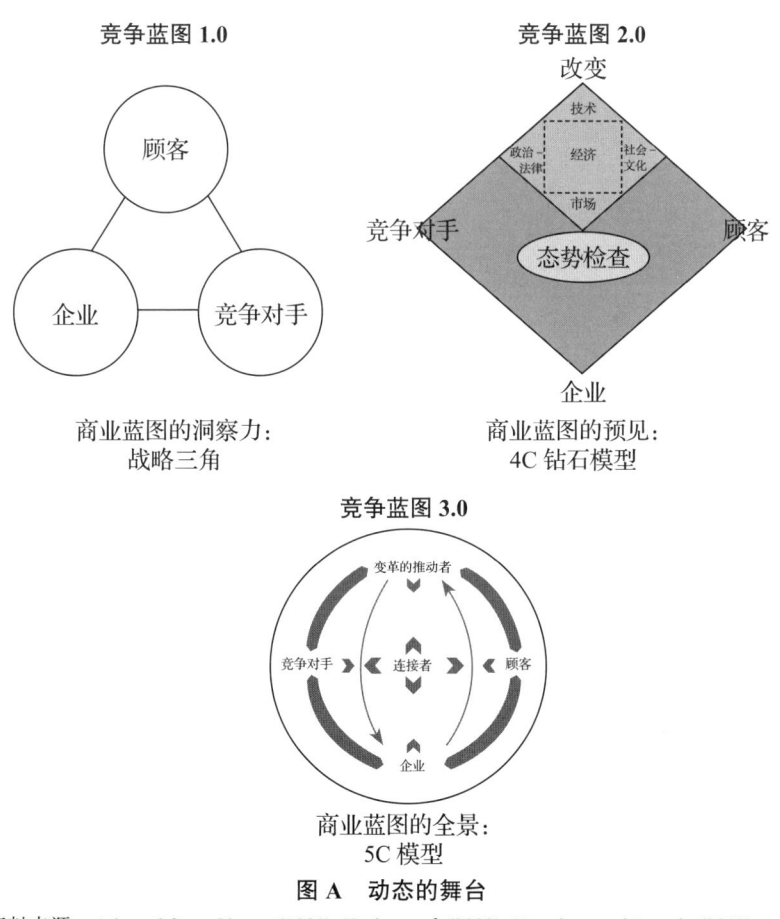

竞争蓝图 1.0

顾客

企业　　竞争对手

商业蓝图的洞察力：
战略三角

竞争蓝图 2.0

改变

技术
政治法律　经济　社会文化
市场

竞争对手　　态势检查　　顾客

企业

商业蓝图的预见：
4C 钻石模型

竞争蓝图 3.0

变革的推动者

竞争对手　连接者　顾客

企业

商业蓝图的全景：
5C 模型

图 A　动态的舞台

资料来源：Adapted from Ohmae (1982); Kotler *et al.* (2003); Kartajaya and Darwin (2010).

大前研一（Kenichi Ohmae）在《战略家的思想》（1982）一书中介绍了3C战略（战略三角）。这是一种商业模式，可以就成功所需的各个因素提供商业蓝图的洞察力。根据该模型，营销人员应该着重关注成功的三个关键因素。在制定商业战略时，必须考虑三个主要参与者（3C）：企业（Company）、顾客（Customer）和竞争对手（Competitors）。在这三个关键角色中，战略的定义是通过利用相对的企业优势来更好地满足顾客需求，进而把自身跟竞争对手区分开来的方式。

不过，我们的商业蓝图变得越来越动荡。技术、经济、社会-文化、政治-法律和市场这些外部力量的变化不容忽视，它们直接或间接地影响着企业的绩效。政治-法律变迁可能导致市场变得更加开放、竞争更加激烈，更多的竞争对手出现在既有的舞台上。与此形成对照的是，社会-文化的转变不仅会改变顾客的选择，而且会改变顾客消费和处理产品和服务的方式。在这个动态的环境中，我们需要使用4C钻石模型作为分析工具。该模型由四个相互关联的因素组成：改变、顾客、竞争对手和企业。改变是价值迁移者，顾客是价值需求者，竞争对手是价值供应商，企业则是价值决定者（Kotler et al., 2003）。

在新浪潮时代，上述这些因素越来越相关。企业及其利益相关者可以方便地对外部环境的变化进行跟踪和监控。技术为我们提供了丰富的实用工具来完成上述任务。顾客获得了越来越多的有关某家企业及其竞争对手的信息。他们可以发送请求、发布问题，甚至直接向企业进行投诉，而不存在任何物质和金钱上的障碍。一家企业及其竞争对手需要展开竞争，以便更快地发现顾客的焦虑和需求。缺乏灵活性和适应性将把商业参与者分为以下两种类型：先行者和追随者。因此，我们需要把第五个C放到竞争环境分析当中，即互联互通（Connector）。那些能够更好地与外部变化和顾客互联互通的企业将会获得竞争优势。在高度动态的领域中，互联互通将成为新的获胜工具（Kartajaya and Darwin, 2010）。

30多年前，大前研一指出，一家企业可以在以下三种方案中选择策略：以企业为基础、以顾客为基础或以竞争对手为基础的策略。根据以前的解释，本书认为营销有三种方法：以产品为中心、以顾客为中心和以人为本。尽管出现了市场营销 3.0 的趋势，有些商业人士仍然继续采用以产品和以顾客为中心的营销观。这是很正常的。但为了赢得新的数字化的消费者，应该为旧视角配备新技术。本书第 4～6 章将讨论如何在新浪潮时代成功地应用不同的营销观。

参考文献

Kartajaya, H and W Darwin (2010). *Connect: Surfing New Wave Marketing*. Jakarta: Gramedia Pustaka Utama.

Kotler, P, H Kartajaya and I Setiawan (2010). *Marketing 3.0: From Products to Customers to the Human Spirit*. New Jersey: John Wiley.

Kotler, *et al.* (2003). *Rethinking Marketing: Sustainable Marketing Enterprise in Asia*. Singapore: Prentice Hall.

Ohmae, K (1982). *The Mind of the Strategist: The Art of Japanese Business*. New York: McGraw-Hill.

第 4 章
以产品为中心的观点：
产品开发中的互联互通

> 信息技术正在引发产品变革。互联互通的智能产品开启了新的竞争时代。
>
> ——迈克尔·波特和詹姆士·赫佩尔曼
> （Michael Porter and James Heppelmann）

一般来说，在第二次世界大战后的早期阶段，大众市场营销和纯粹以产品为中心的战略占据了主导地位。亨利·福特（Henry Ford）以其 T 型车的设想（只有黑色）——标准化产品和大众市场所能承受的价格而闻名于世。在阿尔弗雷德·斯隆（Alfred Sloan）的领导下，通用汽车公司"面向所有钱包和所有目的提供不同的汽车"（从雪佛兰到凯迪拉克）（Quelch and Jocz，2008）。几乎在同一时代，日本制造商开始建造自己的工业帝国。它们的策略是基于大规模生产、大批量和适度单位毛利的大众市场方法。

只有少数制造商在亚洲出现并得到了蓬勃发展，这导致该地区不存在那么严峻的竞争——当然不像现在这样激烈。这在一定程度上也是因为许多亚洲国家实行了保护主义的经济政策。几个国家的企业仍然被政府或国有企业（如巴基斯坦电信有限公司和印度尼西亚电信公司）垄断，而管制又限制了私营部门在某些特定行业中的作用。实际上，不仅仅是跨国公司，甚至当地企业也无法像现在这样自由地进入特定空间和社会。结果，顾客从来无法通过真正的选择来满足各自的需求。

在那个时代，包括亚洲在内的世界各地企业都是在产品理念的指引下开展经营活动的，即消费者青睐那些提供最佳质量、性能或创新特性的产品。这些组织的管理者假设购买者能够欣赏产品质量和性能，专注于生产优质的产品，并随着时间的推移而不断进行产品改进。以产品为中心的企业经常在很少或根本没有潜在顾客信息输入的情况下设计自己的产品，并相信企业的工程师能够设计出特别的产品。通用汽车公司的一位高级主管曾经说过："公众在看到可用的东西之前，怎么能够知道他们想要什么样的车呢？"(Kotler，2001.)

几个世纪过去了，商业战略继续受到工业革命之魂的驱动，曾经作为竞争优势主要来源的工厂不断倒闭。企业仍然围绕着产品和生产管理进行组织，依然根据产量来衡量成败，组织的希望依然寄托在产品渠道上。生产相关活动的重点放在最大限度地提高生产效率上，那些推崇效率的管理者得到晋升。企业专注于如何生产和交付产品，但问题是其他人也是这么做的（Dawar，2013）。

这种对以产品为中心的战略的过度自信可能会导致营销近视症（Levitt，1960）。铁路管理层认为，旅客想要的是火车而不是交通工具，他们忽视了来自航空公司、公共汽车、卡车和汽车的日益激烈的竞争。大学、百货公司和邮局都假定它们为顾客提供了合适的产品，并想弄清楚为什么自己的销售会不断下滑。实际上，这些组织在应该从窗口往外看的时候，却常常往镜子里面看。

渐渐地，这些公司开始向顾客的反馈和批评敞开大门。尽管生产过程和产品创新仍然是竞争优势的主要来源，但顾客开始出现在企业的探索雷达上。从他们想知道的东西到如何吸引他们的一切，都源于顾客探索雷达的应用，企业不再仅仅是单纯地追求效率和生产率。尽管以产品为中心的企业仍然更多地关注和投资于产品研发（R&D），但市场营销或顾客研究开始在商业组织中找到了一席之地。

在当今竞争激烈的环境中,只有开发出能够比竞争对手更好地满足顾客需求的产品的企业才能在市场上获得成功。因此,有必要对这些需求进行深入研究,并提出能够最有效地满足这些需求的想法和解决方案。新产品开发(NPD)项目越创新,就越需要在企业内部整合营销和研发的功能。然而,尽管整合的需要得到了广泛的认可,但在实际应用中,研发和营销一体化的程度在各家企业和不同行业中各不相同。不可否认的是,到目前为止,有些企业坚持认为创新产品将会确保自己成功地在市场上占有一席之地。苹果公司的联合创始人史蒂夫·乔布斯曾经说过:"弄清楚消费者到底需要什么,并不是消费者的工作。"这是苹果公司的工作。

产品开发和互联互通

几十年前,日本企业的成功秘诀在于它们在确定功能改进顺序方面的技能。在20世纪50年代和60年代早期,它们在制造业中投入了大量的资金和人才,而且当时它们享受着劳动力成本优势,这也构成了其竞争力的主要源泉。在这个阶段,它们在研发和海外市场的投资是次要的。20世纪80年代,它们开始进行基础研究,以提升自己的功能优势(Ohmae,1982)。

在《战略家的思想》一书中,大前研一提供了以产品为中心的经典例子。卡西欧是手表和袖珍计算器的制造商,它的情况与竞争对手不同。当时,大多数竞争对手都是围绕工程、制造和分销的传统功能进行组织的,在垂直整合方面做了大量工作。相比之下,卡西欧基本上是一家工程和组装公司,在生产设备和销售渠道上的投资很少。它的强项是灵活性。在认识到竞争对手无法快速推出新产品之后,卡西欧采取了缩短产品生命周期的战略。卡西欧推出了2毫米厚的卡片式计算器,并且很快就把价格降下来,从而使竞争对手难以复制同类产品。在几个月之后,卡西欧引入了另一种产品模型,可以在触摸数字键时发出声音。

卡西欧公司的内在优势在于：它能够将设计和开发整合到营销研究之中，从而使企业有能力对顾客的需求进行分析，并迅速地转化为有形产品。因为卡西欧的更新功能相当完善，所以它可以让自己的产品很快变得过时。然而，竞争对手的产品生命周期在一年或两年，并且是垂直地设计组织。这样，卡西欧公司就成功地防止了竞争对手实现更短的产品开发过程（Ohmae，1982）。

卡西欧公司的经典案例告诉我们，以产品为中心的企业应该具有功能改进和创新的灵活性。但它也揭示了比竞争对手更快地捕捉顾客需求的互联互通的重要性。请记住，这是35年前的一个故事，发生在无线技术尚未开发的工业时代。今天，互联互通无处不在。有许多数字和移动工具可以在任何时间和任何地点把企业跟顾客联系起来。技术是不同的，但主要挑战仍然是相同的：如何联系顾客并发现顾客的隐性需求，然后将其转化为有形的产品创新。大胆地说，我们应该比竞争对手更快地做到这一点，否则我们就会成为只能跟随的参与者。

新产品开发的挑战

正如前面提到的，对于以产品为中心的企业而言，关键的营销理念就是新产品开发。研究表明，平均而言，对于这类企业来说，新产品的销售额占企业销售额的比重一般在28%左右。也就是说，超过1/4的企业收入来自新产品。在一些动态行业，这个数字可能高达100%！正如预期的那样，利润水平也比较类似，大约有28.3%的企业利润来自最近3年开发的新产品（Cooper，2001）。

新产品开发也会影响顾客对企业及其品牌的感知。东南亚的消费者对投资于新产品开发的品牌具有强烈的亲切感，并且是全球最有可能尝试新产品的消费群体之一。大约3/4的东南亚消费者（73%）表示，他们在上一次购买杂货时购买了新产品，比全球平均水平——57%——高出16个百分点。对于制造商提供新产品选择的情况，有73%的受访者表示喜欢（与全球的62%形成对照），有56%的受访者表示愿意为创新性的新产品支付溢价（相比之下，全球的平均水平是44%），有50%的受访者声称他们是创新性新产品的早期购买者（与全球的平均水平39%形成对照）（Nielsen，2015）。

就企业内部而言，新产品也有助于保持企业产品组合的"稳健性"。一般来说，根据产品的相对成长性和企业的相对实力，可以把新产品分成以下几种类型（见图4-1）。

	高相对实力	低相对实力
相对成长性 高	潜在 经过测试的创新品	初始 未经测试的创作品
相对成长性 低	核心 基础	现有 大路货

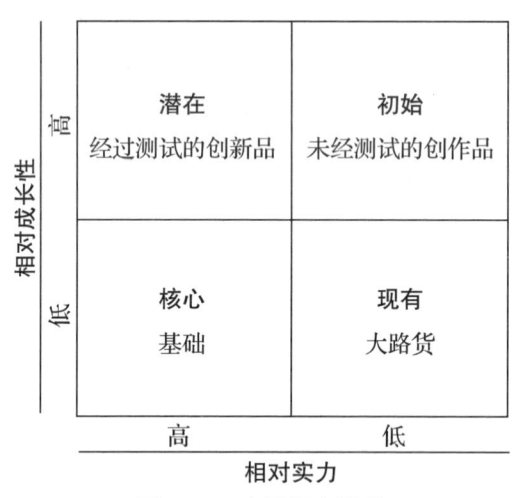

图4-1 产品组合管理

（1）现有产品（大路货）：顾客所需要的必备产品。

（2）核心产品（基础产品或基本产品）：顾客对产品感兴趣的主要原因。

（3）初始产品（未经测试的创作品）：存在商机，但顾客的兴趣仍然存在不确定性。

（4）潜在产品（经过测试的创新品）：在产品开发和营销方面进行了适当投资，因而在成长性方面具有巨大潜力。

企业必须确保自己的产品组合不仅包括现有产品（大路货），而且包括核心产品（基础产品）。在理想的情况下，企业可以通过市场研发开发出足够的初始产品（未经测试的产品），以使其在未来成长为潜在产品（经过测试的创新品）。

遗憾的是，新产品开发也是现代企业最具风险的事业之一。而且，风险都很高：很多企业都把大量费用浪费在新产品开发上。时至今日，这种风险越来越大。顾客比以往任何时候都更有见识，要求也更加苛刻。在前所未有的产品和服务选择的推动下，顾客的期望在充满竞争的市场中对领先企业提出了严峻的挑战。一项针对中国台湾的中小企业的实证研究表明，与顾客保持密切关系是中小企业的竞争优势。最近一项研究表明，这在当前环境下仍然是正确的。换句话说，管理者应该相信，顾客认可和顾客满意最有助于新产品的全面成功（见例4-1）。

> **例4-1 中国台湾的新产品开发：中小企业案例研究**
>
> 本研究的目的是探讨中国台湾中小企业的新产品成功体系。作者调查了影响中国台湾消费品制造企业的新产品获得成功的关键因素。根据这些研究得出了这样几个结论：首先，使用多个维度，作者对中国台湾中小企业使用的新产品成功绩效进行了描述和分类。研究结果表明，成功的维度包括财务绩效、市场接受度、技术水平和顾客认可度。
>
> 与之前的研究相反，虽然这些维度是相互关联的，但是最新的研究结果表明，这些因素衡量了产品成功的不同侧面。此外，作者围绕新产品成功的测量，提出了几个管理启示：第一，成功的产品可能需要在所有维度上都有良好的表现。因此，企业在衡量新产品绩效时应该采用多重标准。代表不同衡量标准的成功表现似乎包括顾客满意度、盈利能力、收入和产品性能。第二，这些维度是相关的，而且相关系数表明最重要的标准是财务指标（财务绩效和市场接受度）和非财务指标（技术水平和顾客认可度）。管理者必须意识到这些因素之间的关系，并在开始时选择新产品项目的成功测量法。
>
> 此外，非财务指标，如顾客认可度、顾客满意度、产品绩效目标达成度、质量目标达成度等，是中国台湾中小企业最常采用的成功衡量标准。这表明，中国台湾中小企业考虑到新产品的质量和性能，其市场接

受度是新产品成功的主要衡量标准,而财务指标似乎只是次要方面。

有坊间证据表明,许多由中小企业生产的新产品在技术上具有很好的表现,但财务状况却不太理想(Huang et al., 2004)。如上所述,中小企业所使用的成功衡量标准或许可以解释这种现象。中小企业面临的挑战是为其新产品设定财务和非财务目标,衡量这些目标,配置适当的资源,并从战略上提升自己的新产品开发能力。

根据传统经验,与顾客保持密切关系一直被认为是中小企业的竞争优势。目前的研究表明,这一观点在当前仍然是正确的。换句话说,管理者应该相信,尽管其他三个因素也有助于新产品的成功,但顾客认可和顾客满意是对新产品的整体成功贡献最大的因素。

资料来源:Fu(2010).

与此同时,产品和服务越来越相似,差异性越来越小,这使得开发和获取品牌实际价值变得更加困难。因此,亚洲企业今天面临着艰巨的任务。企业必须找到有效的方法,成功地推出新产品或新服务并在顾客心目中创建有意义的差异化形象。同时,企业也必须获取和维持为不同目标群体所创造的独特价值(Ritson, 2009)。上述这种动态性就要求企业努力为自己的产品成功创造必要的条件,并使用新的创新模式。温斯顿·丘吉尔(Winston Churchill)曾经指出:"成功就是从失败走向失败,但却一直富有激情。"不过,今天看来,失败的代价越来越大了。

但行事过于谨慎也是有代价的。如果一家亚洲企业对安全和规避风险过于谨慎,就会放慢新产品开发和创新的进程。因此,当最终产品推出时,顾客的需求可能已经发生了变化,或者来自亚洲或其他地区的竞争对手已经提出了顾客需要的解决方案。从政治变革和技术发展的角度来看,政治和地缘政治障碍减少意味着亚洲企业不再能够像以前那样轻松地经营自己的事业了。因此,除了能够提供有意义的、可持续的差异化的新产品,亚洲企业应该加快从观念生成、概念开发、市场测试到新产品推出的一整套新产品开发过程。

应对挑战：阶段－门模型

为了确保新产品开发的成功，企业常常面临加快开发进程的挑战，同时还要确保创造出同顾客相关的合适产品。没有精确性的开发速度只会导致产品在市场上失败。相比之下，没有速度的精确性也只会使竞争对手在市场推广中处于领先地位。为了应对这一挑战，库珀（Cooper，2001）提出了一种"阶段－门"模型（又称门径管理模型），作为有效且高效的新产品开发指南。该模型包括两个主要的构成要素：阶段和门（见图4-2）。

阶段

阶段－门模型是由几个可以清楚区分的阶段组成的。其中，产品开发过程通常有4～6个阶段。一般来说，阶段－门模型主要包括以下几个阶段（Cooper，2001）：

- 发现：一种早期的解决方法，旨在发现并产生商业创意。
- 审查：关于商业创意或项目的最初调查过程，应该很快完成，主要通过案头研究来完成。
- 构建商业案例：包括主要数据集（技术数据和市场）的更详细调查，清晰地描述产品、项目和项目规划。
- 开发：实际设计和开发更为详细的新产品结构和生产工艺流程。
- 测试和检验：在市场和实验室进行测试或试验，并检验所开发的新产品。
- 推出：产品的商业化，包括生产和销售的全面执行。

门

在早期阶段，门就是各个关键的检查点，以判定产品开发过程是否值得继续下去。门是控制质量的节点。在每个门口，将会有以前阶段（可交付成果）需要评估的结果以及评估标准。库珀指出，一般来看，在新产品开发过程中涉及的门主要有：

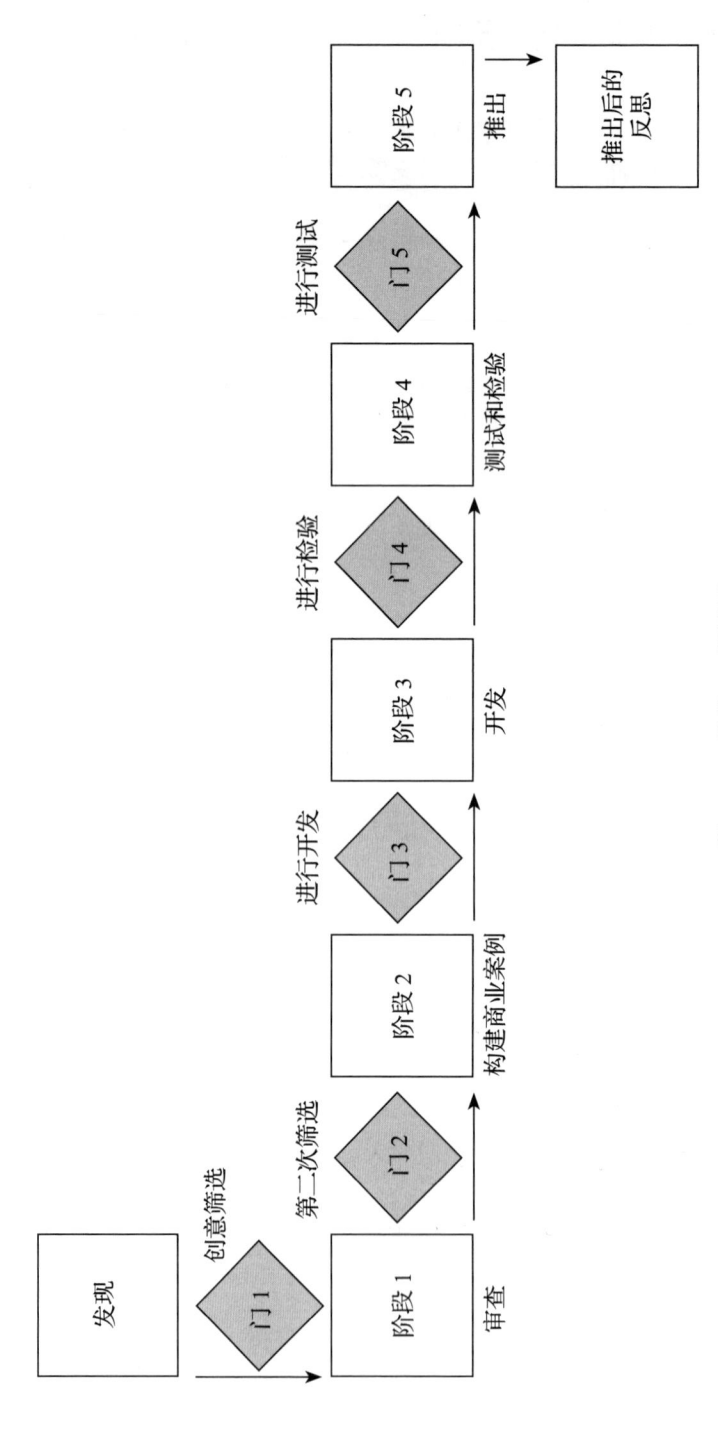

图 4-2 阶段-门模型

- 第一道门（创意筛选）：对产生的创意进行最初的评估，通常使用的标准是项目的可行性、市场吸引力、产品的卓越性和是否遵从公司政策。
- 第二道门（第二次筛选）：在这道门口，重复在第一道门进行的评估，但是会利用在审查阶段获得的新信息进行更为系统、更为严格的评估。
- 第三道门（进入开发阶段）：主要是基于财务标准进行评估，以便判定该产品开发项目是否能够从企业那里获得资金。
- 第四道门（进入测试阶段）：根据更准确的数据进行财务分析，并对运营和营销计划进行更为详细的研究，然后在此基础上修正评估过程。
- 第五道门（进入产品推出阶段）：这是是否可以把某种产品最终批量投放市场的最后一道门槛，其评价标准是财务回报的水平以及产品推出计划的适用性。

开放式创新与互联互通

阶段-门模型提供了一种在组织内部进行开放式创新的系统组合和有效组合。但在如今这个互联互通的时代，以产品为中心的亚洲企业不能完全依靠内部结构和资源来产生新产品创意和进行创新。为了确保新产品开发流程的精确性与高速度，外部各方（顾客、供应商、监管机构等）的参与是绝对必要的。在新产品开发过程的每个阶段和每道门口，来自外部的贡献正变得越来越重要。例如，在发现阶段，企业不能仅仅依靠市场调研团队来寻找新的创意。在这个阶段，顾客应该积极参与并提供可能的创意。技术进步也大大增强了企业与顾客建立更为密切的互联互通性的能力，这有助于推动新产品开发中的协作过程。欢迎进入开放式创新时代。

开放式创新是切萨布鲁夫（Chesbrough）在 2003 年率先提出的一个概念。所谓开放式创新，就是有意识地使用组织在投入和产出中的知识，以加快内部创新的速度，并进行市场扩张以增加对创新的外部应用。因此，开放式创新是一种促进企业利用内外部创意的范式。与此相对,封闭式创新则是一种传统范式。在封闭式创新模式下,创新企业自己产生创意并自行开发(Chesbrough,2003)。表4-1列出了两种创新范式的特征。

表4-1　　　　　　　　开放式和封闭式创新的特点

开放式创新	封闭式创新
与企业内部与外部的专家协同工作	与企业内最好的人一起工作
外部和内部研发为企业创造了巨大价值	发现、开发、营销和跟进内部研发
从外部环境获取知识,获得比内部导向的企业更高的利润	获取和利用企业内部的知识,使其具有比竞争对手更多的优势
更灵活开放的组织结构,以确保适应性	更僵化严密的组织结构,以确保过程的有效性

资料来源:Adapted from Chesbrough (2003), Lichtenthaler and Lichtenthaler (2009), and authors' analysis.

来自发达国家的公司,如宝洁、思科、健赞、通用电气和英特尔等,常常被认为是通过开放式创新战略来获得市场领先地位的。也就是说,通过开发和利用那些超越自身研发结构的技术知识,这些公司击败了其竞争对手,而其对手在很大程度上依赖于内部的创新思路。不过,尽管其他组织——包括亚洲企业——试图效仿这些开拓者,但研究表明,许多企业都失败了,因为它们忽视了一点:没有确保企业里最有能力利用外部创意的人接触到那些外部创意(Whelan et al.,2011)。

为了让企业能够迅速地从组织外部获取创意,仅仅依靠实地的一线员工是不够的。如果觉得创意只是他们的副业,那么结果肯定不是最优的。因此,企业往往需要付出更大的努力,与外部各方尤其是顾客建立起更为密切的联系。有些企业利用顾客群体作为新创意的来源,以获得更为丰富的反馈。在一些亚洲国家,顾客行为表现出较强的集体主义,运用社区的方式效果往往非常好。通过社区,把企业和顾客联系起来,并在二者之间建立起长期的协作关系。

在印度尼西亚,一些日本汽车公司在同自己的顾客建立的品牌社区协作中表现得十分活跃。印度尼西亚的一些流行汽车品牌——两轮车和四轮车，如 Avanza（丰田）、Xenia（大发）、Ertiga（铃木）和本田摩托车在许多城市里都拥有大量的社区成员。另一种选择是提供一个互联互通的平台，促进企业和顾客之间的线上和线下互动。这类平台的一个例子就是富士胶片的开放式创新中心（见例4-2）。

例4-2　富士胶片的开放式创新中心

富士胶片有限公司成立于1934年，旨在成为日本第一家照相胶片生产商。但如今，在80多年之后，富士控股公司经营着各种业务，包括文件解决方案、医疗成像和诊断设备、化妆品、光学仪器、复印机、打印机、照片-图形材料和数码相机等。该公司也有众多的创新技术和产品，如世界上第一个数字X射线成像和诊断系统FCR（Fuji Computed Radiography）、世界上第一台全数码相机DS-1P，并在人类社会中引入了前所未有的全新价值观。

作为其突破性举措的一部分，富士胶片于2014年推出了开放式创新中心，即展示会场——把富士公司的基础和核心技术以及基于这些技术的材料、产品和服务展示给外部商业协作伙伴，包括企业和研究机构。该公司使用这一设施将商业伙伴的挑战、创意和潜在需求等同其专有技术联系起来，以便创造创新性的产品、技术和服务，从而掀起了一股创新潮。

富士公司在东京、硅谷和荷兰建立了开放式创新中心。每个中心由三个区域和两个分区组成。

介绍区

这是一个展示富士公司的企业形象和企业社会责任（CSR）活动的区域，将该公司介绍给潜在的商业协作伙伴，其目的在于加深这些伙伴对富士公司过去的发展历程和目前的商业运作的整体理解。

核心技术区

这是一个能够可视化地展示公司核心技术及其在广泛领域中的应用

的区域。它是为了展示富士公司技术的广度和深度。

触摸分区

这是一个允许访客体验触摸产品的分区，通过触摸公司核心技术所创造的产品，帮助协作伙伴获得有关富士技术特征和优越性的第一手体验，而这些体验显然是无法完全由视觉来呈现的。该分区有利于迅速地把商业伙伴的任务与富士公司的知识匹配起来，以提供可能的解决方案。

创意分区

这是一个与触摸分区相邻的区域，旨在同潜在的协作伙伴展开讨论。整个墙壁由白板构成，便于自由地交换意见，以鼓励新鲜灵感。

概念生成区

这是一个用于探索创建新产品和新服务的具体行动计划的区域。在该区域，有在线会议系统，可用于商业伙伴和研究实验室成员之间的交流。

富士公司对数字时代的开放式创新的威力深信不疑。富士公司创新和战略规划部的总经理 Naoto Yanagihara 曾经向所有的利益相关者传达了这样一条信息："武士通过离开道场并与其他传统的战士斗争变得更加强大。"

资料来源：fujifilm.com, fujifilm.eu, and others.

Whelan et al.（2011）提出了另一种方法，即任命一名外部员工担任围绕某个特殊任务的创意连接者（创意侦察员），把组织置于外部新创意开发的雷达上。创意侦察员必须具备一些核心特征，主要包括：（1）在公司外部拥有广泛网络；（2）在组织机构短期和中期任职；（3）在某个专业技术领域具有很高的专长水平；（4）对跟上特定领域的新趋势表现出真正的兴趣。此外，企业还应该支持这些创意侦察员的工作，帮助他们有效地履行职责，给他们时间和机会去探索外界，鼓励他们参加外部网络活动，并培训他们有效地利用社交媒体技术。

为了推进创新，内部的互联互通应该能够有效地支持与外部世界的互联互通。企业必须组建内部工作组，做好准备从外部（通过外部创意侦察员或创意连接者）获取创意，然后与各种内部职能部门（研发、信息技术、运营、营销等）一道进行产品开发。想要把精心筛选的创意转化为成功的产品或服务，这种内部连接者的存在就显得至关重要了（Whelan et al., 2011）。通常，好的创意往往都是不经意间被记录在报告之中，并且堆积在企业的文档之中。内部和外部互联互通的融合有助于提高创新过程的速度和有效性。

连通产品

在前几节中，我们讨论了技术革命如何凸显了互联互通在亚洲企业新产品开发过程中的重要性。开放式创新的威力——通过内部和外部连接的支持，可以使一家以产品为中心的企业比其他同行业企业更具竞争优势。与竞争对手相比，这样的企业往往可以更好地从外部获取创意，并更快地将创意转化为新的产品或服务。

但新浪潮科技使企业不仅能够通过开放式创新在新产品开发方面更加精妙，而且能够创造出更智能的、更具连通性的产品。产品本身的连通性也越来越重要。据 Porter and Heppelmann（2014），智能连通产品主要包括三个核心要素：物理组件、"智能"组件和连通组件。其中，智能组件放大了物理组件的功能和价值，连通组件则增强了智能组件的功能和价值，并使其中的某些方面能够在物理产品之外得以存在。如果功能属性可以同更多的情感触摸属性相结合，那么不仅有助于生成机器对机器（M2M）或机器对人（M2H）的交互，而且可以产生人与人（H2H）之间的有效互动。

物理产品通常由机械和电气部件组成。它们构成了产品的有形部分——负责为顾客提供利益的部分。然而，如果其他智能组件和连通组件不存在的话，只由物理组件组成的产品的用途也必将是有限的。例如，让我们看一下由发动机、动力系统、轮胎和电池组成的车辆。所有这些物理部件将构成非常基本的产品，主要作为运输工具来使用。

但是，当我们在产品中加入了智能组件时，如传感器、微处理器、数据存储器、控制软件以及嵌入的操作系统和增强的用户界面等，这些必将改善功能和提升用户体验。在汽车中，这相当于增加了智能组件，如发动机控制单元、防抱死制动系统、带有自动雨刷的雨水感应挡风玻璃和触摸屏显示器等。在有些产品中，还可以使用软件来替代一些物理组件，或者把单独的物理设备整合起来完成各种不同的功能（Porter and Heppelmann，2014）。

连通组件包括端口、天线和协议，它们可以实现与产品的有线或无线连接。连通组件主要包括以下三种模式，它们是可以同时出现的（Porter and Heppelmann，2014）。

（1）一对一模式：单个产品通过端口或其他接口连接到用户、制造商或其他产品。例如，智能手机现在可以配备无线技术，使其能够与其他设备共享信息，甚至配备数字技术的家用电器也是如此。这种连通模式的一个例子就是小米——该公司开发了智能手环来监控用户的健康状况并将信息发送给智能手机（参见例4-3）。

（2）一对多模式：中央系统连续或间断地与许多产品同时连接。例如，许多特斯拉汽车都连接到单独的制造商系统，该系统可以监控性能并完成远程服务和升级。

（3）多对多模式：多种产品连接到其他许多类型的产品上，也经常连接到外部数据源。这涉及两个系统之间的连通性，例如，智能家居中的所有数字系统与外部数据源（天气预报、商品价格报告、公共交通时间表等）之间的连通性。

例4-3　小米的智能连通产品

小米公司是一家总部设在北京的私营中国电子公司，是世界上继三星和苹果之后最大的智能手机制造商。小米设计、开发和销售智能手机、移动应用和相关的电子消费产品。自2011年8月推出首款智能手机以来，小米公司已在中国市场获得了很大的市场份额，并扩展到更为

> 广泛的电子消费产品领域,其中包括智能家居设备生态系统。该公司拥有8 000多名员工,主要分布在中国、马来西亚和新加坡,正在向印度、印度尼西亚、菲律宾和巴西等其他国家扩张。
>
> 产品创新和卓越运营已经成为其竞争优势,并得到了小米独特商业模式的支撑。小米公司特别关注顾客的反馈意见,让顾客参与测试即将推出的产品功能,并建立起庞大的在线社区。小米的产品经理会花费大量时间浏览企业的用户论坛。一旦选中了某条建议,很快就会将其转交给相应的工程师。这是我们之前讨论的开放式创新的一个例子。
>
> 小米公司开发了几款智能连通产品。2014年8月,小米公司宣布推出Mi Band——一款"智能手环",用于监控用户的活动——跟踪运动和行走及监测睡眠状况等,然后向Mi Fit应用发送数据,加以分析,并用闹钟将其唤醒、测量脉搏。在这样做的时候,它集成了M2H连通(手环和用户之间)和M2M连通(手环和用户的智能手机之间)。
>
> 小米公司也提供智能家居产品系列,其中包括多功能网关、门/窗传感器、移动检测器和无线开关等,它们可以组合起来实现超过30种不同的功能。例如,移动检测器可与网关配对,以便执行一系列功能,如当其检测到有移动时会开启夜晚灯光,并在窗户关闭或打开时启动或关闭连接的风扇等。
>
> 资料来源:idc.com, Tech in Asia, Boomberg Business, and others.

在数字化时代,连通产品将成为以产品为中心的亚洲企业的竞争优势来源。这种产品概念的主要优点是:它是开放的,为外部各方增加输入提供了机会。用户越多,在产品开发中采用连通性的机会就越大,结果是价值不断提升的良性循环。

参考文献

Chesbrough, H (2003). The logic of open innovation: Managing intellectual property. *California Management Review*, 45(3), 33–58.

Cooper, RG (2001). *Winning at New Products: Creating Value through Innovation.*

New York: Basic Books.

Dawar, N (December 2013). When Marketing Is Strategy. *Harvard Business Review.* https://hbr.org/2013/12/when-marketing-is-strategy (last accessed July 25, 2016).

Fu, YK (2010). New product success among small and medium enterprises: An empirical study in Taiwan. *Journal of International Management Studies*, 5(1), 147–153.

Huang, X, A Brown and GN Soutar (2004). Measuring new product success: an empirical investigation of Australian SEMs. *Industrial Marketing Management*, 33, 117–123.

Kotler, P (2001). *Marketing Management Millenium Edition*, 10th Ed. New Jersey: Prentice-Hall.

Levitt, T (July–August 1960). Marketing Myopia. *Harvard Business Review*, 45–56.

Lichtenthaler, U., & Lichtenthaler, E (2009). A capability-based framework for open innovation: Complementing absorptive capacity. *Journal of Management Studies*, 46 (8), 1315–1338.

Nielsen (2015). *Nielsen Global New Product Innovation Report*, report summary could be accessed through http://www.nielsen.com/apac/en/insights/news/2015/new-product-development-hits-the-sweet-spot-in-developing-markets.html

Ohmae, K (1982). *The Mind of the Strategist: The Art of Japanese Business.* New York: McGraw-Hill Book Company.

Porter, ME and JE Heppelmann (November 2014). How smart, connected products are transforming competition. *Harvard Business Review*, 1–23.

Quelch, JA and KE Jocz (2008). Milestone in marketing. *Business History Review*, 82, 827–838.

Ritson, M (October 2009). Customers are suddenly hyperconscious of value and new low-promise competitors are nipping at your heels: Should you launch a fighting brand? *Harvard Business Review*, pp. 87–94.

Whelan *et al.* (2011). Creating employee networks that deliver open innovation. *MIT Sloan Management Review*, Fall issue.

第 5 章

以顾客为中心的观点：
连接数字化消费者

> 今天，我们没有落后于竞争，也没有落后于技术，但我们却落在顾客后面了。
>
> ——阳狮锐奇公司（VivaKi）首席战略与创新官
> 里沙·托巴科瓦拉（Rishad Tobaccowala）

20世纪七八十年代，"没有人会因为从IBM购买产品而被解雇"，这句话是计算机销售人员中颇为流行的商业神话。虽然IBM比其他大厂商更晚进入计算机行业，但很快就在快速增长的市场中占据了主导地位。它的成功公式是什么？一些商界人士——包括来自IBM的竞争对手的高管都继续错误地假设答案就是更好的产品。虽然IBM的产品性能过硬，但通常并没有体现最新的创新。实际上，IBM的一些竞争对手已经开发了在线操作系统、虚拟内存、小型计算机和大多数其他突破性的功能。IBM则是这些创新的采用者，但通常不是领先者。

IBM的成功秘诀在于为顾客提供全面的解决方案，而不仅仅是独立的产品。它提供了对新业务应用程序、培训开发人员和数据管理进行规划的方法。当系统出现故障的时候，它就会出现，帮助诊断问题，并让系统回到正轨、正常工作。它负责规划需要升级的新机器以及如何整合新技术。

同时，它还选些顾客进行定期教育，加深他们的知识，提升他们的管理技能（Treacy and Wiersema，1997）。

另一个类似的成功案例是小松公司（Komatsu），它是一家日本跨国公司，在印度尼西亚经营建筑、采矿、林业、农业种植和工业重型设备等业务。它与这个行业中全球最大的参与者——卡特彼勒公司（Caterpillar）直接竞争。小松公司在印度尼西亚的联合拖拉机分销商试图通过商业顾问（在联合拖拉机销售团队中使用的术语）同企业客户之间的密切关系，在该国建立起竞争优势。其中，商业顾问表面上是协作伙伴，实际上他们随时准备帮助客户解决任何问题。此外，他们还接受专业的培训，不仅提供专业的技术援助和咨询，而且强化同客户的情感联系。这就是他们成功地赢得和维持客户忠诚度的方法。

在这些情况下，美国著名经济学家、哈佛商学院教授西奥多·莱维特（Theodore Levitt）在多年前就警告说，IBM和小松公司已经逃离了营销近视症陷阱。他曾经说过，许多公司都沉迷于将产品转换成现金，而真正的营销工作是通过产品或产品的集成来满足顾客的需求——从创造、交付到最终的消费（Levitt，1960）。因此，企业不应该总是在产品领先地位上展开竞争，它们可以选择一种不同的营销策略，即把顾客放在中心的位置上。

这是以顾客为中心的主要思想。亚洲企业必须为顾客创造价值，从顾客的角度来看待商业。这个观点与以产品为中心的观点截然不同，后者认为产品开发优于其他营销活动（Keith，1960）。在这种转移焦点的背景下，消费者和企业客户的购买决策的性质得到了前所未有的关注。营销研究人员更加关注顾客的心理和情感，而不仅仅是顾客从产品或服务中获得的严格功能，即各类效用（Quelch and Jocz，2008）。

推动以顾客为中心的战略并不是要思考"我们还能生产什么"，而是思考"我们还能为顾客做些什么"。顾客和市场才是业务的核心，而不是工厂或产品。这个重心转移要求企业重新思考一些长期存在的战略支柱：首先，竞争优势的来源和位置现在处于企业之外。其次，企业的竞争方式会随着时间的推移而发生变化。它不再是拥有更好的产品，新的重点是顾客的需求和相对于顾客购买标准的独特定位。最后，市场的步伐和演化是由顾客不断改变的购买标准来驱动的，而不是产品或技术的改进（Dawar，2013）。

顾客管理基础

按照以产品为中心的观点，企业往往是在工厂和研发部门的上游活动中建立和形成自己的竞争优势的。企业之间相互竞争，实现突破，开发创新产品。随着产品生命周期的缩短，其产品组合的稳健性也变得越来越重要。"不创新，即灭亡"成为营销人员的口头语。

然而，以顾客为中心的企业所走的却是一条完全不同的道路。它们没有加强上游的市场营销活动，而是选择去下游。它们从这样一个世界经典的品牌实验中学到了许多：研究人员询问，如果可口可乐公司在全球范围内的所有有形资产（工厂、分销渠道、授权店铺、分支机构等）在一夜之间付之一炬的话，可口可乐公司将会如何筹集资金和启动业务。大多数商界人士认为，这场悲剧将耗费可口可乐大量的时间、精力和金钱，但该公司在筹集资金以恢复业务方面几乎没有困难。该品牌可以很容易地吸引到那些寻求未来回报的投资者。

但是，尝试下不同的场景。如果世界各地数十亿可口可乐消费者不能记住其品牌名称或产生任何联想，可能会发生什么呢？在这种情况下，大多数商界人士认为即使可口可乐的实物资产保持不变，该公司也难以筹集资金重启业务。事实证明，下游竞争优势——消费者与品牌联系的损失将比所有上游资产的损失更为严重（Dawar，2013）。

因此，企业-顾客联系值得企业给予特别的关注。作为指导顾客管理实践的有效框架，可以把相关的核心活动划分以下四种活动类型（见图5-1）：

- 获得：获得潜在顾客，获得新顾客；
- 挽留：专注于忠诚计划，以留住有价值的顾客；
- 增长：为顾客和企业增加价值；
- 赢返：寻求机会来赢返失去的顾客。

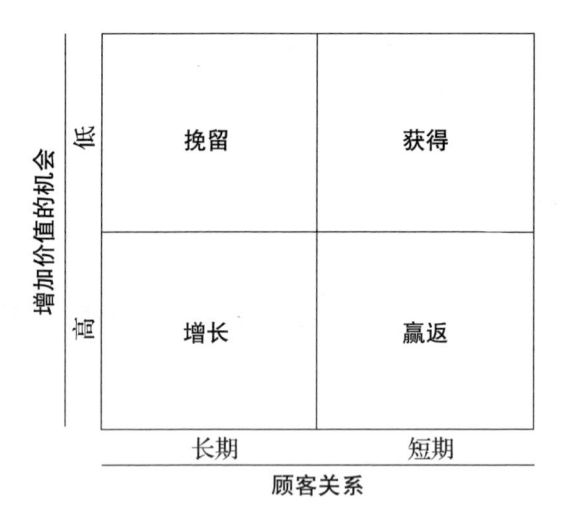

```
                  低  ┌─────────┬─────────┐
增                    │         │         │
加                    │  挽留   │  获得   │
价                    │         │         │
值                    ├─────────┼─────────┤
的                    │         │         │
机                    │  增长   │  赢返   │
会                 高 │         │         │
                     └─────────┴─────────┘
                        长期       短期
                           顾客关系
```

图 5-1　顾客价值管理

这些顾客管理的核心活动涵盖了与当前和未来顾客的全面互动。不过，不同行业可能会存在一些差异。例如，有些 B2C 企业（如快速消费品、电子消费品、交通运输、物业和医疗保健等）将会更多地关注"获取"和"挽留"活动，而 B2B 企业（如公司理财、咨询、IT 解决方案、物流、媒体等）可能会展开一些活动来扩大现有的顾客基础，并赢返失去的顾客。

为了获得、挽留和增强有价值的顾客，企业（第一个 C）不能被动地等待顾客（第二个 C），因为其他价值供应商（竞争对手，第三个 C）正在积极尝试吸引顾客的注意。然而，由于另一个因素——我们确定为第四个 C，商业环境的变化会使得企业的商业蓝图以更快的速度发生变化。在加入了这个额外的 C 之后，就形成了所谓的 4C 钻石模型——该商业模型可以帮助企业对未来的威胁、机会、劣势和优势（TOWS）做出更好的预测（Kotler et al., 2003）。亚洲日益增长的技术连通性既带来了一系列新的机遇，也带来了新的威胁。

亚洲国家一直致力于通过改善宽带互联网接入来缩小数字化鸿沟。亚太网络信息中心（APNIC，2014）发布的一份报告显示，在过去 20 年里，互联网的增长速度惊人，全世界从 1995 年的 1 600 万用户增长到 2013 年的 28 亿用户；仅在亚洲，用户就从 2000 年的 1.15 亿增长到 2013 年的 10

亿。互联网用户仍在快速增长：到 2017 年，全球互联网用户将达到 36 亿，占世界预期人口总数（76 亿）的 47%。2015 年，亚洲有超过 13.3 亿互联网用户，比 2013 年增长了 30%。

这种影响是显而易见的。亚洲消费者越来越互联互通。数字化正在将他们从单纯的消费者转变为更明智的价值需求者。现在，既然企业与消费者之间的动态数字互动已成大势所趋，那些没有在线参与或者没有有效的移动战略或应用程序的企业必将在市场上处于劣势，特别是与已经拥有上述互联互通战略的竞争对手相比。因此，顾客管理应该应用相同的逻辑。下面将讨论亚洲公司如何获得、保持、增长和赢返数字化消费者。

进入数字化消费者的头脑

今天的顾客比以往更聪明，要求也更高。IT 为他们提供了丰富的信息，所以有时他们很可能比企业的销售人员更富有知识。德斯福杰和安东尼（Desforger and Anthony，2013）在《购物者的营销革命》一书中写道："15 年前，我们有三个主要的刺激来源：电视、公关和口碑，至少有两个是营销人员所能掌控的。但发生改变的是：顾客不会认同营销人员所传递信息的表面价值。现在顾客会说，'嘿，我需要有控制权，我要对我自己的产品教育负责'。"

在进入杂货店或遇到销售员之前很久，顾客的决策过程就已经形成了。这是一个新的决策时刻，每天会在手机、笔记本电脑和其他各种有线设备上上演一亿次。这是市场营销发生的真实瞬间、信息产生的真实瞬间、消费者做出的选择会影响到世界上几乎所有品牌的成败的真实瞬间。谷歌公司称其为"即刻真实瞬间"（ZMOT）。ZMOT 是消费者拿出自己的笔记本电脑、手机或其他有线设备的瞬间，从那一刻顾客开始了解想要购买的产品或服务（Lecinski，2011）。

随着消费者行为的发展，亚洲品牌的参与方式也必须发生相应的变化。在今天这个互联互通、移动优先的世界里，以下四种策略可以帮助企业赢得 ZMOT（Lecinski，2014）。

（1）使用搜索来发现和理解重要瞬间。

在品牌经理发现消费者对这些产品的兴趣之前，数字化消费者一直在搜索诸如 BB 霜、希腊酸奶和 Ombre 头发之类的关键字。找出数字化消费者心中的东西并不容易。关键是要搜索并识别消费者注意到的产品、服务、瞬间和体验，并将其纳入企业的营销战略和策略。

（2）在重要瞬间出现。

智能手机正日益成为消费者做任何事情的首选设备，无论是浏览互联网、查看社交媒体，还是执行更具体的任务，如购物或预订机票等。这就意味着，消费者需要产品和服务的时间会有很多不同的时刻，如果一个品牌在消费者寻找的时候不存在，那么它就不能被选中。与竞争对手相比，企业应该分析其产品在顾客搜索中出现的次数。

（3）分享有趣或有吸引力的事。

关于网上信息爆炸如何缩短数字化顾客的注意力周期的问题，已经有太多论述。屏幕切换或多屏幕行为是品牌在定位目标顾客群体时经常遇到的问题。这就要求品牌在数字频道上展示的内容不仅具有信息性，而且具有互动性和吸引力。仅仅把企业的产品链接到网上是远远不够的，企业应该传递出覆盖整个设备的、令人印象深刻的信息。

此外，即使顾客分享内容不是专门为数字平台设计的，让顾客简单地通过社交媒体和其他数字平台分享也十分重要。例如，泰国的一些企业成功地推出了电视广告，这些广告在社交媒体上如同病毒般传播开来，并在短时间内被成百上千次分享（见例 5-1）。

例 5-1　　泰式"悲惨广告"

在泰国，有创造力的企业已经叩动了数百万电视观众的心弦，这些观众在休息的时候尽可能地为他们喜欢的节目做广告。由于观众分享这些广告，结果这些广告在社交媒体上迅速传播开来。不过，这些广告中的每一个都是基于悲伤主题，关于无家可归、贫穷或者悲伤的爱情故事等。这看起来很悲伤，但确实也很打动人心。在大多数情况下，它们具有可分享性，这就意味着更多的人会关注这样的消息，并且可能购买正在销售的产品。

特别地，有这么一家公司——泰国人寿保险公司——似乎已经掌握了所谓"悲伤广告"的艺术。它在2014年4月发布了一个名为"无名英雄"的广告，该广告由奥美-马瑟-曼谷的创意人士制作，在YouTube上的点击量已经超过了2 600万次。它讲述了一个男人的慷慨故事。他给流浪狗喂食、给无家可归的母亲和女儿送钱。他虽然什么回报也没有得到，但在短短两分钟内他的价值就显现出来了。

根据Mumbrella Asia的报道，《无名英雄》广告是2015年1月世界第九大病毒传播视频。泰国人寿保险公司的广告代理机构奥美广告公司总经理Phawit Chitrakorn解释了伟大的电视广告背后的神秘方式：

> 让观众哭泣并不是我们的主要目标。然而，我们希望人们能够欣赏到"生命的价值"，这是该品牌的核心价值。人们应该明白的是：泰国人寿保险确实对生命的价值有深刻的理解，这为我们创造了机会。

泰国安全摄像机公司Vizer制作了2015年最好的一个广告。这个扩展的商业广告在YouTube上被浏览了700多万次。在广告里，店主嘲笑一个无家可归的男人，他发现这个无家可归的人在店外睡觉。日复一日，店主踢他、向他泼水让他离开。最终，当这个男人离开时，店主想知道他为什么在店外睡觉。他检查视频录像，发现这个无家可归的人一直在保护他的商店。

来自泰国国家癌症研究机构的一个商业广告《姐妹情深》一直是泰国悲伤广告的典型代表。这个广告讲述了一对相处不好的姐妹之间的故事，直到一个人向另一个人透露她得了癌症。这个商业广告呼吁泰国的慷慨女性把头发捐给该研究所。

Chitrakorn指出："对公司来说，不要过于夸张，这一点很重要。

> 这来自我们的信念,即一个人的生活绝不是一件可以玩弄的东西。我们试图做的是找到一个感人的故事,我们都相信它会发生在邻居、朋友甚至是家人身上。当我们达到这个目标时,人寿保险公司对我们的生活来说就变得有意义了。"
>
> 资料来源:"Why Thai Life Insurance Ads Are so Consistently, Tear-jerkingly Brilliant", www.mumbrella.asia. January 2015; "Thailand Television Commercials Will Make You Cry, or At Least Get a Bit sad", www.news.com.au/. September 2015.

(4)衡量影响。

最后,企业需要度量消息在高级商务关键绩效指标(KPI)中赢得关注的程度,如认知、思考、评论、购买意图和推荐(请参考5A模型——认知、吸引、询问、行动和倡导,见本书第3章)。

从本质上说,品牌应该主动利用各种各样的数字化工具,积极搜索,准确把握对消费者至关重要的瞬间,在合适的地点和合适的时间出现,使内容在智能手机中显示出更强的界面友好性,并定期评估其影响。这会使品牌能够在真正以顾客为中心的组织中迸发出显著的竞争优势。

在数字时代挽留和增长客户

线上线下实体商务(O2O)是当前亚洲零售行业中的热门话题。随着新技术和创新进一步拓展了零售商的机会,O2O也越来越热门。O2O商务通过整合互联网连接的设备,把线上数字世界与线下实体世界连接起来。与电子商务相反,O2O方法使顾客在线下商店购物或获得服务。消费者开始他们的线上旅程,要么是通过交易和搜索,如电子优惠券和商店定位器,推动线下活动,要么是通过在线下世界使用快速响应(QR)代码和移动支付系统来推动线上活动。基于移动互联网的连通性的增长和联网设备(如智能手机、平板电脑、个人平板电脑、上网本和终端设备)的进步,O2O模型得以繁荣并更好地满足了顾客的需求。中国香港的必胜客就是一个很好的例子,充分展示了O2O是如何提高顾客忠诚度的(参见例5-2)。

例 5-2　怡和公司的社交客户关系管理项目

怡和集团（Jardine）是 1832 年在中国成立的一家贸易公司。到今天，该公司已经成长为一家以亚洲为主的多元化商业集团，其业务包括现金产生活动和长期资产的组合，旗下包括怡和太平洋公司、怡和汽车公司、怡和保险公司、香港土地公司、Dairy Farm 公司、文华东方公司、怡和运输公司以及阿斯特拉国际公司。这些公司是工程建设、运输服务、保险经纪、物业投资与开发、零售、餐饮、豪华酒店、汽车及相关活动、金融服务、重型设备、采矿和农业等领域的领导者。

到 2004 年年底，怡和餐饮集团（JRG）经营着 680 多家门店，员工人数超过 19 000 人，是亚洲地区领先的餐饮集团之一。JRG 是必胜客最大的国际特许经营商之一，在中国台湾、中国香港、中国澳门和越南都有业务。此外，JRG 还在中国香港、中国澳门、中国台湾和越南开设了肯德基门店，在中国香港通过必胜客宅急送（PHD）提供比萨。

2015 年，JRG 在中国香港围绕其必胜客业务进行了数字营销实验，该公司将其称为社交顾客关系管理（CRM）项目。该公司声称，这是全球所有必胜客餐厅中第一个社交 CRM 项目，是一个大数据项目，旨在激活其最忠实的香港顾客。

他们指定的机构使用三维（3D）打印技术制作了八种迷你版的最受欢迎的必胜客菜品。他们把用户订购习惯的数据应用于菜品选择。对于任何超过 250 美元（堂食、打包或外卖）的购买，必胜客都会赠送顾客一个迷你盘子和指定的免费菜品。每个迷你盘子都有一个二维码，将其与销售点系统联系起来。上周末，必胜客开始在中国香港的热点街道开展"幸运抽奖"活动。

UM Rally 战略规划总监 Rachel Wong 指出，早期的迹象表明，这一运动已经促使销售业绩超过了 2015 年春节前的水平。JRG 的信息技术总监 Ravel Lai 说："通过这个 O2O 活动，我们成功地把企业的业务

> 数据、移动应用程序、餐厅 POS 机和脸书连接起来,这简直太令人兴奋了。"他接着指出,必胜客的顾客现在希望能有一定程度的整合,以智能的方式参与移动设备消费体验。这已经不再是简单的 CRM,而是新型的社交 CRM 项目。
>
> 他列举了可以用更简单的方式使用积分的例子:会员可以出于各种目的使用积分,包括与朋友分享积分或使用积分完成快速票务程序以便跳过长时间的等待队伍。"我们把积分做成了一项服务。大数据分析显示,当可以进行积分兑换时,顾客会更频繁地光顾特定的餐馆。积分可以促进销售额的提升,我们希望顾客热情地使用积分。"
>
> 这几乎立即就产生了预期的效果。2015 年,积分兑换比例跃升至 57%,来自社交 CRM 和忠诚度的销售收入则增长了 27% 以上。
>
> 资料来源:*jardines.com*; "Pizza Hut Activates Loyalty Club in Big Data Program", *marketing-interactive.com*, 26 January 2016; "How Jardine Is Revolutionising the Digital World", *marketing-interactive.com*, 19 February 2016.

虽然在亚洲 B2C 企业中,O2O 商业活动越来越受欢迎,但在 B2B 领域参与者却面临截然不同的挑战。一般而言,B2B 销售的平均规模要比 B2C 企业大得多。对于 B2B 企业来说,一小部分客户可能就占其收入的绝大部分比重。因此,B2B 企业往往需要花费更多时间来关注现有客户。事实上,许多人投入大量资源来分析客户需求,培育产品和服务的前景,建立人际关系,推广产品。研讨会、出版物、市场研究和呼叫中心都是 B2B 企业工具箱中最重要的工具。它们帮助 B2B 企业了解、吸引、挽留有价值的客户并推动客户增长。

但是,在竞争激烈、技术连通性越来越高、复杂度不断提高的世界里,上述这些活动对许多 B2B 企业来说已经远远不够了。现在仍然只有为数不多(但未来会越来越多)的企业已经意识到这一点。虽然它们可能还没有取消现有的客户互动计划,但还是采用了一种新的方式,让自己每天都能进入买家的脑海中,即创建在线客户社区。这些社区通常采用私人网站的形式，使客户能够通过讨论共同感兴趣的话题、内容和信息来进行访问、创建和协作。

邦迪和迪马罗（Buday and DiMauro，2011）在《客户亲密原型：为什么 B2B 公司需要在线社区》中，详细地阐述了在线客户社区的三个关键要素。

客户：这种类型的在线社区专注于实现 B2B 企业的客户目标。B2B 企业已经形成了其他许多类型的在线社区——内部社区（对工作团队的实际支持）、供应商和渠道协作伙伴社区等。与此相反，在线客户社区的目标是解决客户购买和使用 B2B 企业产品和/或服务的业务问题。

协作：在线客户社区可以实现两种类型的协作，即客户和 B2B 企业之间的协作以及这些客户之间的协作。但这类双方在线协作的目的是解决客户的商业问题。在这一方面，企业需要特别注意：如果社区组织者利用在线社区专注于解决自己的问题，并尽量减少客户的问题，那么客户可能会逐渐退出社区。在 2010 年的一项研究中，95% 的企业高管表示，他们使用在线社区的首要原因是在他们感兴趣的问题上接受教育（DiMauro and Bulmer，2010）。

共同利益：不符合双方最大利益（B2B 企业及其客户）并不能创造一个成功的在线客户社区。例如，如果 B2B 企业想要利用其客户社区进行招聘和直接销售，这可能符合供应商的最大利益，但却不符合客户的最大利益。思考 B2B 客户社区的科学方式应该是：这个社区不是关于供应商自己的，而是关于他们（客户）的。

在线客户社区在 IT 等行业中日益重要。ITSMA 研究公司在 2010 年进行了一项调查，在研究的 207 家企业中，有近 2/3 的企业（65%）表示，它们参与了这样的私人在线社区：在社区中，供应商把计算机硬件、软件和服务销售给它们（Schwartz et al.，2010）。像 SAP 这样的软件公司和 LexisNexis 这样的商业信息公司，都是这种数字化的公司－客户关系的先驱者。这些在线社区可以帮助它们获得新的竞争优势：理智和情感上更贴近客户的能力，并与周围的客户时刻紧密地联系在一起。

在数字时代赢返失去的顾客

任何业务都不会十全十美。有时会发生错误,这将导致顾客失望和流失。这并不一定总是企业的问题,有时顾客也会犯错,但顾客可能很快就会对服务人员的处理方式感到失望。特别是在服务失败的情况下,企业必须以最积极的态度去处理顾客的问题,并以迅速有效的反应来赢返失去的顾客。因此,制定有效的服务补救政策已成为许多顾客挽留计划的一部分。其中,服务补救策略包括服务提供者采取行动对服务失败做出反应(Johnston and Mehra,2002)。

无论是做什么(如复原和补偿)以及如何做到这一点(即员工与顾客的互动),都会影响顾客对服务补救的看法(Andreassen,2000)。很多亚洲企业还没有认识到它们如何看待和处理投诉的重要性。实际上,这跟如何成功地解决顾客投诉的问题一样重要。这就是为什么呼叫中心处理不当的对话或聊天交流可能会启动病毒式传播的原因。顾客对投诉处理方式的抱怨往往比最初引发投诉的问题更具主导性和毁灭性。

对于亚洲企业来说,处理好调查和投诉当然是十分重要的顾客投入核心能力。由于我们都生活在数字时代,服务补救和投诉处理应该利用有效的在线方法,也不要忘记有移情作用的线下方法。与10年前的情况截然不同的是,对于任何严格遵循以顾客为中心的企业来说,顾客投诉处理的透明度和速度与顾客互动本身一样至关重要。通过线上线下的整合,企业可以利用的有效的、有移情作用的服务补救要素主要包括(Ollila,2016):

(1)问题监控:建立系统。

对于企业来说,制定适当的计划来解决网上发布的顾客不满是至关重要的。企业应该定期监控所有使用的数字通道,配备专门的内部团队去制定有效的策略以识别不满意的顾客,并且应该创建循序渐进的过程来执行策略的调整。

数字技术使企业能够建立报警系统,当网络上出现有关公司的信息时及时提醒。一般而言，企业需要定期监控这样一些数字渠道：

- 社交媒体网站，如脸书、推特、Google +、LinkedIn、Reddit 和 Quora；
- 点评网站，如 Yelp、Zillow、谷歌、亚马逊和特定行业的网站（如酒店行业的 Tripadvisor）；
- 来自顾客的电子邮件回复；
- 博客和社交媒体影响者。

（2）时间管理：快速响应。

企业处理在线投诉的时间越长，恶劣的影响就越严重。一篇糟糕的评论可以被多次分享，或者是一条负面的推文可以被成百上千的人转发。这时，及时回应对于减轻顾客的不满就变得十分重要了。顾客有时甚至会感谢企业的快速反应。

一旦企业与顾客进行个人联系，就需要花点时间来弄清楚整个问题。企业必须弄清楚顾客面临的问题，并提出有效的解决方案。

（3）解决方案交付：在24小时内解决问题。

快速识别投诉很重要，但更重要的是迅速采取行动为顾客投诉提供解决方案。越早解决问题，顾客从糟糕的体验中恢复的可能性就越大。

如果企业对所有相关的数字渠道进行适当监控，就可以在24小时之内回应顾客的投诉。

（4）跟进：使用个人线下方法。

最后，一旦问题解决了，企业还需要进一步履行其服务承诺。H2H 的线下方式有时效果更好。有些企业使用个人笔迹给顾客写信。在 B2B 环境中，作为后续跟进策略的个人面对面会谈往往可以产生持续更久的情感效应。简而言之，在与 H2H 综合使用的情况下，M2M 技术往往可以产生更好的效果。

参考文献

Andreassen, TW (2000). Antecedents to satisfaction with service recovery. *European Journal of Marketing*, 24(1/2), 156–175.

Asia Pacific Network Information Center (2014). *Internet Infrastructure Development in* the Asia Pacific: What's Needed for Sustainable Growth. https://www.apnic.net/events/apnic-speakers/presentations/other/files2/2014-04-29-apnic-at-adb-itu.pdf (last accessed March 18, 2016).

Buday, R and V DiMauro (2011). *Customer Intimacy on Steroids: Why B2B Firms Need Online Communities.* http://bloomgroup.com/content/part-i-customer-intimacy-steroids (last accessed March 19, 2016).

Dawar, N (December 2013). When Marketing Is Strategy. *Harvard Business Review.*

Desforger, T and M Anthony (2013). *The Shopper Marketing Revolution.* Illinois: PTC Publishing.

DiMauro, V., & Bulmer, D. (2009). *The New Symbiosis of Professional Networks: Social Media's Impact on Business and Decision-Making.* New York: Society for New Communications Research.

DiMauro, V and D Bulmer (2010). *The New Symbiosis of Professional Networks,* SNCR Press.

Jardines.com (2016). Overview. http://www.jardines.com/group-companies.html (last accessed March 19, 2016).

Johnston, R and S Mehra (2002). Best practice complaint management. *Academy of Management Executive,* 16(4), 145–154.

Keith, RJ (January 1960). The marketing revolution. *Journal of Marketing,* 24, 35–38.

Kotler, *et. al.* (2003). *Rethinking Marketing: Sustainable Marketing Enterprise in Asia.* Singapore: Prentice Hall.

Lecinski, J (2011). *Winning the Zero Moment of Truth,* Google.

Lecinski, J (August 2014). *ZMOT: Why It Matters Now More Than Ever.* https://www.thinkwithgoogle.com/articles/zmot-why-it-matters-now-more-than-ever.html.

Levitt, T (July–August 1960). Marketing Myopia. *Harvard Business Review.*

Marketing-interactive.com (2016). Pizza Hut Activates Loyalty Club in Big Data Program. http://www.marketing-interactive.com/pizza-hut-activates-loyalty-club/ (last modified January 26, 2016; last accessed March 20, 2016).

Marketing-interactive.com (2016). How Jardine is Revolutionising the Digital World. http://www.marketing-interactive.com/how-jardine-is-revolutionising-the-digital-world/ (last modified February 19, 2016; last accessed March 20, 2016).

Mumbrella (2015). Why Thai Life Insurance Ads Are So Consistently, Tear-jerkingly Brilliant. http://www.mumbrella.asia/2015/01/thai-life-insurance-ads-consistently-tear-jerkingly-brilliant/(last modified January 29, 2015; last accessed March 20, 2016).

News.com.au (2015). Thailand Television Commercials will Make You Cry, or At Least Get a Bit Sad. http://www.news.com.au/entertainment/tv/thailand-television-commercials-will-make-you-cry-or-at-least-get-a-bit-sad/news-story/8640bf2660dbd5c84140dcd7452b3c08 (last modified September 8, 2015; last accessed March 20, 2016).

Ollila, E (2016). *How to Win Back Lost Customers Who Feel Burned.* https://www.nowblitz.com/blog/how-to-win-back-lost-customers-that/ (last accessed March 20, 2016).

Quelch, JA and KE Jocz (Winter 2008). Milestone in Marketing. *Business History Review,* 82, 827–838.

Schwartz, J, K Espinola, and ON Van Tan (2010). *How Customers Choose Solutions Providers: The New Buyer Paradox. ITSMA 2010 Report.* London: ITSMA.

Treacy, M and F Wiersema (1997). *The Discipline of Market Leaders: Choose Your Customers, Narrow Your Focus and Dominate Your Market.* New York: Basic Books.

第 6 章

以人为本的观点：
在互联互通中行善得福

> 商业是解决问题的完美机制，但我们从未服务于这个目的，我们只是用它来赚钱。它满足了我们的私利，而不是我们的集体利益。
>
> ——孟加拉国社会企业家尤努斯（Muhammad Yunus）

哈特是康奈尔大学约翰逊管理学院管理学教授，也是可持续全球企业中心的创始人，他在《十字路口的资本主义》（Hart，2005）一书中做了有趣的阐述："我们现在见证了一个新时代的到来。在这个新时代里，企业已经成为与当今人类所面临的主要问题的解决方案相关的最重要支柱之一。"他认为，企业是创造可持续产品、技术和商业模式的主要推动力，可以帮助解决社会和环境问题，包括第三世界国家的贫困、环境问题、经济均衡、教育层次水平低及健康问题。

过去，所有这些社会问题都被视为国家和非政府组织（NGO）的责任。但现在，显然是希望商业机构承担更大、更重要的角色，为世界带来创新。一些专家认为，商业实体（企业）在促进人类事业方面，即在获取资源、执行过程的效率和解决问题的创造性方面，处于更为有利的地位。这些优势使企业有权参与到创造美好世界的大潮之中。在这种情况下，亚洲似乎是启动这类项目的一个黄金地段，因为亚洲是世界上发展中国家面临各种各样问题困扰的地区之一，就像是海纳百川的"大房子"。

有些商业从业者也提出了相应的倡议——让企业成为解决人类问题的重要工具。比尔·盖茨是微软公司的联合创始人，也是企业慈善运动的典范，他在商业世界中迅速获得了成功。在这方面，他提出了新的术语：创造性资本主义（更恰当地可称为创造性公司）。这里所说的创造力，无疑是企业运用资源的一种能力，它是企业发现商业机会，同时解决社区中存在的社会问题的重要元素（Kiviat and Gates，2008）。

另一种创造性方法是尤努斯提出来的，他使用的概念叫作"社会企业"。所谓社会企业，就是一种投资，旨在通过创建企业来执行这些创意并实现一些社会目标。对于一家由社会目标驱动的企业而言，将会承担成本和赚取利润，但其核心目标是实现社会目标，如为贫困者提供住房或卫生保健、为贫困儿童提供教育和营养以及为低收入家庭提供贷款服务等。换句话说，创建企业的目的是解决各种社会问题。

在商业世界中，以人为中心的观点产生了，以便更系统地把社会目标和商业目标整合起来。这是一个新的视角，旨在提供功能价值和情感价值，同时还提供"精神"价值。

社会和商业目标的整合

在提到社会目标（如消除贫困、消除文盲和改善健康）和商业目标（利润优化）之间的整合问题时，我们可能不得不看看诺贝尔经济学奖得主米尔顿·弗里德曼的经典论点。1970年9月，弗里德曼在《纽约时报》上写了一篇言辞激烈的文章，直截了当地指出："企业的社会责任就是增加利润。"

文章对当时开始流行的企业社会责任（CSR）的概念提出了批评。根据弗里德曼的说法，当商界人士（如公司高管）沉迷于利用企业资金来创造社会福利时，他们可能犯下了三宗"罪"：第一宗"罪"是针对股东的，因为高管们无权使用企业的钱来做其雇佣合同以外的事情。根据弗里德曼的说法，高管因管理企业而获得报酬，企业不是基金会。第二宗"罪"是针对客户的，因为企业社会责任计划会导致成本飞涨，这必将进一步提高产品/服务的价格。第三宗"罪"是对员工而言的，因为企业承担社会责任而产生的额外成本可能会影响薪资的增长。

弗里德曼的上述观点基于这样一个基本假设：商业和社会目标就像水和石油一样，永远不可能混合在一起。因此，任何企业在社会项目上的支出其实都是一种成本，大概率不会对任何利润产生贡献。这一观点似乎与战略专家迈克尔·波特的观点不同，后者在 2002 年 12 月的《哈佛商业评论》中指出，一家企业可以从慈善活动中获得竞争优势。一个企业慈善项目可以刺激当地的商业环境，而这个环境能够支持企业提高生产力（在竞争环境中）。波特教授甚至相当大胆地得出结论：慈善事业是创造竞争优势最具成本效益的一种方法（Porter and Kramer，2002）。

在过去十年里，这种观点显然得到了回应。许多研究结果表明，关注社会问题的企业可以获得更大的经济效益。引用比尔·盖茨的话就是："企业在同一时间里可以同时实现上述两种目标！"这一基本理念也导致以人为本的营销理念的出现。这一概念主张，我们可以将经济目标与社会目标结合在一起，同时获得可持续的竞争优势。

以人为中心的营销实践

长期以来，企业要在解决社会和环境问题方面做出更大的贡献、发挥更积极作用的呼声一直为人们所津津乐道，并引起共鸣，尽管在世界各地围绕这一问题的看法有所不同。在亚洲（印度、印度尼西亚、马来西亚、菲律宾、新加坡、韩国和泰国）七个国家进行的研究表明：与欧洲和北美的同行相比，该地区企业对企业社会责任的认识仍然相对落后（Chamber et al.，2003）。尽管如此，亚洲企业仍可以为未来做好准备，通过在其商业模式中解决三个主要问题——社会文化问题、经济问题和环境挑战，为庞大的社区提供额外的价值（Kotler et al.，2010）。

社会转型进程的推动者

当前,世界面临许多社会和文化挑战。缺少教育、医疗保健问题以及只能得到有限的生存必需品是其中一些典型的例子。在亚洲,最贫穷的 1/5 家庭的学龄儿童从小学和中学辍学的概率,比最富裕的 1/5 家庭的同龄人高出 5 倍。最贫困家庭的婴儿死亡率比富裕家庭高出 10 倍。而在中亚和西亚地区,女孩的小学和中学入学率比男孩低 20%。对亚洲的发展中国家而言,有 17 亿人口(占总人口的 45%)缺乏卫生设施,6.8 亿人无法享受电力照明(Kuroda,2013)。

在这里,企业的作用是为社会文化变革做出贡献。在应对社会挑战方面,不应该仅仅将其作为一种公关手段,或是作为一种应对企业负面批评的方法。相反,企业应该以优秀的企业公民身份,通过审视商业模式和采取相应措施,深刻解决社会问题。为此,首先就要找出存在的社会文化挑战及其可能产生的后果。

IBM 通过重新启动教育计划提供了一个很好的例子。该计划帮助 IBM 提供了丰富的、具备胜任力的人力资源,同时也提高了全世界学校的教育质量。制药公司,如默克公司、葛兰素史克公司和诺华公司,也通过改善某些社区获得特定药物的途径,提高了疾病预防和药物治疗的水平。印度尼西亚的 Kimia Farma 公司也做出了类似的努力。其举措之一是开发低收入家庭负担得起的仿制药。仿制药是专利期届满的专利药,可以由所有制药公司生产而不必支付专利费。非专利药品的质量与专利药品的质量没有区别,因为原材料的质量是一样的。通过生产这些可负担的仿制药,Kimia Farma 公司向位于金字塔底部的人们提供了低价但优质的药品,提升了世界健康水平。

解决贫困问题的催化剂

近几十年来,亚洲的快速增长使数亿人脱离了极度贫困的状态。中国的经济增长速度很快,已然成为世界大国。Zakaria(2008)指出,中国的扶贫速度比其他任何国家都要快。印度也在这一任务上快速前进。在 20 年时间里，印度农村地区的极度贫困人口从 1985 年的 94% 减少到了 2005 年的 61%。预计到 2025 年，这一数字将进一步下降到 26%（Beinhocker et al.，2007）。

尽管取得了如上所述的进展，但该地区仍然拥有世界 2/3 的贫困人口。目前，该地区仍然有 8 亿多人生活在每天支出不足 1.25 美元的贫困当中，有 17 亿人每天生活费不足 2 美元。在过去 20 年里，亚太地区的贫富差距急剧扩大。在许多国家，最富裕的 1% 家庭的消费占总消费的近 10%，而前 5% 的家庭占总消费的 20% 以上。基尼系数是衡量不均衡程度的重要指标，在亚洲的大部分地区这一指数都有不同程度的增加；如果把亚洲作为一个独立的单元，其基尼系数从 39 增加到了 46（Kuroda，2013）。这些数据表明：贫困和收入不平等仍然是亚洲面临的巨大挑战。

有这样一句流行谚语：给人一条鱼，他能吃一天；教人捕鱼的方法，他能吃一辈子。这个谚语把创造工作的能力置于施舍之上，也可以通过以人为本的市场营销观念以及如何有助于解决亚洲国家的经济问题来加以阐述。行话是：从援助到创业。企业致力于加快减少贫困、赋权低收入阶层的社区，而不是仅仅发放救济金用于消费。在这方面，联合利华公司在印度运营的项目就是一个很好的例子。为了实现给贫困的农村妇女赋权的社会目标，"沙克蒂"型创业者致力于在村子里销售联合利华的产品，为自己赚取收入。它不仅帮助联合利华公司进入未开发的市场，获得了超过其他快速消费品公司的竞争优势，还帮助农村妇女社区通过现金奖励和其他奖励的方式获得了额外的收入。

解决环境问题的贡献者

当今人类面临的主要问题之一是环境退化。亚洲有令人羡慕的经济增长、城市化和令人艳羡的庞大且不断增长的人口，但一些国家也在同环境挑战作斗争。亚洲快速增长最明显的副作用之一，就是森林砍伐、全球变暖和污染造成的环境破坏。对化石燃料的依赖，降低了空气质量，破坏了生态系统，减少了清洁水的供应，造成了重大的健康危害。亚洲已经成为世界上最大的温室气体（GHG）排放源，温室气体与全球变暖和气候变化有关。在亚洲，不少城市都是最受污染、最易受极端天气影响的城市（Kuroda，2013）。

考虑到当今世界环境恶化的速度和强度，上述这些挑战可以通过捆绑公司的商业模式来得到更为有效的解决。企业经常涉及环境问题：大公司生产工业废料，监管压力迫使它们达到标准，并尽量减少对环境的影响。有些企业在遭到被环境保护主义者揭发和公开的尴尬之前，可能会出于压力采取某些必要行动。与环境问题有关的丑闻，对任何企业来说都是有害的，在顾客和股东的眼中都会对其形象产生负面影响。与此相对，也有一些企业认为，可以充分利用公众对环境公益事业的兴趣来积极推销自己的产品和服务（绿色产品和服务）（Kotler et al.，2010）。

美国的一家企业集团采用了一种突破性方法，即以更环保的替代品取代现有产品和生产流程。这家企业就是杜邦公司，它是一家经营了两个多世纪的化学公司，已经戏剧性地从美国最严重的污染者之一转变成了今天最环保的公司之一（Varchaver，2007）。从扩大可再生能源的使用，到减少温室气体排放和零废弃物处理，该公司一直在努力减少环境污染，并拓展可持续发展的业务。另外一个例子是 PT Pembangunan Perumahan 公司（PTPP），这是一家印度尼西亚的国有建筑公司，致力于在每个项目中坚持绿色建筑和绿色建设发展的理念。这一商业理念已经成为该公司的差异化特色，同时也帮助其在印度尼西亚的节能方面做出了巨大贡献（参见例6-1）。

例6-1　印度尼西亚绿色建筑公司

PTPP 是印度尼西亚领先的国有房地产企业之一，从事建筑物的规划建设，其商业活动包括四个部分：建筑（包括建筑和基础设施）、工程采购建设（EPC）、物业和不动产、投资。

为该集团收入贡献最大、收入增长目标为 30% 是集团的建筑业务，主要包括建设多层建筑、电厂、桥梁、道路和港口等。在物业和不动产业务中，PTPP承担办公楼、公寓和商场的建设。EPC业务则提供与电力公司相关的服务，也就是向国有企业和能源公司供电。最后，在投资领域，该公司对基础设施项目和发电厂进行资本投资。

2008年之前，开发环保建筑在印度尼西亚并不普遍，也不流行。大城市摩天大楼的承包商们还不太关心环保问题。在那个时候，PTPP就看到了绿色建筑领域巨大的市场潜力。

绿色建筑的概念基于提高能源和资源管理的效率，包括更有效地管理成本：供水、废弃物和环境管理费用以及运营和维护费用等。绿色建筑设计的一个典型优点，是对自然光的最佳利用，也称为采光。这样，就可以调整利用自然的太阳直射光和漫射光进入建筑物，减少电灯的照明，节约能源，并创造更让人兴奋、更有生产力的室内环境。除了采光，还可以利用可再生太阳能，在夜间为户外照明供电，这也构成PTPP绿色建筑理念的一部分。公司利用运动传感器照明，进一步优化了电力消耗的效能，最大限度地减少了浪费，同时使用节能灯泡。公司通过雨水收集，更有效地管理建筑物中水的使用，从而节约了地下水。

PTPP在应用绿色建设和绿色建筑这一概念上的认真态度，也通过与制定并颁布类似法规的地方政府的协作体现出来，政府颁布法律鼓励企业在这方面做出努力和贡献。PTPP在2011年被印度尼西亚环境部授予"印度尼西亚绿色奖"。同年，东盟工程组织联合会颁发给该公司绿色建筑发展领域"东盟杰出工程奖"。

连接和改变世界

在这个日益互联互通的时代里，企业发现在线上和线下都更容易与各个利益相关方展开协作，同时实现商业目标和社会目标。联合利华公司在印度尼西亚树立了这样的典范。根据它所收集的数据，全球平均80%的垃圾（每年高达1.16亿吨）被运往垃圾掩埋场。印度尼西亚城市垃圾填埋能力相对有限，这当然可能会导致一系列问题。随着绿色和清洁计划的启动，联合利华印度尼西亚基金会授权当地社区在其邻里区域进行垃圾处理（隔离、回收和堆肥）。

不过，这个项目并不是独立执行的。联合利华公司采用了一种叫作干部网络模型的方法。这个模型的主要推动者是干部和协调员，他们负责激励周围的社区参与这个活动。他们是由联合利华公司内部团队培训的当地社区的志愿者。培训主题包括当前与浪费有关的问题、项目的知识、人际交往技能和环境分析。后来，这些干部都成了社区中真正的变革推动者。他们通过继续激励社区成员来维持项目的可持续性，使人们在为环境做贡献的努力中不会丧失干劲。干部网络模型已经被证明是相当成功的。到2010年年底，联合利华公司培养的干部已经达到了13.5万人。相比之下，2001年只有2人！

事实上，绿色和清洁项目真正的成功并不仅仅是通过社区方式来实现的，其成功的一个关键是协作。通过运用利益相关者模型，联合利华公司鼓励当地政府、大众媒体和非政府组织参与类似的事业。垃圾问题在过去几年不再那么严重了，因为从许多不同角度采取了有效措施。

数字技术的进步使企业能够与不同利益相关群体，包括顾客（下游协作）和供应商（上游协作）建立协作关系。本着以人为本的精神，协作的目的是实现积极的、超越纯粹交易业务关系的转变。其中，ITC公司就是一个很好的例子，该公司通过使用通信技术成为农民的供应商，并提高了农民的福利（见例6-2）。

例6-2　ITC公司在印度的e-Choupal模式

e-Choupal模式是一种具有社会使命的商业模式，其目的是赋予农民权力，创造出可持续的良性循环：更高的产出、更高的收入、更强大的风险管理能力，进而有更大的投资来实现更高的质量和生产率。这是印度的一家综合企业——ITC公司的一项举措，它通过互联网直接与农村和农民建立联系，采购大豆、小麦、咖啡和对虾等农产品。e-Choupal

成功应对了印度农业所面临的挑战——农场分散、基础设施薄弱以及中介机构干预。其中，最后一个因素利用农民有限的市场进入机会（买方），造成了对农民的不公平定价。

e-Choupal模式提供了一个很好的例子：它展示了以人为本的举措如何利用技术在不同利益相关者之间建立连接。该计划在农村安装有互联网接入的计算机，为农民提供最新的营销和农业信息。该公司已在全国几个农业区的农村地区提供了计算机和互联网接入，农民可以直接与作为买方的ITC公司进行协商，销售自己的产品。数字连接使农民能够获得商品价格的信息，学习良好的耕作方式，并订购诸如种子和化肥等农业原料。这有助于农民提高产品质量和获得更好的价格。此外，在这种模式下，中介机构也不能再干预定价。

每个具有互联网接入的ITC公司的信息亭，都是由被称为信息亭主（sanchalak）的、经过培训的农民组织的。有着计算机和互联网接入的信息亭成为社区中心。平均而言，每个安装点都可以服务方圆5千米范围内、环绕10个村庄的大约600个农民。信息亭主需要负担一些运营成本，但作为回报，他可以通过e-Choupal获得电子交易的服务费用。阿布希谢克·贾恩（Abhishek Jain）是在中央邦的一位大豆种植农民，也是e-Choupal模式中的信息亭主。他说：

> 在ITC公司向我们介绍e-Choupal模式之前，我们仅限于在本地市场销售产品。我们不得不通过中间商来完成交易，但交易价格很低。现在，我们有了电子农民社区，可以弄清印度和国外的各种农作物的日常价格，这有助于我们争取最好的价格。我们还可以找到许多其他重要的事项或信息——天气预报、最新的农业技术、农作物保险等。e-Choupal模式不仅提高了我们的生活质量，而且改变了我们的整个未来。

e-Choupal模式引发了印度农村地区的社会经济转型。自实施以来，农民的收入水平有所增加，产出质量也有所提高。它还削减了中介机构，为农民带来了更低的交易成本。农民可以获得实时信息，尽管他们与市场仍有一定的距离。与此同时，该系统还节省了采购成本，为ITC公司提供了更具可持续性的生产原料来源。

通过提高收入和创造市场，这些干预措施帮助农村社区转变成充满活力的经济组织。e-Choupal模式服务了4万个村庄和400万农民，使其成为由私营企业创造的、世界上最大的农村数字基础设施。

资料来源："Embedding Sustainability in Business", www.itcportal.com.

即使亚洲国家面对各种经济、社会、文化和环境问题，这些挑战也为创意企业通过商业模式创新开发出新颖的解决方案提供了机会。前面讨论的例子提供了一个示范，它表明：在这个新时代里通过利用可以支持不同利益相关者联系的技术，如何更有效地实现以人为中心的模式。各利益相关者之间的协作对于提高亚洲社会生活质量是不可或缺的。为了谋求最优的结果，这样的协作也应该能够有效地整合线上和线下的各种方法。

移动连接在亚洲国家之间的分布仍然不够均匀。在经济全球化和区域经济一体化时代，从总体上看，存在于较发达的东亚国家（日本、韩国、中国）和东南亚部分地区（新加坡）以及亚洲其他地区之间的数字鸿沟仍然是一种严峻挑战。为了在亚洲地区建立起更强大的互联互通，政府需要来自各方包括私营部门的支持。孟加拉国电信服务提供商Grameenphone公司成功地提供了几乎所有移动接入服务（99%的人口），改善了孟加拉国人民的生活质量。该公司还提供广泛的创新移动技术，为人们的经济和社会活动带来更多便利（参见例6-3）。

例6-3 孟加拉国的Grameenphone公司

Grameenphone公司是孟加拉国最大的移动提供商，拥有5 600多万个用户（截至2016年1月）。它是Telenor公司和格莱珉银行（Grameen

Bank）的合资企业。Grameenphone 公司是第一家在孟加拉国引进 GSM 技术的公司，建立了第一个蜂窝网络，覆盖全国 99% 的区域。该公司是由格莱珉银行通过小额信贷模式建立起来的，其创始人——伊卡柏·卡迪尔（Iqbal Quadir）设想了一种商业模式。在这种商业模式中，手机是一种收入来源。这个创意是在整个孟加拉国，包括农村地区提供通用的手机服务，这可能是该国社会经济转型的加速器。

Grameenphone 公司是孟加拉国推出创新移动解决方案的先驱。其中值得注意的是 Healthline——一种 24 小时医疗呼叫中心，由持照医生负责。其他创新包括 Studyline——一种基于呼叫中心的服务，提供与教育有关信息的服务；Mobi Cash——在线购买火车票；Billpay——通过移动电话和 500 多个社区信息中心来支付账单。这些中心为农村地区的消费者提供价格实惠的互联网接入和其他服务信息。

Grameenphone 公司还为五家协作银行（荷兰-孟加拉国银行有限公司、伊斯兰银行孟加拉国有限公司、商业银行有限公司，ONE 银行有限公司和联合商业银行有限公司）开通了移动金融服务（MFS）。它已经开通了 61 000 个 Mobi Cash 网点，客户可以在这些网点从协作银行注册 MFS、存入和提取现金，并支付公用事业费账单。在 2015 年第一季度，通过 Mobi Cash 网点，共发生 615 121 笔存款和取款交易、122 万份公用事业费账单，金额分别为 19 亿孟加拉塔卡（2.44 亿美元）和 14 亿孟加拉塔卡（1.79 亿美元）。

向孟加拉国引进 MFS，可以为孟加拉国 76% 无银行账户的客户提供解决方案。这一预测，来自波士顿咨询集团 2011 年对 MFS 的社会经济影响所进行的一项研究。孟加拉国的经济也会随着 MFS 的引入而成长，到 2020 年其国内生产总值会增长 2%。新商业活动的经济和社会贡献包括创造了 50 万个新的就业机会和改善了卫生保健服务。

作为企业社会责任的一部分，Grameenphone 公司还在孟加拉国启动了在线学校。在线学校的创意是：教师在实际课堂中的主持人的帮助下，使用视频会议技术从遥远的地方展开课堂教学。

这些来自当地社区的主持人没有教学背景，但可以帮助老师处理课堂现场管理问题。在线学校的主要目标是确保生活在城市贫民窟和边远地区的贫困受阻儿童享受到高质量的教育。它还有助于培养能够提供优质教育服务的教师。

在线学校是一种独特的理念。通过这种方式，我们可以向生活在贫民窟和偏远地区的弱势群体提供类似于大城市的优质教育。有了这样的机会，孩子会发现这种学习方式十分有趣，学习变成一种乐趣。诸如此类的举措，让人们了解到互联网的好处，可以通过互联网来完成许多令人惊叹的事情。

资料来源：Telenor.com; grameenphone.com.

参考文献

Beinhocker, ED, D Farrell and AS Zainulbhai (August 2007). Tracking the Growth of India's Middle Class. *The McKinsey Quarterly*.

Chamber, et al. (2003). *CSR in Asia: A Seven Country Study of CSR Website Reporting. ICCSR Research Paper Series*. Nottingham: International Centre for Corporate Social Responsibility.

Friedman, M (13 September 1970). The Social Responsibility of Business Is to Increase Its Profits. *The New York Times Magazine*.

Grameenphone (2016). Company Profile. http://grameenphone.com/about/investor-relations/corporate-factssheet/company-profile (last accessed July 26, 2016).

Hart, SL (2005). *Capitalism at the Crossroad: Next Generation Business Strategies for a Post-Crisis World*. New Jersey: FT Press.

ITC Limited (2016). Embedding Sustainability in Business. http://www.itcportal.com/sustainability/embedding-sustainability-in-business.aspx (last accessed July 26, 2016).

Kiviat, B and B Gates (July 31, 2008). Making Capitalism More Creative. *Time Magazine*.

Kotler, P, H Kartajaya and I Setiawan (2010). *Marketing 3.0: From Products to Customers to the Human Spirit*. New Jersey: John Wiley.

Kuroda, H (2013). Asia's Challenge. http://www.oecd.org/forum/asia-challenge.htm (last accessed July 26, 2016).

Porter, ME and MR Kramer (December 2002). The Competitive Advantage of Corporate Philanthropy. *Harvard Business Review*.

Telenor Group (2016). Grameenphone Bangladesh. https://www.telenor.com/about-us/global-presence/bangladesh/ (last accessed July 26, 2016).

Varchaver, N (22 March 2007). Chemical Reaction. *Fortune*.

Zakaria, F (2008). *Post-American World*. New York: W.W. Norton.

02

第 II 篇

市场营销就是行动?
竞争地位:核心所在

MARKETING FOR
Competitiveness

在自由市场中展开经营的每家企业，都必须努力应对竞争。因此，把营销战略和营销策略紧密地整合起来，就成为赢得消费者青睐的重中之重。其中，包括对企业的内部竞争优势和外部环境进行分析，以帮助企业为其品牌、产品和服务在利益相关者心目中找准定位。这里所说的定位，其实就是企业对顾客做出的价值交付承诺，是企业营销战略的核心所在。

以定位为统纲，企业必须实际交付自己所承诺的价值，具体通过审慎地选择把其产品和服务交付给顾客的营销策略来实现。成功的营销策略通常会在内容（提供什么）、环境（如何提供）和基础结构（内容和环境的激活器，如技术、人员和设施）等方面将其同竞争对手区分开来，这就是我们常说的差异化。所谓差异化，就是指企业如何通过运用对消费者需求的认知来满足顾客的欲望，这是营销策略的核心。

对定位和差异化形成清晰的构想，可以帮助企业进一步明晰地界定自己的品牌识别、诚信和形象。因此，企业应该意识到：品牌并不只是一个名字，品牌塑造也不只是广告推广和公关沟通。对于品牌而言，它是企业赖以赢得顾客信任、忠诚和信念的总体努力，可以避免像大路货那样展示自己的产品和服务（无差异性），这才是品牌的魅力所在。

定位是一种承诺，企业通过面向顾客沟通某些营销信息（品牌承诺），并使其在顾客脑海中创造某种认知来形成定位。企业为了维持品牌诚信，必须用明确具体的差异化来支持其品牌承诺。战略业务三角形的三个核心要素（定位－差异化－品牌，PDB）彼此紧密交织在一起，连接成一个无缝的自我强化机制。如果没有这种机制，企业就会像无头苍蝇一样失去方向，最终被竞争对手打败出局，或在高速的环境变化中变得无足轻重。

PDB三角形是最重要的营销工具之一，构成了市场营销的核心要素。许多企业都成功地把PDB三角形运用起来，并成为其制胜法宝。把战略业务三角形持续地应用于自身的日常营销活动，将会为企业的竞争优势和强大的品牌价值创造坚实的基础。

但是，营销世界在未来肯定跟以前大不相同。未来的商业蓝图必将呈现以下三个重大特征：包容性、水平化和社会化。其中，科技世界将会见证包容性，不同学科之间的壁垒将逐渐模糊甚至消失。未来科学世界的融合将带来革新进步的跨越式发展，使得人们的生活远远好于今天。

水平化潮流将会影响政治、经济和社会版图。国家、公司和个人之间的关系也将随之发生变化。企业主导顾客的垂直化时代，将被二者平等的水平化时代取代。共享经济时代也将逐渐取代现有的所有制经济，所有权将因资源利用而优化，而且不再仅仅是几次转手。

与此同时，市场也将逐渐社会化。企业不再视顾客为个体，而是互相联络、相互影响的社会群体。在这种情况下，社区将会在顾客决策制定中扮演日益重要的角色。企业与竞争对手的关系也将变得更加"社会化"，企业需要强化协作，以成为行业的引领者。协作竞争——一起协作的同时创造更加健康的竞争环境——已经在很多商业部门呈现出来，未来将会变得更加普遍。

欢迎进入新浪潮时代。它标志着相对于传统时代的根本转变，过去强调的是"专有""垂直""个体"。不断变化的商业蓝图意味着传统的营销方法将不再完全适用，这就需要企业改变相应的战略与策略。相应地，刚刚所讨论的 PDB 三角形也需要发生变化，变为更适应发展需要的 3C 模型，如图 A 所示。应该把倾向于垂直化的定位转变成更加水平化的角色说明（clarification），差异化则转变为编码（codification），品牌则转变为更加社会化的顾客的人格特征（character）。

在接下来的三章里，将更具体地讨论营销的核心要素是如何进入新阶段的。

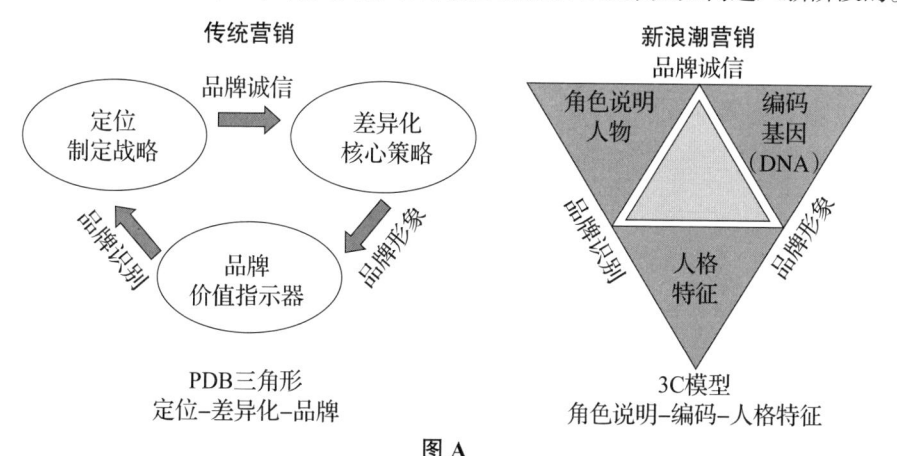

传统营销

定位 制定战略 —品牌诚信→ 差异化 核心策略

↖品牌识别   品牌形象↘

品牌 价值指示器

PDB三角形
定位-差异化-品牌

新浪潮营销
品牌诚信

角色说明 人物 ／ 编码 基因（DNA）

品牌识别   品牌形象

人格特征

3C模型
角色说明-编码-人格特征

图 A

第 7 章

存在战略：
从定位到确认

> 首先确定清晰的品牌定位，然后以重复的方式来传达品牌定位，这种做法已经过时、陈旧且不切实际。
> 众所周知，这意味着品牌定位的终结。
> ——麦当劳前首席营销官拉里·莱特（Larry Light）

在传统时代，定位的概念依旧是营销战略的核心。它是一个商品或服务的战略，清晰地表明了消费者能够通过使用这个品牌来实现自己的目标，也解释了相对于其他选择而言通过使用这一品牌来达成目标的优势所在。里斯和特劳特（AL Ries and Jack Trout，1981）在其名著《定位：有史以来对美国营销影响最大的观念》一书中，阐述了营销战争并不是在市场中展开的，而是在顾客的心智中展开的。这是一场掠夺顾客青睐之战。在该书中，作者把定位界定为企业对潜在顾客而非产品所做的定位。每个成功的产品、品牌和企业都在顾客心目中赢得了强有力的独特地位。

举例来说，汇丰银行把自己定位成一家全球金融服务机构，以洞悉所服务的当地组织的困难和需求；快乐蜂食品公司（Jollibee Foods）则希望成为菲律宾排名第一的家庭连锁快餐店；本田汽车公司在印度尼西亚举行一颗心活动，意在表明摩托制造业希望与顾客建立亲密感情；越南Vietravel

公司在战略上把自己定位成"提供独特旅游和奢华体验的高端旅游公司"（见例7-1）；三星希望在全球顾客心目中建立起一向专注于技术革新的认知。

例7-1　Vietravel公司——越南的高端旅游机构

在过去20多年持续不断发展和更新的过程中，成为"一个专业的旅游组织者"一直是Vietravel公司的宗旨和使命。Vietravel公司创建于1995年。早些年，该公司在旅游市场面临员工、资金和设施匮乏等诸多问题。但克服所有困难的决心和有效的商业战略，使该公司逐渐发展壮大。该公司持续不断地扩张经营范围和经营空间，从仅被国内所知的企业，逐渐成长为一家在世界旅游业享有盛誉的国际旅游公司，尤其是在东南亚地区，深受游客欢迎。

Vietravel公司也有效地利用科技手段来满足消费者持续变化的购买行为需求。2007年，Vietravel公司在越南发布了第一个在线旅游订票网站，以帮助企业和消费者创建起随时随地的联系，并通过手机等移动设备更好地追踪消费者。这个在线平台的广泛使用，使顾客能够通过浏览网页来了解不同的旅游套餐，并随时随地得到关于旅游目的地的细节信息。这个应用也帮助越南旅行者为自己的旅行更好地做出计划，为越南发生的重大活动勾勒出重点。

作为品牌管理的重要部分，Vietravel公司会例行推出覆盖新目的地和行程的旅游套餐。2012年，公司推出了一种带游客去毛里求斯首都和毛里求斯中央公园的旅游套餐，其他外地目的地还包括俄罗斯和泰国。游客也可以从不同的旅行类别中进行选择：冒险者可以选择徒步旅行，美食家可以选择烹饪旅行，想要独特体验的游客也可以选择有悖于常规的旅游方案。对于"空巢者""有责任在身者"或和家庭一起旅游的游客，甚至还有更多独特的旅行方案供其选择。2016年2月，该公司又推出了两套奢华旅游方案：一个是五星级巡游套餐，一个是五星级假日套餐。

> 除了经营日常旅游业务之外，Vietravel 公司还在全球前沿扩张其业务，它作为事件和活动的组织者赢得了声誉，而不仅仅是一家旅游机构。它还尝试通过组织一系列的国际活动来赢得全球顾客的认可，包括参与组织 2006 年亚太经合组织会议和 2008 年东南亚大学生运动会。2012 年，它还通过举办"绿色旅游业"活动来增强大众对环境和可持续发展问题的意识，并且利用这个平台推广公司环境友好型旅游项目。
>
> 由于 Vietravel 公司在旅游行业的声誉，它在亚洲旅游公司中排名前 16 位，并于 2015 年荣获世界旅游奖"亚洲最优秀旅游机构"称号。作为一家企业，该公司已经收获了许许多多的奖项和认可。看到 Vietravel 公司一步步成为消费者心目中最好的旅游机构，是一件特别鼓舞人心的事情。把自己界定成提供独特旅游和奢华体验的高端旅游机构的战略性定位，帮助其增强了对不断增加的当地中产阶级的吸引力。
>
> 根据营销和媒体部门副总经理的说法：Vietravel 公司 2015—2020 年的长期发展目标，是在 2020 年累计拥有 100 万名顾客，成为亚洲十大旅游公司之一。

企业确定其定位的过程是确定营销战略的主要内容。在现实世界中，有许多由于强有力的定位而成功的企业案例。美国西南航空公司就曾经因为其定位区别于其他航空公司而成为美国利润最高的航空公司。实际上，在竞争对手都努力寻求改善顾客服务、扩大全球飞行网络且争先恐后地成为最大的航空公司之时，西南航空公司却聚焦于短途和高频飞行，走上了一条截然相反的战略路径。通过组建中短途飞机团队和提供只满足基本需求的服务（甚至没有预留座位和行李传送），西南航空公司专注于提供及时的服务和低廉的价格。这样，西南航空公司实际上就成功地把自己定位成一家"及时的""低价的""服务友好型"航空公司。

类似案例在亚洲也有发生。托尼·费尔南德斯（Tony Fernandez）成功地把从马来西亚政府那里购买的不太景气且负债累累的亚洲航空公司（AirAsia）的业绩由坏变好，就是众多案例中的一个。利用"人人都能够飞上天"的口号，亚洲航空公司连同其在东亚（印度）和东南亚（泰国、印度尼西亚和菲律宾）经营的子公司以及经营长途运输的航空公司，成功地把公司定位成"第一家低价航空运输服务提供商"。在快速发展的东南亚地区，这一定位更加明确并获得了巨大成功。

同时，通过声明在某个产品类别中的特定身份，定位策略实际上也代表一种参考框架，这可以避免顾客把企业的品牌跟不同类别的竞争对手的产品进行比较。当亚洲航空公司作为低价航空公司出现时，以新加坡航空公司和印度尼西亚鹰航空公司为代表的区域竞争对手则试图通过提供独特的服务体验来挽留自己的顾客。两家公司都不愿意通过降低机票价格来进行竞争，因为那样做会破坏它们现有的定位。通过在航行过程（飞行前、飞行中和飞行后）中提供额外的功能性和情感性体验方面的增值服务，这类航空公司在"全方位服务航空公司"定位中获得了成功——这一清晰的定位有别于"低价航空公司"。

传统时代的定位发展

科特勒在2001年曾经阐述：定位包括产品和品牌设计中的所有努力，以使其在顾客心目中占据独特地位。定位的最终目标是创造可以让顾客决定购买一项产品或服务的正确价值主张。为了在顾客心目中拥有一个独特而牢固的位置，传统观念给出的建议是企业应该确定强有力但简洁的标语。在各种活动中频繁地重复这一标语，在顾客心目中形成特定的持久记忆。

实际上，标语仅仅是公司定位陈述的一种概括。管理者应推出正式的定位陈述，从而确保在整个企业中可以形成对特定品牌的共同认知，并以此来指导企业的策略行动。尽管品牌定位的呈现可能会随着企业的不同而有所不同，但以下五个共同组成要素是公认的、至关重要的（Kilter et al.,

2003; Tybout and Sternthal, 2005)：

（1）**目标市场**：目标市场是对商品和服务提供对象——目标顾客概况的清晰描述。这里所说的概况通常是基于地理位置、人口统计、心理和消费者行为等描述的。

（2）**品牌名称**：品牌名称是提供给顾客的价值的一种反映。品牌名称应该容易记忆，不应该与负面的东西有关联。

（3）**参照系**：决定某样东西应该被实现、接受或者理解的一个想法、条件或者设想。通常，可以把参考框架划分为以下两种类别：1）以产品特征来描述的框架；2）以更抽象的消费者目标来呈现的框架。

（4）**差异点**：差异点是顾客选择该公司的产品或服务而不选择竞争对手的原因。本书将在第 8 章进一步讨论差异化战略。

（5）**可信因素**：可信因素是特定品牌交付或兑现其面向顾客所做出的承诺的证据。当差异化声明相对抽象时，最后这个组成元素就显得更加重要。

品牌最后的定位陈述很可能在企业内部广泛传播，但在向外传递给消费者之前还需要做一些调整。为了创造出强有力且让人印象深刻的影响，企业需要把其定位陈述总结成简短且吸引人的口号。这就是品牌理念，如图 7-1 所示。譬如，日产汽车公司就创造了如下所述的综合定位陈述：

> 对于当代的价值取向型顾客（目标市场）而言，日产 X-Trial（品牌名称）是这样一款运动型多功能汽车（SUV）（参考框架）：实现了酷炫外在和内在设计的完美平衡、令人愉悦的操作感和在各种环境下卓越的发动机性能（差异点）、最令人信赖的顾客支持和高转售价值（可信因素）。

如上陈述可为内部使用提供充分的指南，但对外部环境来说——通过广告、手册、网站等，日产则需要突出更简单、更短的标语：真正的 SUV。

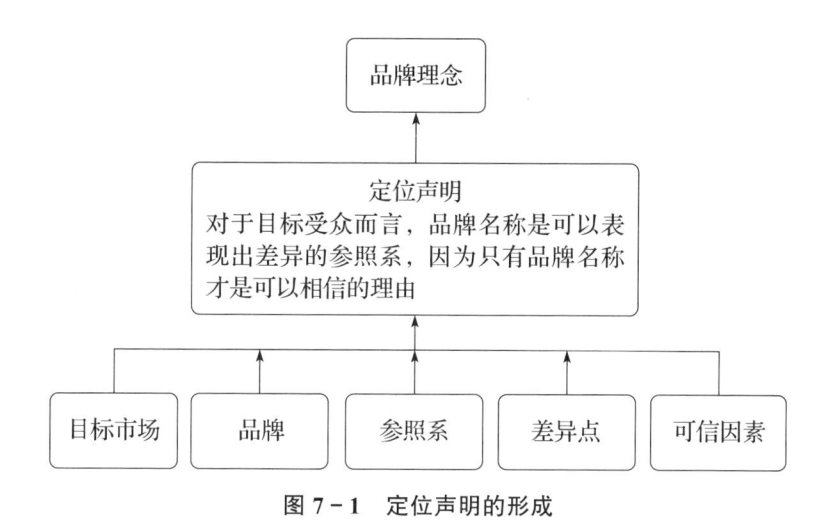

```
              ┌──────────┐
              │ 品牌理念 │
              └────▲─────┘
                   │
    ┌──────────────┴──────────────┐
    │          定位声明           │
    │ 对于目标受众而言,品牌名称是可以表 │
    │ 现出差异的参照系,因为只有品牌名称 │
    │      才是可以相信的理由       │
    └──▲─────▲─────▲─────▲─────▲──┘
       │     │     │     │     │
   ┌───┴──┐┌─┴─┐┌──┴──┐┌─┴──┐┌─┴───┐
   │目标市场││品牌││参照系││差异点││可信因素│
   └──────┘└───┘└─────┘└────┘└─────┘
```

图 7-1　定位声明的形成

定位的衰落、角色说明的崛起

前面我们对定位进行了简短的介绍,剖析了品牌定位是如何构成营销战略的核心的,也阐明了定位对传统时代营销人员的重要意义。当然,正如我们所熟知的,在不断变化的世界里——从传统时代到今天的新浪潮时代——品牌定位已经过时了。这是因为:公司驱动型定位是一种由企业所主导的单向路径——不再与期望更加水平和平行关系的新顾客特征相一致。在新的时代里,顾客正变得越来越强大和共享化,而且不再轻易相信企业的垂直信息沟通(Kartajaya and Darwin,2010)。

在承载着精尖电子科技的时代,随着世界的联系越来越紧密,企业对其顾客关于品牌感知的影响力正在削弱。企业营销沟通对这种感知所带来的影响,已经不及顾客社区和社交媒体等外部观点对其的影响。如果在顾客社区中流传的与想要宣传的品牌理念背道而驰,那么通过各种付费媒体谨慎传播的品牌理念都注定不会在顾客心目中形成预期想要塑造的感知。这样,就对数字革命和不断变化的社会趋势所引发的传统定位方法构成了巨大的挑战。

在担任麦当劳首席营销官期间,莱特(Light,2004)在一次公开演讲中提出了一个富有争议的话题。在纽约举办的广告产业会议中发言时他指出，由于识别品牌定位并以一种重复方式进行沟通是一种老套的、陈旧的、不切实际的品牌沟通方式，麦当劳早就不再使用这种方式了。他郑重地呼吁："正如我们所知，品牌定位时代已经终结。"

麦肯锡公司和安永公司等咨询顾问公司的调查结果表明：90%的品牌塑造的失败，是由产品定位过程中的错误造成的。在这方面，也有不少专家承认这些错误并不一定是由错误的定位策略导致的，而是缘于已经过时的定位概念本身（Wreden，2005）。另一个宣告定位概念终结的墓志铭，是于2005年4月2日发行的《经济学人》杂志。在一篇题为《最后的力量》的文章中，作者阐明了当今的消费者是如何根据调查和个人价值来决定购买的，而不是根据企业对品牌定位的追求。他们可以读到企业对产品评价更深的细节信息，也能接触到他们是怎样迎合别人的观点的信息。最重要的是，可以发现以前的购买者所给出的评价。简而言之，企业驱动型信息已经不再是今天消费者的主要影响因素（The Economist，2005）。这对于包括在亚洲从事进出口营销的品牌实践者来说，都是一个全球化挑战。

角色声明的剖析

如果一家像麦当劳这样的公司——在快餐市场的经营范围超过100个国家或地区的全球化典范——都认为定位已经终结并开始抛弃这一概念，那么取而代之的就是我们所知的品牌新闻学。这个概念是围绕这样一种基本设想构建的：单一的信息不再能够讲述像麦当劳这样的多维的大品牌故事，即不同地区的不同事物对处于不同情况下的不同群体来说有着不同的需求。品牌故事不可能是一个复杂品牌想法单纯的过度简化。当麦当劳推出"我就喜欢"（I'm lovin' it）这个口号时，它彻底改变了与外界的沟通方式。

在这项新变革中，麦当劳公司拒绝使用传统营销和广告方法，即致力于单一重复的信息沟通模式,而是采用通过多种渠道面向多类听众进行沟通的多样化方法。这就如同编辑通过能够满足多种多样的兴趣但又承载连贯的编辑框架的一系列内容和故事来创造一本独特的杂志一样(Light, 2014)。在持续变化的营销世界中,麦当劳公司的所作所为可以和今天的初创公司所支持的营销趋势进行很好的比较。其中包括致力于创造和分配有价值的、中肯的、一贯的内容来吸引和保持清晰界定的听众群体——并最终来驱动可盈利的顾客行动的战略营销方法(Content Marketing Institute, 2016)。

角色声明这一概念承载着同之前所讨论的一些新变革的相似点。事实上,这是一个以新形式存在的更加水平化、社会化和有包容性的定位概念的演化。比较而言,定位和角色声明这两个概念存在三个基本的不同点(见表7-1)。

表7-1　　　　　　　　　　定位和角色声明的比较

定位	角色声明
致力于渗透单一信息	包含多样化的多维信息
企业导向型内容	顾客导向型内容
单一渠道的沟通	多种渠道的沟通

单一信息和多样化信息的比较

在定位中,品牌理念成为通过广告、实践、赞助、公共活动和其他营销活动来传播的主要信息,其目的是帮助建立有关特定产品的强烈感知。Rice(2012)甚至强调开发"可视锤子"——感情上强有力的形象——将公司的品牌印入顾客头脑中的重要性。当然,其目的是潜意识地传递品牌的感情力量,同时将口头想法灌输到顾客的脑海中。她反对父亲的传统概念,但赞同定位的基础是致力于传递单一信息。

在角色声明中,品牌理念并不仅由通过媒体重复传递的单一消息组成,而是充当着转化为各种形式内容的"封面故事"角色。当麦当劳公司持续

10多年在各种社交推广活动中使用"我就喜欢"的品牌理念时，并未将单一意义根植人心。这项活动以超过20种语言在100多个国家和地区展开，甚至使用了不断变化的语言文字，但其基础情感仍然是爱。例如，在阿塞拜疆，这个口号被翻译为："看，这就是爱！"

这样做的本质意图就是让顾客拥有他们自己"爱这个品牌"的理由和方式。麦当劳公司的营销沟通意在说明这种爱的情感是如何在不同文化、市场和环境中表达的。顾客因而可以选择他们对爱的定义和他们关于情感表现的评价。

企业导向和顾客导向的比较

在定位中，内容的核心都是关于特定企业的产品或服务的，其主要目的是通过使用一种特别的产品或服务来有效表达顾客可以得到的功能性和情感性利益。譬如说，汽车制造商狂热地褒奖其优雅的设计和卓越的引擎；银行谈论顾客可以得到的收益或者他们杰出的个性化服务；电信服务提供商对自己的网络质量立下誓言。由此可见，焦点完全是基于他们自己的利益。但是，这种方法可能不再适用了。在顾客具有高度自我意识且实际上能够接触到海量信息的时代，他们最终只会听到和看见他们想要的以及对他们而言真正重要的东西。

角色声明过程所支持的方法，就是采用更加适用于顾客需求的方法，其内容甚至不会直接与所提供的产品相关，但却可以给顾客提供真正的利益。汽车制造商可以制作用于解释如何保养发动机的使用技巧视频；银行可以制作个人理财计划的免费电子书；电信服务提供商可以向订阅者发行免费应用以使他们可以通过音乐或者其他病毒营销内容来提供娱乐。角色声明可以使用各种其他形式来给使用者提供有效信息：图片、文章、电影、音乐、电子书、移动应用和其他可供下载的内容。尽管有许多形式，但其原则是保持不变的：以顾客为导向，而不是以企业为导向。在这方面，联合利华就有一个很好的例子——自2011年起十分畅销的Paddle Pop牛奶冰激凌（见例7-2）。

单一渠道和多渠道的比较

过去，定位是通过企业所控制的沟通来实现的，顾客只充当着信息的被动接收者角色。但是随着科技的发展，互动已经发展成为顾客和企业之间的双向沟通，而且还包括多种渠道方式（企业和顾客之间）。移动和数字科技已经使得顾客与身边的人（朋友、家人和其他跟随者）分享信息变得更加容易。在顾客做出关键购买决策的过程中，在线评论、社交媒体和在线论坛逐渐发挥着越来越重要的参考作用。

这样，对亚洲公司来说，创造顾客导向型、被顾客认可为足够精彩和娱乐化的可分享内容就显得尤为重要了。企业不能强迫顾客给出证词或做出积极推荐，取而代之的是采用双重方法：（1）创造实用的或感情上有吸引力的有用内容，并促使顾客自愿地同别人进行分享；（2）提供可以使顾客创造和分享内容的机制，如通过在社交媒体上设置分享按钮，顾客只要点击一下就可以轻易地分享给其他受众。

例 7-2　Paddle Pop 奇遇：创造顾客导向型内容

年龄在 8~12 岁之间的孩子当然喜欢冰激凌。但要在越来越多的小吃中始终维持首选地位，对于联合利华的 Paddle Pop 冰激凌来说却是一个巨大的挑战。Paddle Pop 采取了用以说明"他们是谁"的多种娱乐化内容代替致力于单一品牌理念的营销活动。

2011 年，Paddle Pop 聘请灵狮广告公司（Lowe and Partners）创造了一种将其区别于其他竞争对手的独特营销方法，而那些竞争对手仍然致力于产品革新和消费者推广。Paddle Pop 使用它的旗舰吉祥物——Paddle Pop 狮子——作为 360 度娱乐内容的核心角色。其目标是通过吉祥物的冒险故事，创造一个生机勃勃的品牌形象。除此以外，Paddle Pop 的狮子吉祥物还成为孩子们喜欢的偶像。

2012 年，Paddle Pop 通过数字娱乐端口推出了一项活动，发布了 11 部系列视频，每个视频持续 22 分钟，名字都叫 Paddle Pop 奇遇。在

> 上述系列视频节目中，公司成功地导入了其他人物——雌狮 Leena——Paddle Pop 的朋友，他们共同对抗邪恶的影子大师。
>
> Paddle Pop 的冒险经历在 YouTube 影片分享网站上在线播出，并通过电视在 30 个国家或地区打出了广告；时长为 90 分钟的宽银幕电影——*Paddle Pop Begins* 在电影院播放并录制成可出售的光盘。一系列围绕吉祥物狮子冒险故事的二维平台游戏，也依据这个主题开发出来。
>
> 除此之外，Paddle Pop 还以 Paddle Pop 冒险主题公园、公关活动、赞助、比赛（雪糕棒晋级）等其他类似的推广活动形式进行了线下宣传和角色说明。所有这些促销努力，通过全球大约 100 万家冰激凌经销商对 Paddle Pop 冰激凌店给予了支持。
>
> 在 Paddle Pop 的现有市场上，顾客忠诚度达到了新的高度：在印度尼西亚，品牌忠诚度从之前的 65% 增长达到 71%；在 Paddle Pop 新进入的市场上，品牌知名度达到 90%。
>
> 在印度尼西亚、澳大利亚、墨西哥和印度市场，对于正在接触像《海绵宝宝》《歌舞青春》《飞哥与小佛》《哈利·波特》这类流行节目的孩子，如上所述的电视节目制作吸引了他们的注意力。在土耳其，Paddle Pop 成功地成为全国观看数量排名第三的电影，超过了多部好莱坞电影。
>
> 在印度，超过 120 万儿童加入了 Paddle Pop 游戏联盟，超过 500 万张光盘通过推广抢占了东南亚市场。在销量方面，上述节目在 2011 年成功地使 Paddle Pop 的全球销量提高了 26%。在新进入市场，Paddle Pop 的销量增长得更多，达到了 43%。
>
> 资料来源：marketeers.com.

参考文献

Al Ries and Trout, J (1981). *Positioning: The Battle of Your Mind*. New York: McGraw Hill.
Content Marketing Institute (2016). *What Is Content Marketing*. http://contentmarketing-institute.com/what-is-content-marketing (last accessed March 26, 2016).

Kartajaya, H and W Darwin (2010). *Connect: Surfing New Wave Marketing.* Jakarta: Gramedia Pustaka Utama.

Kotler, P (2001). *Marketing Management Millenium Edition*, 10th Ed. New Jersey: Prentice Hall.

Kotler, *et al.* (2003). *Rethinking Marketing: Sustainable Marketing Enterprise in Asia.* Singapore: Prentice Hall.

Kotler, P, H Kartajaya, and Hooi, DH (2014). *Think New ASEAN.* Singapore: McGraw Hill.

Light, L (2004). The End of Brand Positioning as We Know It Conference Speech presented at the ANA Annual Conference, cited in *The Ramsey Report: The State of the Online Advertising Industry,* November 8, 2004.

Light, L (July 2014). Brand Journalism Is a Modern Marketing Imperative. *Advertising Age.* http://adage.com/article/guest-columnists/brand-journalism-a-modern-marketing-imperative/294206 (last accessed March 26, 2016).

Marketeers Editor (2016). Content Marketing: Paddle Pop Kembali Rilis Film Animasi Terbarunya. http://wwwmarketeers.com/peduli-content-marketing-paddle-pop-kembali-rilis-film-animasi-terbarunya/ (last modified January 12, 2016; last accessed July 30, 2016).

Ries, L (2012). *Visual Hammer: Nail Your Brand into the Mind with the Emotional Power of a Visual.* Georgia: Laura Ries.

Talk Vietnam (2016). Vietravel Launches Luxury Package Tours. https://www.talkvietnam.com/2016/02/vietravel-launches-luxury-package-tours/ (last modified February 19, 2016; last accessed July 30, 2016).

The Economist (March 31, 2005). Power at Last. *The Economist.*

Tybout, AM and B Sternthal (2005). *Brand Positioning Kellogg on Branding.* New Jersey: John Wiley.

Vietnam Pictorial (2014). Vietravel — A Professional Travel Organiser. http://vietnam.vnanet.vn/english/vietravel-a-professional-travel-organiser/58823.html (last modified July 30, 2014, last accessed July 30, 2016).

Wreden, N (June 2005). The Demise of Positioning. *Asia Pacific Management Forum.* http://www.apmforum.com/drops/000319.php (last accessed March 26, 2016).

第 8 章

核心策略：
从差异化到编码

> 我认为航空公司变得很像鹦鹉，它们只会跟在别人后面模仿。这就需要我或理查德·布兰森这样行业外的人来说："嘿，让我们尝试一些新的东西吧。"
>
> ——亚洲航空公司集团 CEO 托尼·费尔南德斯
> （Tony Fernandez）

正如之前讨论的那样，定位本质上是一家公司向顾客作出的承诺。企业为了不失去顾客的信任，就必须想方设法兑现承诺。因此，定位必须有显著的差异化。如果一家企业没有创造出显著的差异化，就会面临承诺过度但没有兑现的境地。最终，企业的品牌声誉将会受到威胁。与此相反，当差异化根据所传达的定位得以实现时，往往可以帮助企业建立起稳固的品牌诚信形象。

在传统时代，由显著差异化所支持的定位成为企业成功的关键因素。在《哈佛商业评论》上刊登的一篇经典文章里，战略学家波特（1996）总结道：所谓战略选择，就是要创造出独特的且有价值的定位，其中包含一系列差异化的活动。从本质上讲，差异化就是选择一系列独特的活动，以便将企业与其竞争对手区别开来。因此，在上述活动的选择过程中所体现的战略匹配，将使企业的可持续竞争优势激发出来。在《反思营销：亚洲的可持续营销企业》（2003）一书中，我们明确指出，如果定位同企业所实施的差异化保持一致的话，战略匹配就实现了。这是因为：定位构成了营销战略的核心所在，而差异化是策略的本质所在。

除了塑造品牌的诚信形象，差异化对于任何面向顾客有众多选择的企业来说也是必要的。杰克·特劳特（Jack Trout）和史蒂夫·里夫金（Steve Rivkin）把这种现象称为"选择的专制"（the tyranny of choice）。那些不够杰出的品牌会消失。他们在《要么差异化，要么死亡》一书中提出了一些与差异化相关的重要论点（Trout and Rivkin，2001）：

（1）如果企业忽略了自己的独特性并且尝试去满足每个人的需求，那么它们很快就会失去使自己有别于其他企业的特质。

（2）如果企业忽略了市场变化，那么它们的差异化将变得不那么重要。

（3）如果企业停留在其强大的竞争对手的阴影之下，从未建立起自己的差异化特质，那么它们将总是弱小的。

企业如何找到自己的差异化特质并塑造这一特质，和差异化本身同样重要。根据科特勒和阿姆斯特朗（2008）的论断，这实际上就是为企业的市场供应物确定差异化特质，从而创造卓越的顾客价值。更具体而言，就是"使企业提供给顾客的内容、情境和基础结构整合起来"（Kotler et al.，2003）。为了创造差异化特质，企业既可以致力于这些方面中的一个，也可以更好地将三者结合起来去建立更加稳固的差异化特质（见图 8-1）。

正如图 8-1 所示，有三种差异化元素可供企业选择：内容（"提供什么"）、情境（"如何提供"）和基础结构（"使能要素"）。其中，内容指的是提供给顾客的核心价值。对于有些企业来说，这可能是有形的。例如，对于像 Thai Beverage 和 San Miguel 这样的饮料公司而言，内容指的是其饮料的口味和新鲜度。对于像本田、丰田和现代之类的汽车公司而言，内容指的是由它们的引擎所代表的车辆性能——可以走多远或者有多节能。

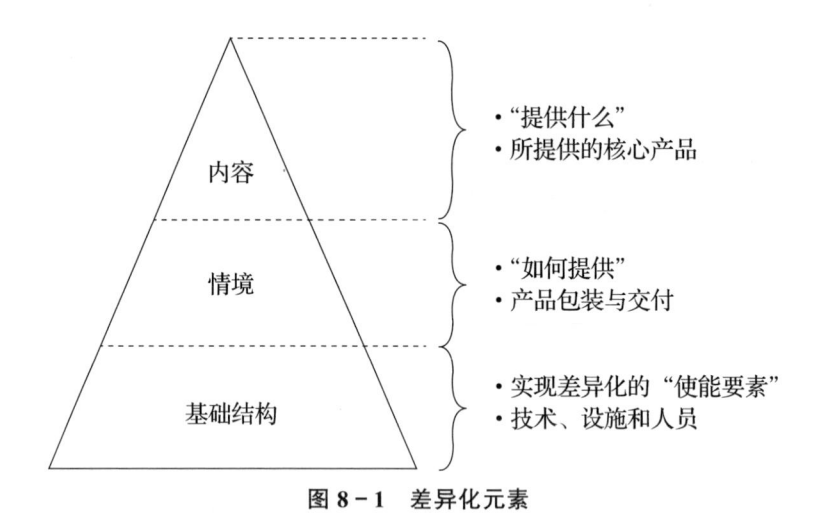

```
         /\
        /  \       · "提供什么"
       /内容 \      · 所提供的核心产品
      /------\
     /        \    · "如何提供"
    /   情境   \   · 产品包装与交付
   /------------\
  /              \ · 实现差异化的"使能要素"
 /   基础结构     \· 技术、设施和人员
/------------------\
```

图 8-1　差异化元素

在服务行业，根据克里斯托弗·洛夫洛克和约亨·沃茨的服务之花模型，内容是企业所提供的核心产品（Lovelock and Wirtz，2011）。对于酒店企业，如新加坡的悦榕庄酒店（Banyan Free）、印度的奥拜瑞酒店（Oberoi）和斯里兰卡的JKH酒店而言，内容指的是它们提供的房间。对于像华为这样的技术公司而言，内容差异化在于提供综合的终端对终端网络化解决方案。华为的企业客户可以得到一站式服务——得到各种集线器、转换器和无线接入设备等，不需要跟其他卖方打交道。华为的一站式服务概念降低了成本，并使业务流程更加高效。

情境指的是企业如何将自己的产品或者服务提供给顾客。通过情境差异化可以使顾客把该企业产品同其他竞争对手的产品区分开来。对于饮料和消费品而言，情境差异化可以体现在产品的包装上。对于汽车公司而言，情境可以是汽车展厅的氛围。在酒店行业，情境可以是酒店房间和环境所营造出来的气氛。对于像华为这样的企业而言，情境可以通过与主要解决方案一起提供的支持和服务来体现。

差异化的第三个方面是包含技术、人员和设施的基础结构。独特的内容和情境往往会对独特的内部基础结构支持提出需求。对于汽车公司而言，这指的是为了按照目标制造出有价值的产品而拥有的技术最先进的生产设

备和训练有素的劳动力。像 Thai Beverage 和 San Miguel 这样的饮料公司正通过强大的分销渠道来扩大市场份额。为了使一家富有特色的酒店实现差异化，W 连锁酒店——由 Starwood Hotel & Resorts Worldwide 拥有的面向年轻群体的豪华连锁酒店——可能需要适当的技术支持、相应的设施和训练有素的员工。

基础结构的差异化往往要求把成熟的技术（高科技设备和机器对机器（M2M）机制）和一线员工之间的个性接触和交流（人与人（H2H）方法）融合起来。在这方面比较成功的一个例子就是致力于小额信贷细分市场的印度尼西亚人民银行（Bank Rakyat Indonesia，BRI）。为了应对来自这个细分市场的其他银行的竞争，BRI 的策略是快速扩张其网络系统，依靠的就是基础结构的差异化。

BRI 银行有一个名为 Teras BRI 的独特渠道。这是一种特别的运营办公室，设计之初主要是作为坐落于农贸市场的一种非正式单位。事实证明，这个渠道作为跟中小型企业市场接触的前沿阵地相当有效。这一市场上的中小企业对正式的金融产品仍有抵触情绪，不习惯去现代化的银行办公室办理业务。对于在印度尼西亚偏远地区的顾客而言，BRI 银行延伸了渠道，开创了 Teras BRI 移动办公的概念。顾名思义，这实际上就是指一辆特别的厢式货车——流动银行——四处奔波以服务偏远地区的顾客。除了陆地上的汽车，BRI Teras 移动办公还包括水中的"浮动银行"船只，可以抵达陆地之外的地方。

即使在建设基础结构的过程当中，BRI 银行也对接触顾客的重要性给予特别的关注。在人力资源方面，它采取的策略是扩大专门处理小额贷款的销售队伍，即 Mantri BRI。这类代理是从熟知地区趋势和当地顾客特征的当地人中招聘来的。这一方法同在孟加拉国的德国银行对待其顾客的方法十分相似——大部分顾客是处于经济劣势的女性。获得诺贝尔和平奖的社区开发银行还配备了一支在非正式环境下接触顾客的商业咨询师队伍。卖方和顾客之间互动的情感价值构成了将其区别于其他竞争对手的差异化的决定性因素。为了能够在充满竞争的亚洲银行业战胜竞争对手，企业不可避免地需要强大的差异化优势。尽管金融产品和服务通常被认为是大众商品，银行仍然可以通过聚焦于一些关键的方面来建立自己的独特性。联昌集团（CIMB Group）——总部设在吉隆坡的一家全球银行——就树立了这样一个榜样。例8-1展示了该企业如何通过适当的差异化技巧来支持其业务扩张到东南亚国家联盟（ASEAN），甚至亚洲其他国家。

例8-1　马来西亚联昌集团

联昌集团是一家土生土长的东南亚国家联盟的投资银行，也是（日本之后）亚太地区最大的银行和世界最大的伊斯兰银行之一。该集团包括多个实体：联昌投资银行、联昌银行、联昌伊斯兰银行、联昌商业公司、联昌国际证券和联昌泰国分行。其业务活动主要集中在消费金融、批发银行领域，包括投资银行和公司金融、债券和市场、集团战略和战略投资。

联昌集团面临来自当地银行和其他地区银行的竞争，对东南亚国家联盟和亚洲地区金融业的严酷竞争有着较为深入的理解。尽管许多全球性银行机构由于全球金融危机而退出竞争，但当地银行在亚洲的竞争并未减弱。由于经济增长相对稳定，这里的市场仍然引人注目。有两家当地银行是联昌集团的主要竞争对手，它们是马来亚银行（Maybank）和联合海外银行（United Overseas Bank，UOB）。

其中，马来亚银行是联昌集团在国内市场的强劲竞争对手，它野心勃勃地在消费金融和商业银行市场上实施扩张策略。马来亚银行的市场定位是：成为个人金融服务的领先提供商，以此塑造自己的差异化形象。具体措施包括：强化客户关系和积极进行地域扩张。事实上，马来亚银行还计划扩张到中东地区的所有国家以及中国和印度。

与此同时，作为一家新加坡区域银行，UOB银行也主要聚焦于消费金融和商业金融市场。UOB银行的定位是：成为亚太地区的第一银行，专门致力于提供高质量的金融产品和优质的客户服务。其差异化策略包括：推进技术革新，强化收费金融服务，瞄准东南亚国家联盟的内部增长和并购。

面对如此激烈的竞争，联昌集团决定通过专注于自身的优势来脱颖而出。借助"CIMB 2.0"的推出，该集团进一步强化了银行的国际资源。"CIMB 2.0"是旨在创造内部协同效应和增强竞争优势的内部变革运动。通过"CIMB 2.0"进行的第一项改革就是将所有的公司贷款业务、存款吸收业务、交易银行业务、债券市场业务和其他类似业务统一并入被称作公司金融、债券和市场（CBTM）的机构。这样做有什么好处呢？联昌集团发现，实现交叉销售、产品捆绑和减少重复流程等都更加容易了。

联昌集团坚信，银行业的未来是互联网金融。意识到数字时代来临，联昌集团专门设计了相关产品，以实现数字银行领域价值创造的最大化，如在印度尼西亚开创的"移动账户"产品。这些产品让顾客甚至非银行顾客得以免费转移资金——把资金自由地转移到所有移动号码，可购买信贷产品、进行支付，甚至不用带卡就能在 ATM 机中取现。后来，在东南亚国家联盟的其他国家也推出了这类产品，如马来西亚的"OctoSend"。另一类革新产品是最先在马来西亚发行的 Kwik 账户，顾客不用去联昌的分行就能在线开设账户。

在基础设施的差异化方面，联昌集团运行着名为 1 号平台（1 Platform）的核心金融体系，以快速推出产品并实现产品在各个市场的快速转移。通过 1 号平台，联昌集团可以进一步改善前台和后台的协作，提高生产率，强化治理和风险管理产品，降低信息技术成本。

凭借上述差异化策略，联昌集团实现了野心勃勃的市场扩张，2010 年进入柬埔寨这样的新兴市场，2011 年成功地在悉尼、墨尔本、香港、首尔、台北和伦敦实现了扩张，2013 年成功地扩张到中国台湾、印度和韩国，2014 年开始在老挝开展经营活动。

从差异化到编码

很久以前，对于亚洲公司来说，通过各种媒体上的广告轰炸来传递公司信息是非常普遍的。为了能够在竞争中胜出并让人们支持其品牌形象，一些企业甚至编造出不那么真实的差异化特征（Dawar，2013）。然而，技术已经将亚洲的公司与顾客关系变得更加包容和扁平化。公司和顾客的地位越来越均衡。顾客可以很容易地从各种来源获得关于公司的信息，因此可以被顾客轻易识别的就是差异化。

在当今新潮流时代，一个公司应该能够打造一种真实的独特性——不能轻易被其竞争者复制。

吉尔摩（Gilmore）和派因（Pine）在2007年提出真实性需求背后的三个关键驱动力。第一，他们认识到商业体验的供给不断增长，从当地饭店举办的生日聚会到探索世界隐匿之地的极端冒险等。当消费这些体验时，消费者对这些经历的真实性持敏感态度。一次"虚假的"体验经历可能仅仅是在浪费时间，而一次真实的体验经历可能是生活的宝藏。第二，派因和吉尔摩争论说：随着人类被机器取代，产业将逐渐变得缺乏人性化。随着技术革新的巨大进展，人们会越来越倾向于寻求那些真诚和真实的体验需求。这就是我们这个时代的悖论：高科技（M2M）机制创造了高频的（H2H）交互接触需求。第三，一些大型公司的欺骗行为让许多消费者对制度失去信任。结果，消费者越来越尊敬给人以真诚形象、有社会责任感、言行一致的企业。

为了创造真实的独特性，一家企业应该能够将其品牌DNA的内部化过程延伸到营销部门之外。品牌DNA构成品牌的独特组成部分，应该成为企业所有员工的通用语言，而不仅仅是在一线跟顾客打交道的员工的语言。事实上，品牌DNA应该激活公司从领导力、招募、绩效评估到文化建设的所有重要流程（Barlow and Stewart，2004）。这就是我们所称的编码。查阅表8-1，可以更好地理解差异化和编码的区别。

BRI在印度尼西亚所做的、Grameen银行在孟加拉国所做的、CIMB集团在亚洲所做的，绝不仅仅是差异化。这些企业已经成功地在人力资源管理流程和公司的内部系统等诸多方面实现了品牌 DNA 的编码。这一编码过程所构建的真实的独特性，是很难被竞争对手模仿的。

表 8-1　　　　　　　　　　差异化和编码的比较

差异化	编码
品牌差异化只是营销部门的事	品牌 DNA 贯穿整个组织文化
品牌差异化是营销人员的主导领域	品牌 DNA 被所有员工理解、评判和赋予意义
品牌差异化的形成与服务和组织文化是割裂的	品牌 DNA 为所有服务交付和员工行为提供指南
领导力实践和品牌差异化存在一些矛盾	所有层级的领导都理解品牌 DNA，并在他们自己的行为中加以体现
招募主要由知识、技能和经验所驱动，而不考虑候选人和品牌的适合度	招募时充分考量候选者的行为是否符合品牌 DNA
绩效管理并没有把同品牌一致的行为表现纳入其中	绩效管理中明确地考量员工行为与品牌 DNA 的符合程度

品牌 DNA 的编码

已经编码的独特性必然是很难被竞争对手模仿的。不过，这同时也对企业构成了一种挑战：编码是一个漫长的过程，需要企业的所有利益相关者（而不仅仅是营销部门）的郑重承诺。其中，编码的核心是使品牌 DNA 内部化为产品或服务固有的一部分，并为企业的每一个员工所理解并进行实践和传播。这样，品牌 DNA 将不再仅仅是形成营销激活过程的指南，更是员工的行为指南。如果品牌 DNA 的编码可以成功实现的话，那么每个员工在跟顾客的每次接触中都将代表企业的品牌形象。实际上，正是这种投入才创造了难以被竞争对手复制的独特性。

根据贝里和塞尔特曼（Berry and Seltman，2008）的研究，组织声誉和品牌权益主要受两个因素的影响：品牌认知和品牌内涵。品牌认知指的是人们了解或者熟悉一家企业或者某一品牌的程度；品牌内涵则是顾客对某一机构和品牌的感知，它可以是积极的，也可以是消极的。在两个因素中，在影响品牌权益方面起主导作用的是品牌内涵。这意味着顾客可能已经知道了企业和品牌，但尚未确定自己对其是否有积极感知。事实上，这种内涵对品牌来说更为重要。

企业所展示的品牌（广告、公关宣传等）只对品牌认知有直接影响。这意味着广告只会让人们更熟悉某个企业或者品牌，但不能保证他们会喜欢该企业或者品牌。要使顾客喜欢某个企业或者品牌，关键是为顾客提供有意义的体验。这就是在理想的情况下，企业的每个员工都应该在各自的行为中激活企业的品牌 DNA 的原因。前台和后台的每个员工都会影响顾客的接触点。如果顾客在每个接触点都可以感受到某种独特的体验，就能实现真正独特的编码，并且不会被竞争对手模仿。

编码的洋葱模型

一家企业的品牌 DNA 编码一般是通过三个互相连接的层级来实现的（见图 8-2）。其中，第一层是有形的，也是最容易完成的。其他两层在某种程度上是无形的，需要更长的时间和更多的努力，但这两层越来越重要。下面简单介绍一下编码的洋葱模型的三个层级。

图 8-2 编码的洋葱模型

第一层：象征和风格

在差异化的概念中，如果我们把情境作为包装产品或者服务交给顾客的方式，那么第一层级就如同企业面向组织外部和员工进行包装的一种方式，运用反映品牌DNA的象征和风格进行包装。如果某个品牌想被认为是年轻且富有活力的,那么在企业内部(办公室、办公椅、服务中心、休息厅、分销渠道等)也应该反映同样的精神状态。而且,所有吸引人们形成感知的感官方面也要与此高度一致:背景音乐和叮当声(听觉方面)、工作空间设计和颜色(视觉方面),甚至气味(嗅觉方面)。通过与品牌DNA一致的象征和风格安排,企业的员工往往能够更好地理解和实践预期的行为。

谷歌公司就是一个很好的案例:它在全球的办公室和场地都反映了其终极哲学——"创造最快乐的、世界上最能激发创造力的工作环境"。谷歌公司允许软件工程师——它的核心智力资本——设计自己的桌子或者工作台。他们中有些人站在桌子上工作,有些人桌旁连接着跑步机,一边锻炼一边工作。公司允许员工在墙上乱涂乱写。这些看起来可能有点乱,但谷歌公司认为这才像工程师喜欢的风格(Stewart,2013)。象征和风格是为了可以对品牌DNA即创造力和革新进行编码。

第二层:系统和领导力

如果编码只是停留在表面,它不会产生任何想要的结果。编码应该体现品牌DNA的特征,并将这些特征带入组织流程/系统以及领导的决策当中。这里所说的系统,包括新员工招募、员工培训、绩效评价和促销等过程在内的系统。亚洲的企业必须将其品牌DNA的元素融入上述过程,以使员工能够获取和开发相关的技能并持积极的态度。为了更好地完成上述过程并进行评估,所有层级的领导者都十分重要。此外,领导者还扮演着角色楷模,是其下属模仿的对象。

通过系统来构建编码的一个例子就是星巴克,该公司通过完成以下四项工作来实现这种效果。

(1)基于品牌契合度的招募

在招募新员工时,面试遵循由筛选技术构成的指南,来判定潜在员工是否有正确的"品牌契合"态度,是否有符合星巴克品牌特征的行为。

(2)员工价值融入

新员工必须参加"第一印象"全天带薪的课程,新的零售经理必须参加为期十周的聚焦品牌的管理培训。

（3）员工沟通

整个沟通渠道（包括博客、新闻通讯和日常例会）都充分发挥作用，以便最大限度地创造和保持对话的公开性，从董事会主席到世界各地的管理者都会参与其中。

（4）员工激励

工作超过20小时的员工可以获得"星巴克全额大礼包"，它由医疗福利、退休储蓄、保险选择和一系列其他额外收入组成。

通过上述四项措施，星巴克成功地实现了在所有员工中展现公司品牌DNA特征。显然，品牌DNA特征的形成是从招募过程开始的，即筛选出与星巴克品牌DNA保持"默认一致"态度的潜在员工，而且这些员工也表现出与星巴克品牌DNA一致的行为。当然，在招聘之后，还必须对员工进行能力培训与开发。

第三层：共同价值观和本质

共同价值观和存在于组织中的基本假设可能是无形的，但会对其成员的行动和互动产生深远的影响。通过在第一层和第二层持续不断地编码，第三层级往往需要经历更长的时间——共同价值观会构成员工行为的一种"软控制"。如果某个企业的系统充当的是一种"硬控制"——对与品牌DNA契合的行为进行奖赏并惩罚异类，那么共同价值观和本质会通过组织成员的社会压力来提供一种"软控制"。

在成功灌输强有力的共同价值观的例子中，梅奥诊所（Mayo Clinic）具有代表性。梅奥诊所是世界上最棒的医院之一，作为"来自小城镇的大品牌"而广为人知。它坐落于罗切斯特——美国的一个小城镇。该医院接收来自全世界的病人，并以"病人第一"的原则而著称，这是医院每个员工的共同价值观，因而形成了对病人感同身受的天然移情。在梅奥诊所，如果护士面临两种选择：准时回到办公位上，为病人取轮椅而迟到10分钟，那么他们会二话不说地选择后者，甚至无须先请示护士长。这就是服务专家伦纳德·贝里所说的基于价值观的权力（Berry and Seltman，2008）。

以上是一家企业成功实现品牌 DNA 编码的三种方式。我们之前讨论的西方企业的例子——如谷歌、星巴克和梅奥诊所等——有望成为亚洲企业成功实现品牌 DNA 编码的实践案例。构建真正的差异化并不是一个容易的过程。更重要的是，这不能一蹴而就，一般需要耗费数年的时间，因此一致性就成为关键所在。Garuda Indonesia 是印度尼西亚的一家航空公司，花了很长的时间才在整个服务流程中最终实现品牌 DNA 的内部化（见例 8-2）。辛勤的付出换来了切实的收获，该公司囊括了诸多荣誉和奖项，其中包括由航班服务质量评论者 SKYTRAX 在 2013 年巴黎航空展上授予的"世界上最好经济舱"服务提供商。该公司获得的另外一项殊荣就是 2013 年亚洲和澳大利亚地区的"乘客最佳选择奖"。这种楷模服务的独特性不容易建立，一旦建立就具有可持续性，这是因为，这种独特性是由坚实的内在基础所支持的，竞争对手往往很难效仿。

例 8-2　Garuda Indonesia 公司的经验：品牌 DNA 编码实例

印度尼西亚的领先航空公司 Garuda Indonesia 是一家提供国内和国际航线服务的国有企业，其航线覆盖东南亚、中东、中国、韩国、澳大利亚和新西兰。2015 年 1 月，公司运营着由波音和空中客车的 134 架飞机组成的机队，其中包括 15 架 CRJ1000 NextGen 飞机。其廉价航空联盟 Citilink 运营着由 24 架空中客车飞机和 6 架波音飞机组成的机队。

近几年，Garuda Indonesia 公司在当地面临的竞争加剧。在印度尼西亚国内，随着低成本航空公司的崛起，Garuda Indonesia 公司作为一家全能型航空服务公司需要同狮子航空（Lion Air）和亚洲航空（AirAsia）这样的公司竞争，虽然它们有不同的细分市场。飞机数量不断增加的狮子航空公司雄心勃勃地进行扩张，运营更多新航线，成为乘客增长量最高的航空公司。后来，它又创建了 Batik 航空公司，提供全能型航空服务，进一步加剧了竞争。

在地区层面，Garuda Indonesia公司面对许多强有力的竞争对手。就全能型航空服务而言，许多重量级商业航空公司都在当地经营业务，其中包括新加坡航空、国泰航空（Cathay Pacific）、泰国航空（Thai Airways）和马来西亚航空等公司。在低成本航空这类细分市场上，航空公司的竞争也十分激烈，其中包括亚洲航空、捷星航空（Jetstar Airways）和惠旅航空（ValueAir）等公司。在这些航空公司中，大部分都是通过购买新的飞机或者翻新旧飞机来积极地扩大自己在当地的运营范围，提供短途和长途航空服务。

一项新的经济政策——东南亚国家联盟开放蓝天的航空政策——于2015年底在东南亚国家联盟经济体（AEC）生效，进一步改变了当地的竞争态势。根据该政策，允许10个成员国的航班在当地自由飞行。这项自由化政策的目的在于鼓励竞争，结果带来更频繁的航班、更优惠的价格和更好的服务——对航空公司来说要么是威胁要么是机会。对于Garuda Indonesia公司来说也是如此。于是，Garuda Indonesia公司在国外开展推广活动来增加飞往印度尼西亚的航班，其目的是提高品牌认知度，吸引更多国际游客前往印度尼西亚。

Garuda Indonesia公司也充分意识到竞争日益加剧。为了创造独特可靠的印度尼西亚人的好客特征，它在2010年启动了一个新项目。公司设计了全新的顾客体验蓝图，以售票柜台为起点，到抵达机场、在候机室等待、登机、飞行、下飞机再到拿到行李离开机场。顾客真正感受到"Garuda Indonesia体验"的真谛。

"Garuda Indonesia体验"即Garuda Indonesia公司的品牌DNA，友好的印度尼西亚人在每个接触点为顾客提供独特且最好的体验。这种服务质量整合了顾客的五种感官——视觉、听觉、味觉、嗅觉和触觉。不仅仅是客舱服务人员，包括地面服务人员在内的全体服务人员都受过提供卓越服务体验的良好训练。此举是为了保证乘坐Garuda Indonesia

> 航班的整个过程中顾客体验保持质量的一致性。对于其他当地和国际竞争对手来说,这种印度尼西亚风格的编码很难融入它们自己的公司。
>
> 为了实现强大品牌 DNA 的发展,Garuda Indonesia 公司不仅聚焦面向外部世界的营销沟通,而且致力于内部共同价值观的建立。该航空公司追求正式或非正式的价值观,提供带有典型印度尼西亚好客特征的卓越服务。如今,这已经成为该公司文化的一个重要组成部分,并与涵盖组织培训、招聘和绩效管理全过程的人力资源系统结合在一起。
>
> 最后,Garuda Indonesia 公司在人力资本方面的投资也是极其重要的,其中包括改进教育和培训系统、发展职业路径和各级管理层的领导力。在飞行员和飞行工作者的招募过程中,不仅要考虑职业技能和候选者的经验,而且会考虑他们的态度与公司品牌 DNA 的符合程度。通过这些努力,Garuda Indonesia 公司已经成功地创造出独特的服务质量特质,符合真正的传统印度尼西亚人的好客特征。

参考文献

Barlow, J and P Stewart (2004). *Branded Customer Service: The New Competitive Advantage.* San Francisco: Berrett-Koehler Publishers.

Berry, LL and KD Seltman (2008). *Management Lessons from Mayo Clinic: Inside One of the World's Most Admired Service Organization.* New York: McGraw-Hill.

Dawar, N (December 2013). When Marketing Is Strategy. *Harvard Business Review.*

Gilmore, JH and IBJ Pine (2007). *Authenticity: What Consumers Really Want.* Boston: Harvard Business Review Press.

Kotler, P and G Amstrong (2008). *Principles of Marketing*, 12th Ed. New Jersey: Prentice Hall.

Kotler, et al. (2003). *Rethinking Marketing: Sustainable Marketing Enterprise in Asia.* Singapore: Prentice Hall.

Lovelock, C and J Wirtz (2011). *Services Marketing: People, Technology, Strategy*, 7th Ed. New York: Prentice Hall.

Porter, M (November–December 1996). What Is Strategy. *Harvard Business Review.*

Trout, J and S Rivkin (2001). *Differentiate or Die: Survival in Our Era of Killer Competition.* New Jersey: Wiley.

Stewart, J (15 March 2013). Looking for a Lesson in Google's Perks. *The New York Times.* http://www.nytimes.com/2013/03/16/business/at-google-a-place-to-work-and-play.html (last accessed March 31, 2016).

第 9 章

价值指标：
从品牌到人格

每个品牌都像是一个人，每个人都有自己的品牌。
　　　　　　——品牌顾问、作家克里斯·马龙（Chris Malone）

从讨论 PDB 三角模型，即前面章节提到的定位－差异化－品牌模型到现在，我们已经清楚作为营销核心的 PDB 框架是如何运作的。其中，定位和品牌的关系被界定为"识别"，即定位赋予一个品牌可识别的特征，否则这个品牌只是一个名称或者没有意义的图标。如果某一品牌成功地形成了清晰的定位，接下来要做的就是形成能够支持这一定位的具体的差异化。

如果没有差异化，品牌和定位将仅仅是面向顾客的一种没有兑现的承诺。这可能会适得其反，对于长期顾客而言，他知道某一品牌的定位，但他看不到任何差异化，很可能认为该品牌只是在做空头的承诺。相反，如果一家亚洲企业能够根据自己的定位持续地建立特定的差异化特征，那么它在顾客心中就会形成强大的品牌感知。

因此，品牌实际上就是传统营销时代的价值指标。奥克和约阿希姆斯塔勒（Aaker and Joachimsthaler，2000）指出，品牌是一项可以成为竞争优势基础、带来长期盈利的重要资产，需要高层管理者给予密切关注。他们还强调，这就是品牌领导力的目标。

奥克（1996）指出，强大的品牌就像是一项可以给企业和顾客带来额外价值的资产。品牌资产这一概念包括以下五大类资产：（1）品牌认知度；（2）品牌忠诚度；（3）感知质量；（4）品牌联想；（5）其他专有品牌资产。

品牌作为资产的优势可以通过探索顾客对特定属性的态度来研究和测量。例如，日本的 Nikkei BP 咨询公司每年都会进行亚洲品牌调查活动。这些调查是品牌评估项目的一部分，覆盖了亚洲 12 个地区。该项调查致力于评估亚洲不同地区的卓越品牌的形象资产。具体而言，它衡量了友好度、实用性、感知质量等指标。该项调查也调研地区差异和形象趋势，评估主要品牌的跨地区总体实力。根据亚洲品牌研究项目 2014 年的结果，智能手机品牌如苹果、三星和谷歌等在整个亚洲都得到很高的评价，它们成为亚洲最强大的全球品牌。

由于拥有了强大的品牌，企业往往不再受供求曲线的限制。当它成功做到这一点时，提供的价格就可能不再依赖市场的均衡点，从而使企业成为价格的制定者，而不是价格的跟随者。这就是人们常说的"一个品牌或者企业避免陷入大路货陷阱的能力"（Kotler et al., 2003）。强大的品牌绝不仅仅是一个名称或者商标——它实际上是一把"伞"，代表企业的所有产品或服务，同时反映提供给顾客的价值。达瓦（Dawar, 2013）指出，与产品技术相比，品牌是竞争优势更加关键的来源。

通过强大的品牌来建立强大竞争优势，得到了不少亚洲企业的认可，其中既包括当地公司，也包括在当地展开经营的跨国公司。许多成功聚集了庞大顾客群的当地公司正试图建立起品牌和顾客之间的情感联系。作为当地品牌的自豪感已经成为当地企业用来反击外部大型公司的常用战略。为此，有些跨国公司决定通过收购当地的品牌来进入市场，然后努力发展自己的品牌。高露洁棕榄（缅甸）公司收购 Laser 公司就是一个例子，它展示了强势品牌是如何拥有巨大的财富价值的（见例 9-1）。

例 9-1　高露洁棕榄（缅甸）公司

高露洁棕榄是美国的一家跨国消费品公司，主要专注于生产、分销和供应家庭用品、保健用品和个人用品（包括香皂、清洁剂和清洁产品，如牙膏和牙刷）。高露洁（公司的子品牌）包括牙膏、牙刷、漱口水和牙线等口腔卫生产品线。高露洁牙膏最早在1873年销售，自20世纪20年代开始在新加坡销售。1992年，高露洁在印度建立了第一家工厂，为印度国内市场生产牙膏。

2014年，《华尔街日报》报道，高露洁棕榄公司以大约1亿美元从缅甸当地的一家公司Shwe Ayar Nadi那里收购了牙膏品牌Laser。这成为自2012年针对缅甸的经济制裁放松以来美国公司在缅甸的最大投资之一。

高露洁棕榄公司称，这项投资反映了公司对重要的新兴的东南亚国家中不断增长的商业机会的一种承诺。就该交易而言，高露洁棕榄公司获得了Laser品牌的生产设施。公司决定从泰国进口高露洁品牌的产品，同时在缅甸生产Laser牌牙膏。公司还宣布了最终将国内高露洁品牌牙刷的生产从泰国转移到缅甸的计划。

高露洁棕榄公司并不是第一家自限制放松后重新进入缅甸的跨国公司。2012年以来，包括通用电气、可口可乐和盖普等在内的跨国公司又开始在缅甸经营。软饮料巨头可口可乐公司甚至承诺在未来5年里将在当地投资2亿多美元。随着西方国家对缅甸的经济制裁的减弱，缅甸逐渐成为一个具有吸引力的市场，并得到更多跨国公司的关注。缅甸有许多优势，如它的自然资源、年轻的低价劳动力和在亚洲具有战略意义的地理位置等。外国的投资、消费和出口帮助缅甸实现2013—2014年平均8%的经济增长。

考虑到缅甸5 100万人口的可支配收入不断增长，缅甸令跨国公司在消费品方面的交易有利可图并不奇怪。根据Euromonitor International调查公司的调查，2009年以来，缅甸的美容和个人护理产品市场以40%的速度增长。到2014年，市场价值已经达到318亿美元。同时，缅甸被认为是为全球消费品公司提供最多机会的20个市场之一（Euromonitor，2014）。

资料来源：Venkat and Mahtani (2014) and Euromonitor (2014).

人性化品牌

如前所述，在新的世界里，市场营销越来越水平化，品牌和顾客的关系也越来越趋于一致，顾客自己也变得更加社交化。当信息技术的发展仍然有限时，顾客的购买决策主要由个体驱动，几乎不受其他顾客的影响，除了与家人或朋友密切联系外。因此，顾客的购买决策往往经历了 4A 过程：认知（aware）、态度（attitude）、行动（act）和再次行动（act again）。但在新浪潮时代，顾客决策过程转变为 5A：认知（aware）、吸引（appeal）、询问（ask）、行动（act）和拥护（advocate）。

其中，询问和拥护阶段表明顾客不再独自做出决策。他们不仅积极询问其他顾客，而且支持和拥护某些产品和服务，所面向的不再仅仅是其亲密伙伴，而是更庞大的顾客群体——这些都是由互联网和社交媒体赋能的。很明显，这会对顾客的决策产生重要影响，信息技术使信息的分享变得更加容易。不用花费一分钱或是付出太多的努力，顾客就可以同全球受众相互沟通和交流。仅仅展开大众化的广告活动来建立知名度的做法已经不再像从前那样有效，仅是像病毒一样传播开来的负面评论，就可以让顾客彻底拒绝通过大众化广告活动所传播的信息。

根据尼尔森公司在 2013 年有关"对广告的信任"的报告，家庭成员和朋友之间的口口相传持续成为东南亚顾客中最具影响力的广告来源。尼尔森调查了 58 个国家的 29 000 多名网络受访者，来了解消费者对 19 种广告形式的情感反应。在整个东南亚地区，消费者对口口相传的信任度最高，其中，菲律宾遥遥领先（从 2007 年比全球平均水平高 3 个百分点，上升到高 5 个百分点，达到 89%），紧随其后的是马来西亚（上升 8 个百分点，达到 86%）、新加坡（上升 7 个百分点，达到 86%）和印度尼西亚（下降 4 个百分点，为 85%）。泰国（下降 2 个百分点，为 79%）和越南（上升 2 个百分点，达到 81%）是仅有的两个低于全球平均水平的东南亚国家。

与此同时，由希尔·霍利迪和利平科特（Hill Holiday and Lippincott，2013）所做的调查研究表明：对机构的信任水平在过去几年里大幅下降，这标志着传统时代的终结和人性化时代的开端。他们相信这一趋势正促使企业表现出像人一样展开活动的欲望。他们概括了"人性化"企业所具有的许多关键特征，如有顾客同理心、像人类一样交谈和举止、表现得有趣和赋予品牌独特性。

2013 年，美国的廉价航空公司捷蓝航空宣布了一项名为"在人性化的云端飞行"的新活动，重点提升航空服务质量，更加关爱顾客。这一创意旨在推动公司以更值得尊重的、更人性化的方式来为顾客提供服务——为经济舱顾客提供相对宽松的空间、无限制的小吃和在旅行中的每个环节都提供友好的服务。全球保险公司美国利宝相互保险公司（Liberty Mutual），也试图在"人和人文"活动上投入更多的精力和时间来强化其品牌平台，尽可能地摆脱"非人性化"公司的标签。为了使上述信息深入人心，该公司甚至在广告中采用了由 Human League 乐队演唱的歌曲 Human。

许多品牌付出努力，希望人们不再把大公司看作"洪水猛兽"，而是看作关爱顾客个体的企业。它们希望人们把自己视为全心全意为了顾客，珍视与顾客所建立的关系的人性化品牌。虽然传统的品牌塑造技巧仍然流行，但最新的品牌趋势却是简单的人性化——像人那样交谈、拥有人性化的人格以及不惧怕展示其人性化的一面。品牌人性化的概念逐渐成为社交时代做生意的新型方式，而且是核心方式。

人格化品牌：品牌关系新趋势

有关品牌塑造的传统经典文献指出，为了建立强大的品牌，确定品牌的正确方向、目的和意义是非常必要的。这就是品牌识别（Aaker，1996）。品牌识别通过生成包括性能和情感利益的价值主张来建立品牌和顾客之间的关系。同时，奥克（1996）指出，品牌识别可以通过以下四个方面来实现：（1）将品牌视为产品（品牌属性、质量、价值、使用者、使用和来源国）；（2）将品牌视为符号（视觉想象和文化传承）；（3）将品牌视为制度（组织属性）；（4）将品牌视为人（品牌人格、品牌-顾客关系）。

考虑到顾客对机构的信心在减弱，企业需要强调品牌识别中有关人的属性。这种方法把品牌定位为有血有肉的"人"，而不是其顾客中的某个组织或机构。如前所述，现在是人性化品牌的时代。只要遵循这种品牌哲学，企业就可以在新时代里构建品牌领导力。

在管理学和心理学中，通常把领导力定义为影响其他想要成为领导的追随者的人的行为的能力（Jennings, 1960; Wren, 1995）。其中，关键词是"影响"。约翰·马克斯韦尔（John Maxwell）也特别强调，领导力其实就是影响力，不偏不倚。显然，这种有关领导力的观点适用于现代的品牌塑造科学——在现代社会里，企业与顾客处于同等地位，企业无法迫使顾客购买其产品或服务。企业所能做的仅仅是对顾客施加影响，使顾客自愿选择企业的产品或服务。

为了能够建立这种水平化的领导力，亚洲领导者显然不能再依赖头衔或者职位，这些头衔或职位仍代表着过去垂直化世界中的旧式领导风格。企业需要做的是建立让他人想要自愿跟随的内在魅力（Sampson，2011）。为了打造出这种能够产生强烈影响力的魅力，领导者必须具有人格特征。上述原理也适用于品牌。为了建立品牌领导力，亚洲公司必须采纳能够体现人格特征的品牌塑造观念。

那么企业应该怎样培育出体现人格特征的品牌呢？借鉴领导力概念的灵感，企业想要塑造出体现人格特征的品牌，必须综合考虑如图 9-1 所示的六个方面。这六个方面是由 WOW 领导力模型改编得到的（Kartajaya and Ridwansyah，2014），结合了本书第Ⅰ篇所讨论的新时代的三个关键成功要素。WOW 领导力构建领导者内在魅力的六个方面包括：实体性、智力性、情感性、社交性、人格性和道德性；三个关键成功要素分别是：（1）线上线下结合；（2）创造本质化风格；（3）利用机器对机器（M2M）方法来获得人与人（H2H）的情感关系。

上述两种概念的结合就产生了人格化品牌模型，如图 9-1 所示。这一模型代表了一种新型品牌塑造哲学，旨在建立起像"能够在水平化世界里向其受众施加影响的"领导者那样的品牌特征。按照这种方法，亚洲顾客将表现得更像品牌的追随者,选择它而不是竞争对手,甚至进行品牌防御,而且完全是自愿的——原因就是存在品牌魅力。下面介绍人格化品牌的六个方面。

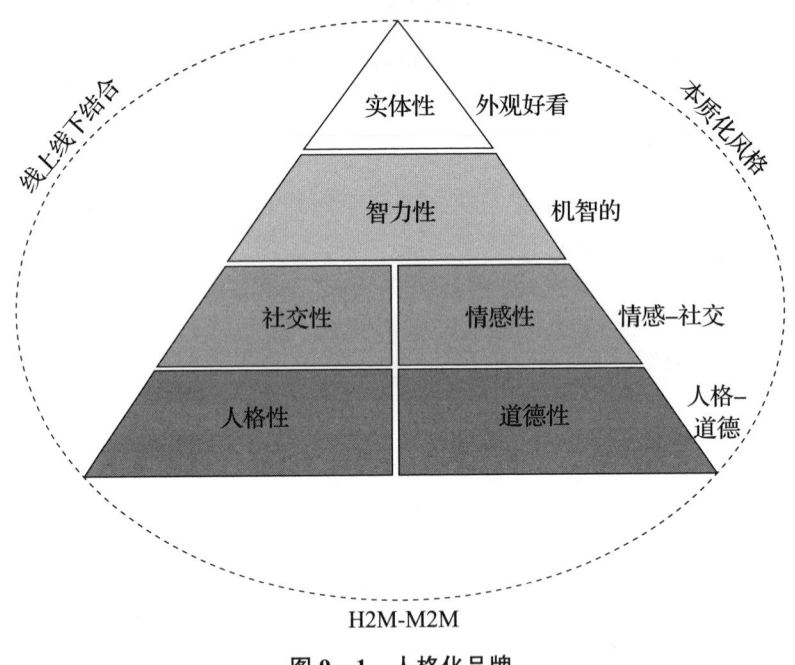

```
                    实体性  外观好看
线                  智力性   机智的
上                社交性 情感性  情感-社交        本
线                                              质
下                                              化
结              人格性   道德性    人格-          风
合                                道德           格
                    H2M-M2M
```

图 9-1　人格化品牌

1. 实体性

实体性(可以被五个感官感受的东西)可以帮助建立起有关任何东西(包括品牌)的第一印象。因此,品牌必须设计得好看。与此同时,品牌的实体外观必须能够反映其特征。这就是我们描述的实体风格。比方说,一个具有年轻化特征的品牌必须带有流行和令人愉悦的外观。但品牌的特征不能只是从符号或商标来反映,还必须通过其完整的实体来展示,如产品包装、推销材料、视觉营销、服务中心布局等。

2. 智力性

在动态的产业环境里,应该允许品牌随着不断变化的趋势成长,而不是浅尝辄止于它原有的信息。当把一个新的特征引入某一品牌所代表的产品类别中时，企业必须能够采纳或进行适应性调整。这有助于建立有强大人格的品牌领导力。其中，关键是从外界捕捉新机遇并将其快速应用于产品或服务的能力。为了强化这一属性，企业应该能够快速革新。

3. 情感性

体现人格特征的品牌应该可以给顾客提供人性化的情感联系（接触）。这可以通过对产品或服务所提供的情感利益给予特别关心来实现。这些利益能以一种帮助创造人际接触的方式传递给顾客。其中一种可行的方式是讲述与品牌有关的故事。与纯粹使用数据和合理的事实的方式相比较，如果故事讲得好，往往能更有效地把顾客和特定的品牌联系起来。

4. 社交性

建立体现人格特征的品牌，另一个重要方面是社交性。这是品牌促进顾客关系的能力。技术进步已经使人与人的相互影响变得更加容易，尤其是社交媒体成为人们最爱的网上活动场所。社交媒体不仅能让亚洲品牌和顾客密切接触，而且能促进顾客的互动。品牌可以应用这些技术来促进顾客的线上和线下沟通。这些社区为品牌和顾客提供了连接的平台。它们在促进品牌拥护方面产生了重要作用——志同道合的跟随者会推动相关信息的传播。

5. 人格性

像人类一样，品牌也是带着使命诞生的。人格性指的是品牌所具有的一种特性，它将品牌定位成不仅仅是为了逐利而生，而且是为了把关爱传递给人类和地球。美体小铺（Body Shop）就是一个例子。它除了以业务为导向之外，也追求这样的高尚使命——提升自尊、保护地球、支持社区贸易、抵制动物实验。体现如此强有力人格性的品牌，往往有助于形成高度忠诚的顾客群体。

6. 道德性

最后一个方面是道德性。这关乎一个品牌"保护顾客所拥有的权利和保证其诚信"的责任。在新浪潮时代，顾客信任是一个被高度重视的元素，因为一旦顾客感受到品牌的背叛，就可能会四处传播对品牌的失望。为了帮助品牌建立起长期信任，必须把顾客的利益放在最优先的位置。如果有什么问题会给顾客带来潜在的风险，那么企业在任何时候都必须介入并及时采取有效措施。2014年，日本丰田发布了在全球大规模召回产品的信息。企业可能由此损失惨重，但它需要承担对顾客的社会责任。

对于亚洲品牌而言，如果可以围绕上述六个方面来塑造，就会像一个有魅力的领导者一样产生强大的影响力。顾客会自愿购买和推荐这样的品牌。事实上，当有关品牌的负面评论出现时，顾客会不计回报地保护和捍卫该品牌。在这方面，特斯拉就是一个例子，它是一家设计、制造和售卖奢侈电动汽车、电动车动力系统和电池的美国汽车和能源储蓄公司。在例9-2中，我们描述了特斯拉是如何成功采用人格化品牌策略的，这主要跟它提升在亚洲市场地位的计划联系在一起。

例9-2　特斯拉电动车进入亚洲

2008年，伴随着特斯拉跑车——第一款全电动跑车的问世，特斯拉公司开始吸引全世界的目光。公司的第二款车是Model S——一种全电动的奢侈小轿车，紧随其后的是Model X——一款跨界车。

在美国和欧洲市场推出了高级电动车之后，特斯拉公司瞄准了亚洲市场。特斯拉公司2010年11月在青山推出第一个日本展示厅，2010年7月在新加坡开设了一家分公司。然而，公司最终因为没有免税优惠而在新加坡停止运营。2011年，通过建立中国香港分公司和展示厅，特斯拉公司继续在亚洲拓展业务。其中，香港展示厅包括"设计工作室"——潜在顾客可以从一系列选项（包括电池、马达和其他设备）中进行挑选而设计自己的电动车。特斯拉中国网站在2013年12月开通，用来售卖Model S和Model X。2013年11月，特斯拉公司在北京开设了展示厅。除了设立展示厅和实体店,特斯拉还在亚洲几个国家提供顾客体验和车辆试驾。

尽管特斯拉在美国和其他国家依然是一个相对新的品牌,但是它在世界各地已有大量狂热的追随者,其中包括非目标市场的人群。在产业观察者眼中,特斯拉俨然成为创新的颠覆性力量,一开始就有更高的目标,建立起强大的品牌。下面,我们分析一下特斯拉是如何成功地塑造人格化品牌的。

实体性:带有惊艳设计的高级电动车

我们观察特斯拉的产品范围,很容易注意到它的实体性。特斯拉高级电动车的设计受到顾客的高度赞扬,赏心悦目的外观和吸引顾客的主要品牌属性得到广泛认可。特斯拉意识到实体方面是多么重要,以至于每辆车的设计都具有吸引人的外部特征。从看起来像一辆很贵的运动跑车(而不是一辆电动车)的特斯拉跑车,到后来的 Model S 和 Model X 以及最新的 Model 3——目标是成为大众市场电动汽车的领跑者——特斯拉总是在实体方面给人留下深刻的印象。

特斯拉不仅制造电动车,而且为了给使用者提供最佳仪表板体验,推出了提供有关汽车体验的 EVEs For Tesla app。从本质上看,这个应用程序把特斯拉汽车和其他装置(M2M)连接起来了。通过这个应用程序,司机可以调整灯光、控制车内和车库的锁、关灯、打开空调设备,这些全都可以通过车上的仪表板操作。此外,这个应用程序还可以获取各种信息,如天气和邮件等,也可以当作导航工具。

智力性:不做让步、永无止境的永续创新

特斯拉公司以著名的发明家尼古拉·特斯拉(Nikola Tesla)的名字命名。从一开始,特斯拉公司就在不懈地追求革新。最新的一项革新是自动驾驶仪系统的开发,驾驶员可以通过软件更新来获取新的版本。这一功能可以帮助司机自动控制方向、速度、变换车道,不用亲自驾驶汽车就能停车。由于安装了相机、雷达和超声波传感器等,自动驾驶仪系统使驾驶汽车更方便、更安全，减少了驾驶员的工作量。这一功能使特斯拉公司为顾客提供智能汽车的目标又向前迈出了一步。

社交性：面向每个顾客的"非正式的忠诚项目"

特斯拉作为一个拥有高忠诚度顾客群体的品牌而闻名。例如，全球投资银行Jefferies进行的调查研究表明：85%的使用者表示他们会再次购买特斯拉公司的产品，83%的使用者表示会把特斯拉品牌推荐给自己的朋友（Zack Equity Research，2015）。

特斯拉公司之所以成功地获得忠诚顾客的支持，是因为它持续不断地分析顾客的活动。有趣的是，其做法是非正式的。当顾客购买一辆特斯拉汽车时，特斯拉公司试图收集顾客的相关信息，如他们所在的地区、常规的行车路线、使用者的驾驶风格和最经常使用的汽车性能等。有了此类信息，特斯拉公司就可以通过提供最恰当的解决方案来打消顾客的顾虑并满足其欲望了。

此外，特斯拉公司也鼓励使用者之间的沟通与交流。比如，特斯拉的网站为汽车所有者提供了一个平台，让他们可以分享自己的使用经验。因为平台上的信息都来自顾客自己，所以特斯拉公司可以从顾客那里得到许多有趣的故事。在亚洲，这样的在线沟通平台可以引发由顾客创建的线下社区的活动。因此，这类线上论坛是十分有用的。

情感性：改变世界的技术体验

在购买一辆车时，亚洲顾客通常会密切关注车辆所呈现的性能。除了性能，他们也会考虑汽车是如何在社区中体现自己的声望的。然而，对于特斯拉来说，使用者不仅留意技术纯熟和声望，而且会考虑：作为一款无污染的电动车，特斯拉是如何做出贡献让世界更美好的。特斯拉是一种环境友好型交通工具，每个特斯拉使用者都对自己让世界变得更美好深感骄傲。

人格性：加速世界转向可持续性运输

从一开始，特斯拉就有清晰的意图：让当下和未来的世界变得更美好。特斯拉公司的这个使命表述得相当清晰，其电动车产品在自动化的世界里加速了交通运输的转变——变得更具可持续性。购买一辆特斯拉汽车，可能是顾客使用环境友好型交通工具和关注环境保护的第一步，这种影响可能会延伸到用户的其他日常生活中，促使其养成更具可持续性的生活方式。可以说，随着特斯拉的使命的普及，亚洲对环境友好型产品重要性的认识不断增强。

道德性：最大化"五星"安全标准

正如之前所强调的，特斯拉公司正努力实现其使命——从交通工具开始，促进世界转向可持续能源。但是，在践行这一使命的过程中，特斯拉公司并没有忽略车辆的其他重要属性，即安全性和舒适性。在设计每款车型时，特斯拉公司都坚持遵守美国高速公路安全管理局所制定的指南，以保证每个驾驶员的安全。难怪它的 Model S 创下了美国高速公路安全管理局安全得分新的纪录，安全性的所有指标都得到五星。作为一项有效的预防措施，特斯拉公司毫不犹豫地发布了召回 90 000 多辆车的公告，以最大限度地保证乘客的安全。

参考文献

Aaker, DA (1996). Building Strong Brand. New York: The Free Press.

Aaker, DA and R Joachimsthaler (2000). *Brand Leadership.* New York: The Free Press.

Dawar, N (December 2013). When Marketing Is Strategy. *Harvard Business Review.*

Euromonitor (June 2014). *Markets of the Future in Myanmar: Executive Summary.* http://www.euromonitor.com/markets-of-the-future-in-myanmar/report (last accessed April 4, 2016).

Hill Holiday and Lippincott (2013). *Welcome to the Human Era.* New York: Hill Holiday & Lippincott.

Jennings, EE (1960). *An Anatomy of Leadership: Princess, Heroes, and Supermen,* p. 30. New York: McGraw Hill.

Kartajaya, H and A Ridwansyah (2014). *WOW Leadership.* Jakarta: Gramedia Pustaka Utama.

Kotler, et al. (2003). *Rethinking Marketing: Sustainable Market-ing Enterprise in Asia.* Singapore: Prentice Hall.

McKee, R (June 2003). Story Telling That Moves People. *Harvard Business Review,* pp. 51–55.

Nielsen (2013). *Global Trust in Advertising and Brand Messages.* http://www.nielsen.com/us/en/insights/reports/2013/global-trust-in-advertising-and-brand-messages.html (last accessed April 3, 2016).

Parekh, R (September 20, 2013). The Newest Marketing Buzzword? Human. *Advertising Age.*

Sampson, SJ (2011). *Leaders without Titles: The Six Powerful Attributes of Those Who Influence without Authority.* Amherst: HRD Press.

Tesla Motors (2016). About Tesla. http://www.tesla.com/about/press/releases/tesla-unveils-roadster-25-newest-stores-europe-and-north-america (last accessed July 30, 2016).

Venkat, PR and S Mahtani (28 October 2014). Colgate Buys Myanmar Toothpaste Brand. *Wall Street Journal.* http://www.wsj.com/articles/colgate-buys-myanmar-toothpaste-brand-1414510599 (last accessed April 3, 2016).

Wren, JT (1995). *The Leader's Companion: Insights on Leadership through the Ages.* New York: Free Press.

Zacks Equity Research (2015). Tesla Scores High on Brand Loyalty. http://www.zacks.com/stock/news/179793/tesla-scores-high-on-brand-loyalty-85-owners-to-buy-again (last accessed April 1, 2016).

03

第Ⅲ篇

市场营销就是创造?
竞争营销：一整套方案

MARKETING FOR
Competitiveness

市场营销就是要为各利益相关者创造、增强、沟通和交付价值。为了开发出一致的价值，就需要使用战略营销的概念。包括内部竞争条件和外部环境分析，以便在利益相关者心中制定出有关组织品牌、产品和服务的定位战略。然后，再把战略转化为一套更加接地气的、可实施的策略。

简而言之，存在着三个营销架构维度：战略、策略和价值。首先，企业必须通过市场细分来探究市场。其次，根据企业的情况选择目标市场。企业可以瞄准其中一个、两个、多个或者全部细分市场。当然，这取决于企业的竞争优势和竞争地位。接下来，企业需要进行定位，即在顾客心中找到理想而独特的位置——企业到底提供什么？

然而，定位需要坚实的差异化来支持。差异化可以转变成企业的市场营销组合（产品、价格、渠道、促销）。销售策略，是从市场中"获取价值"的唯一要素，是交易导向型要素。企业还需要品牌，它是企业所创造价值的指示器，企业需要通过服务战略来持续不断地强化自己的品牌。最后是流程，它是赋能器。不管其他要素如何强，如果没有好的流程，企业一定无法实现预期的效果。

以上都是传统营销中常用的营销实践——价值创造过程中各利益相关者之间的连通性并不像今天么强的时期所形成的概念。在过去20年里，很多东西都改变了。数字技术革命在世界范围快速展开，尤其是亚洲，这使得垂直的传统营销方法不再完全贴切和适用了。世界正变得越来越紧密，越来越水平化。今天的营销人员需要了解完整的营销概念正经历彻底的转型。这导致新浪潮营销的诞生（如图A所示）。在本部分的章节中，将具体讨论数字技术如何使营销战略、策略和价值变得更加水平化。

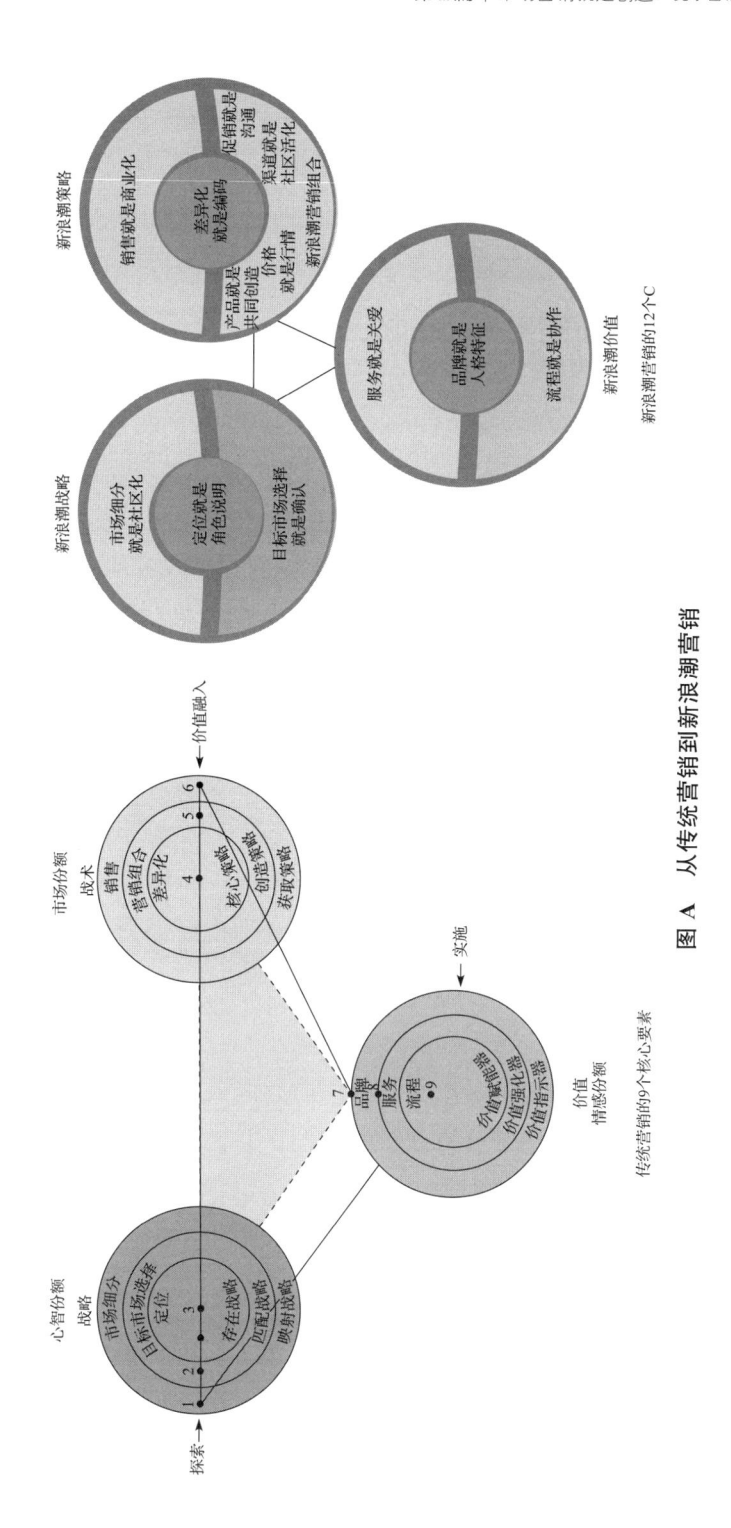

第Ⅲ篇 | 市场营销就是创造？竞争营销：一整套方案

新浪潮策略

- 销售就是商业化
- 差异化就是编码
- 促销就是沟通
- 渠道就是社区活化
- 产品就是共同创造
- 价格就是行销
- 新浪潮营销组合

新浪潮价值

- 服务就是关爱
- 品牌就是人格特征
- 流程就是协作

新浪潮战略

- 市场细分就是社区化
- 定位就是角色说明
- 目标市场选择就是确认

新浪潮营销的12个C

战术

- 销售
- 营销组合
- 差异化 4
- 核心策略 5
- 创造策略 6 ← 价值融入
- 获取策略

市场份额

战略

- 目标市场选择 1 ← 探索
- 市场细分
- 定位 3
- 存在战略
- 匹配战略
- 映射战略

心智份额

价值

- 品牌 7
- 服务 8
- 流程 9 ← 实施
- 价值赋能器
- 价值强化器
- 价值指示器

情感份额

传统营销的9个核心要素

图 A 从传统营销到新浪潮营销

第 10 章

价值探索的营销战略

> 我们忘记了世界看待我们的方式,因为我们已经习惯通过一种特别的透镜来观察它。今天,我们需要新的透镜,以抛掉旧的方式。
>
> ——大前研一

如同一幢建筑,营销架构由三根柱子构成,即战略、策略和价值。在传统营销时代,营销战略主要包括三个要素,即市场细分、目标市场选择和市场定位。这三个要素共同构成了企业赢得顾客心智份额的基础(Kotler et al., 2003)。

所谓市场细分,就是企业在营销其产品和服务时创造性地对市场进行区隔的方式。我们把市场细分称作映射战略,是因为它主要跟市场映射有关,而映射的目的就是为了识别细分市场。通过把市场映射和细分成有着相似特征和行为的不同的潜在顾客群体,企业就可以围绕自身更好地提供服务的目标市场做出选择了。这就是所谓的目标市场选择,即通过选择正确的目标市场来分配公司资源的方法。我们把目标市场选择称作匹配战略,因为它需要根据目标市场的需求调整公司的资源配置。

营销战略的最后一个组成元素是市场定位。所谓市场定位,就是企业在顾客心目中占据特定位置的方式。它有助于在顾客群中确定一种身份识别，地位也被描述为"存在战略"。一旦对市场进行映射和市场细分，企业就可以根据所选择的目标细分市场来调整和配置其资源，进而界定自己想要在目标顾客心目中建立起的形象，最终在顾客心目中建立起某种信任。

这就是企业典型的市场营销战略制定过程。在传统时代，信息技术的进步并未导致水平化浪潮。但技术进步大大地改变了顾客的行为，企业需要在商业中采用新的方法。正如本书第Ⅱ篇所讨论的，定位——营销战略的核心已经转变为角色说明。本章重点探讨其他两个营销战略——市场细分和目标市场选择历经的根本变革。市场细分已经转变为社区化，目标市场选择则转变为确认，它们奠定了新浪潮营销战略的基础（如图10-1所示）。

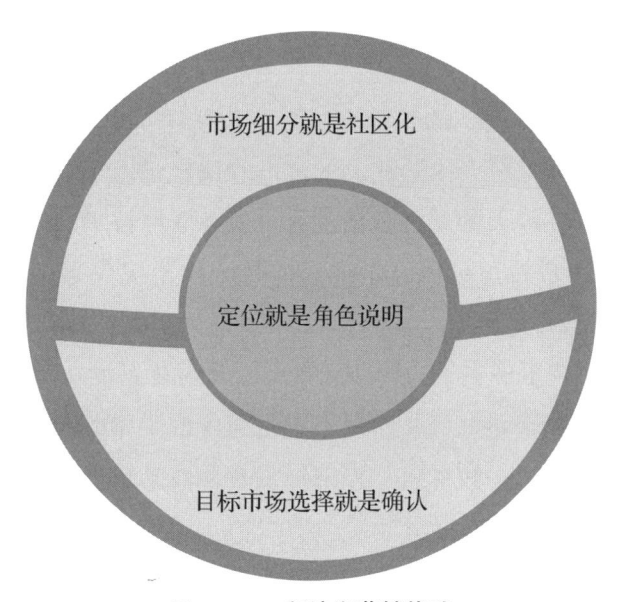

图 10-1　新浪潮营销战略

从市场细分到社区化

在以垂直化为标志的传统营销概念中，企业面向顾客进行定位，市场细分就是企业探询市场机会的过程，把整个市场细分成不同的子市场或子群体。市场映射可能是基于某些预先设定的特征或变量，以帮助企业更清楚地辨别应该进入哪个细分市场。史密斯（Smith，1956）指出，市场细分是企业有效管理市场多样化的一种有效方式。

在进行市场细分时，存在着很多选择变量的方法。每个变量都能在一定程度上（程度可能不同）预测顾客的购买行为（Goyat，2011）。营销人员通常根据静态或动态的属性来制定自己的市场细分战略。

其中，静态属性常常是那些可以展示消费者特定轮廓的变量，但并不总能反映其购买行为，如基于地理和人口统计变量的市场细分。这种市场细分往往容易界定，但不幸的是，由于没能提供消费者是如何选择和购买产品的清晰图像，往往并不十分有效。基于动态属性（心理变量和行为变量）的市场细分则完全不同，它在映射消费者的真实特征方面往往相当有效（Kotler et al.，2003）。

市场细分是一种垂直的营销方法，企业往往自上而下进行市场细分，以便将其目标顾客区分开来。相关的标准和属性都由企业决定，且不基于顾客的主动性。在今天的新型营销世界中，互联网技术已经将我们带入了水平世界，消费者希望被当作个体来对待，而不仅仅是企业营销活动的"温床"。

更有甚者，技术催生了一种共享文化，并逐渐演化成当今的共享经济。相应地，消费者越来越社交化，而不再是简单的个体。顾客在挑选产品和服务时做出的选择，不再仅仅依赖他们自身，而是积极地从周围现实和虚拟环境中的"人"那里获取线索。

因此，营销人员所进行的市场细分不可避免地要回应不断变化的营销世界并做出创新。为了实现这一点，营销人员应该考虑以下两件事：第一，他们要能认识将营销方法从垂直化转变为扁平化的需求，这将使消费者跟企业更加合拍。而且，消费者应该更积极地参与进来，而不再是被动地接受企业的产品；第二，营销人员需要明白消费者不断变化的需求和期望。如同先前强调的，企业不能再简单地把消费者当作个体看待，而应该将其理解成彼此关联并具有社区感的社会人群。哈佛艺术科学系社会学部教授尼古拉斯·克里斯塔基斯指出，了解一个人的关键是要了解这个人同其他人的关系或纽带。因此，我们需要对这些纽带给予特别的关注（Christakis and Fowler，2011）。

在新浪潮时代，企业需要做的是社区化，而不是传统的市场细分——将消费者看作在乎彼此的一群人，他们有共同的目标、共享的价值观和身份。这里所说的社区，既可以是企业（通过设计）创建的，也可以是顾客主动建立的（默认的状态）。对营销人员来说，重要的是确保并制定有效的计划，让顾客成为企业商业战略的一个重要部分，一个积极活跃的部分，而不仅仅是接受企业的公共关系活动或者赞助的被动实体或个体。这就是为什么本书把社区化视作营销战略的一部分，而不仅是一种策略。

富尼耶和李（Fournier and Lee，2009）发表在《哈佛商业评论》上的《让品牌社区发挥积极作用》一文指出，"对于一个想要产出最大的社区来说，必须把自身塑造成可以支持企业商业目标的高端战略"。

市场细分与社区化：一些核心差异

市场细分和社区化具有令人迷惑的相似性。在实践中，它们都聚焦于那些面向具有某些特征顾客的公司。但是，二者之间也存在一些根本差异（见表 10-1）。

表 10-1　　　　　　　　　市场细分与社区化

	市场细分	社区化
范式	顾客作为个体	顾客作为社区创造者
因素/变量	地理位置、人口、心理、行为	目的、价值观、身份识别
公司-顾客关系	垂直化：顾客作为被动的目标细分群体	水平化：顾客作为积极的社区成员
目标	基于相似性对顾客进行映射/区分	基于内聚性和影响力的社区潜在身份识别

第一个区别在之前已经提到过。市场细分聚焦于顾客的个体特征，而社区化则试图把顾客作为社会中的个人来看待，关注顾客跟周围的其他人的互动。在市场细分中，存在着共同的地理位置、人口、心理和行为特征，但他们之间却不一定有持续的互动。因此，一个细分市场仅仅是基于某些标准来分组的个体的集合，而社区则有着特定的目的、价值观和社区成员身份识别。

市场细分和社区化的第二个不同点是企业在分析或识别某个群体时所使用的变量或者因素。

市场细分和社区化的第三个不同点是其所使用的方法。在进行市场细分时，营销人员所使用的思维方法是如何使品牌成为万有引力的中心，而顾客则是企业所瞄准的细分市场上的被动接受体。在社区化中，营销人员则是在水平方向上对待顾客，这是因为社区化基本上是社区成员参与，并与公司进行更深层次的互动。

第四个不同点是目标和所使用的指标存在差异。在市场细分中，企业的目标是将消费者划分为有着相似特征的不同组别，分别给每个组提供更能打动人心的特定供应物。相应地，所采用的指标是每个顾客在偏好和需求方面的相似度。在社区化中，企业的目标则是一组对同一家企业有着相同目的、价值观和社区成员身份识别的顾客，企业旨在跟这些顾客进行协作。相应地，所采用的指标不仅是在一个细分和组别中顾客的同质性，还包括社区成员和企业联系以及组别或社区对每个成员行为方面的影响程度。

社区模型

在社区化中，营销人员必须弄明白社区的一般模型。营销学教授苏珊·富尼耶（Susan Fournier）认为，一般存在着三种形式的社区关系：水池型、轴心型和网络型（如图10-2所示）。

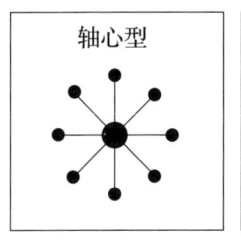

图 10-2　社区关系的种类

资料来源：Fournier and Lee（2009）.

1. 水池型社区

水池型是最有机、最自然的社区形式。水池型社区围绕共同价值观或成员间的共同利益来建立，也可以是从事相同的活动，只是，成员间的关系往往相对脆弱。苹果电脑的使用者社区就是一种水池型，其聚合因素是清晰的：共同对抗微软。水池型关系的企业往往会努力培育这种社区，以便可以转变为轴心型社区或者网络型社区。

2. 轴心型社区

第二种类型是轴心型社区。这样的社区通常都是基于成员对一个特别的个体或者群体的赏识或仰慕而组建的。例如，一个乐队或者某个名人的粉丝所构成的社区就属于轴心型社区。这种社区的缺点在于：它对某种作为核心或者偶像的人物过分依赖，是这个核心把其他成员团结在一起。这就意味着其成员的连接程度极大地依赖于偶像的光环和吸引力，社区的存在也就很难持久。如果偶像的受欢迎度和影响力减弱或者不复存在，这样的社区很容易就散掉了。

轴心型社区的例子还包括曼联、皇家马德里、AC 米兰这样的粉丝俱乐部。粉丝们明确表达对球队共同的兴趣和喜爱，同时也要表达面对其他俱乐部时的同仇敌忾。为了保持这种社区的力量，最重要的就是维持核心的吸引力。对于足球俱乐部社区而言，管理的首要任务是保证球队持续拥有引以为荣、粉丝众多的明星球员。

3. 网络型社区

网络型社区代表着最强有力和稳定的一种社区形式,这是因为其社区成员之间能够发展出相对亲密的关系或者参与密集的彼此互动。这样的社区可以在线上或线下建立。像脸书和领英这样的社交媒体平台的出现,就是线上社区塑造成为网络型的例子。SAP 是一家跨国软件公司,它成功地创造了一个便于不同地区的使用者彼此互动的线上社区,其中包括中国。网络型社区在线下构建同样有效,如结合某些社会使命的运动——成员自愿加入或者自愿对该项运动作出贡献。

在社区化中,企业必须辨别自己想要构建的社区关系(水池型、轴心型或者网络型)及其具体特征(目的、价值观、成员身份识别)。这将决定下一步的工作,即确认。

从目标市场选择到确认

正如之前所讨论的那样,在传统时代,营销人员通常会根据某些个性或特征着手进行市场细分,试图进行潜在的市场细分。随着市场细分的完成,下一步就是评估和决定哪个细分市场应该成为企业的目标市场。这就是目标市场选择——为企业的产品或服务选择正确的目标市场的过程。

实际上,目标市场选择的过程也是一种有效地配置企业资源的战略,目的是确保资源的最大利用率。它所考虑的,其实是企业如何跟特定的细分市场相匹配。事实上,在评估企业希望选择的目标细分市场的过程中,存在着三个经常使用的标准。一是确保所选择的细分市场对企业来说足够大,而且可以盈利,即我们常说的市场规模。二是市场的增长潜力。所选择的细分市场可能看起来规模较小,但未来会有很快的增长,也可能是企业应该选择的目标市场。三是基于企业所具有的竞争优势。这是一种衡量企业是否有充足的力量和专业知识来服务或主导某个细分市场的方法。在进行这方面分析时，企业必须考虑自己所处的竞争环境和竞争实力，这将直接或间接地影响企业的盈利情况。

企业在目标细分市场的选择中，需要挑选与其匹配且合适的细分市场，或者评估某个细分市场与其商业目标是否相匹配。通过运用上述标准的组合，企业希望增强选择目标市场的能力。这就是传统营销时代企业选择目标市场的一般过程。

在当前越来越水平化的世界，消费者和营销人员正越来越匹配，越来越一致。消费者不再希望被动地接收营销信息，也不希望企业把自己仅仅作为一个目标来进行选择。现在，消费者更希望企业把自己定位成有着更积极角色的社区，这就要求企业把市场细分策略转变为社区化策略。相应地，目标市场选择也就转变为确认了。

确认是超越许可的

著名的营销作者、博客写手戈丁（Godin，1999）曾经预测，"干扰式营销"必将消亡。根据他的说法，这个世界正在发生急剧的变化，和几十年前的情况已大不相同。以前，消费者享受着被营销人员以各种形式传播营销信息的"麻烦"状态。曾经有那么一段时间，消费者乐于看到电视上的商业广告。电视机刚出现时，消费者几乎着迷于电视节目中所有形式的广告干扰，以及视觉媒体提供的各种产品和服务。当然，之后这个世界发生了巨大的改变。今天，营销人员拼命地思考，尽可能创新，以便让自己的营销方案不让顾客觉得是一种打扰（或导致混乱）。

平均来看，每个消费者都会被大量营销信息所干扰，当然，没人会注意到所有收到的信息。鉴于此，越来越多的人习惯于忽略他们所遇到的各种形式的推销。顾客常常会抗拒那些大众营销广告也就不奇怪了。2015年，一家汽车营销公司对全球2 200多名消费者进行了调查。结果发现，大约2/3（63%）的受访者表达了一些品牌持续地用大量广告信息对他们进行轰炸是如何对自己造成困扰的。

同时，大众广告的最大问题是它将顾客当作"陌生人"来对待，而不是"朋友"。营销人员极力地以各种形式在任何时间干扰人们，以吸引他们的注意。他们在这样做时，从来不顾及目标顾客的感受。

为此，戈丁教授提供了一个他自认为是更有效、更友好、可选择的模型。他称其为"基于许可"的营销。他建议营销人员使用这种方法，在打扰消费者之前首先得到许可。许可营销是一种传播预先的、私人的相关信息给那些想要得到这类信息的人的一种特权（而非权利）。某种服务的订阅，就是这种许可营销的一种表现形式。如果一家企业想要传达广告信息给特定的顾客，就必须确保顾客许可或者事先认可。实际上，许可营销的底线就是：对于任何营销人员所传达给消费者的沟通信息，得到消费者的许可都是必要的。

但是，请求许可并不能保证营销人员由消费者自动接受。通过许可，营销人员可以请求基本的关注，这可能会被认可或者被忽略。这就是为什么我们偏好使用确认而不是允许。其中，确认反映了一个更加水平化的心智模式。在这里，企业和顾客是对等的、一致的。在"基于许可"的营销中，企业只能被动地等待顾客的回应，直到顾客接受为止。但当二者处于对等和一致的地位时，企业就可以更加积极地向顾客传递他们之间所具有的某些共性，以便顾客可以接受企业存在的事实，这就是本书所说的确认。

成功的社区确认

对于目标市场的选择，当营销人员可以普遍使用如前所述的四种标准（市场规模、市场潜力、竞争优势和竞争态势）来进行确认时，往往也需要考虑以下三种额外的标准：关联度、活动水平和社区网络的数量（NCN）。

其中，关联度指一个社区和一个品牌在PVI（目的、价值观、成员身份识别）方面的相似度。对于哈雷 – 戴维森摩托车车主所形成的社区而言，成员之间联系起来组建社区的目的就是寻求可以一起参加某些活动的伙伴。

把他们连接在一起的价值观，就是兄弟般的关系和自由度。而且，成员有设计独特的服饰，这让他们能产生一种共同的身份识别感。如果一个品牌能够同时满足上述这三种元素（一致性），就会对前面所说的确认过程产生很大的帮助（如图10-3所示）。

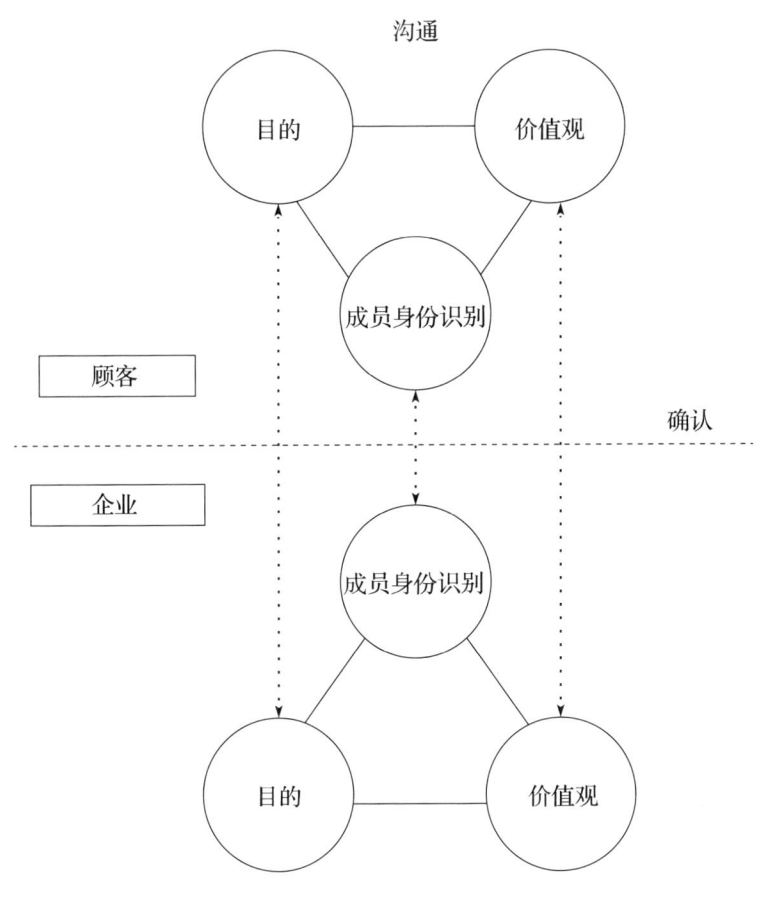

图10-3 PVI的确认与社区化

顾名思义，活动水平表明的是社区成员是如何积极地彼此互动的。在一个社区中，成员是否积极地参与某些活动的讨论，或是仅仅在社区里挂个名，如果是后者，它就不是一个完全社区，而仅仅是一个数据库。轴心型和网络型社区的活动水平往往比水池型社区活跃得多。

最后一个标准是NCN。从本质上看，NCN指的是社区的触及范围，意思是一个社区所拥有的网络的数量，或者那些有潜力跟社区关联起来的网络数量。因此，NCN不局限于社区内的成员，也包括他们横跨其他网络的触及范围。

在上述三种标准中，一家企业或品牌的PVI关联度（跟顾客的PVI保持一致），是成功实施社区确认中最主要的考虑指标。但这并不是说活动水平和社区层面的网络数量就不重要了。它们确实很重要，但可能并不像PVI关联度在促进社区构建中那么奏效。如果一个社区拥有许多积极的成员并且也跟其他社区有着广泛的联系网络，而它缺乏对某个品牌的PVI关联度，那么这个社区确认过程可能很难实现。

这三个标准是企业在探索顾客社区中最基本的步骤。这里所说的社区指的是消费者自己主动建立的社区。在缺乏这类相关社区的情况下，企业最终也可能建立起自己的社区。确实，这种经过深思熟虑后所形成的社区，可以在一开始就加以培养和指导，以便更好地反映企业的PVI。

参考文献

Christakis, NA and JH Fowler (2011). *Connected: The Surprising Power of Our Social Networks and How They Shape Our Lives.* New York: Back Bay Books.

Fournier, S and L Lee (April 2009). Getting Brand Community Right. *Harvard Business Review.*

Godin, S (1999). *Permission Marketing: Turning Strangers into Friends and Friends into Customers.* New York: Simon & Schuster.

Goyat, S (2011). The basis of market segmentation: A critical review of literature. *European Journal of Business and Management,* 3, 45–54.

Hindustan Unilever Limited (2016). Enhancing Livelihoods through Project Shakti. https://www.hul.co.in/sustainable-living/case-studies/enhancing-livelihoods-through-project-shakti.html (last accessed August 1, 2016).

Kotler, et al. (2003). *Rethinking Marketing: Sustainable Market-ing Enterprise in Asia.* Singapore: Prentice Hall.

Marketo (June 22, 2015). *Consumers to Brands: The Louder You Scream, the Less We Care.* http://investors.marketo.com/releasedetail.cfm?releaseid=918797 (last accessed May 21, 2016).

Rangan, VK and R Rajan (June 2007). Unilever in India: Hindustan Lever's Project Shakti — Marketing FMCG to the Rural Consumer. *Harvard Business School Case.*

SAP AG (2009). SAP Fosters Co-Innovation in China through New Online Collaboration Tools for The Local Community Network. http://global1.sap.com/chile/press.

epx?pressid=12203 (last modified November 11, 2009, last accessed August 1, 2016).

SAP (2016). About SAP SE. http://go.sap.com/corporate/en.html (last accessed August 1, 2016).

SAP (2016). SAP Community Network. http://scn.sap.com/welcome (last accessed August 1, 2016).

Shashidhar, A (July 7, 2013). Empowering Women-and Men. *businesstoday.com*.

Smith, W (1956). Product differentiation and market segmentation as alternative marketing strategies. *Journal of Marketing*, 21, 3–8.

Unilever (2005). *Project Shakti: Creating Rural Entrepreneur in India*. https://www.google.com/search?q=Project+Shakti%3A+Creating+Rural+Entrepreneur+in+India&ie=utf-8&oe=utf-8&aq=t&rls=org.mozilla:id:official&client=firefox-a&channel=fflb (last modified February 28, 2005, last accessed August 1, 2016).

第 11 章

价值融入的营销策略

> 人们不再听信广告、销售人员推介或者其他重要的信息。他们不在乎企业说什么、卖什么或者是赠送什么。最主要的原因是他们太忙了,以至于没空去听。
>
> ——塔拉·亨特(Tara Hunt)

前面探讨了营销架构的三个组成部分,即战略、策略和价值观。在传统营销时代,策略主要由三个元素组成,分别是差异化、营销组合和销售。其中,差异化是企业的核心策略,描述了提供给目标市场的产品或服务的独特性。这种独特性会通过产品、价格、渠道和促销(营销组合)创造而来。而且,为了建立和保持同顾客长期的共同利益,推销也是一项有效的策略(Kotler et al., 2003)。

本书第Ⅲ篇探讨了从差异化到编码的转变。本章重点探讨市场营销组合元素的转变:从产品到共同创造、从价格到行情、从促销到沟通/对话、从渠道到社区活化(见图 11-1)。

从产品到共同创造

新产品开发的过程总是能够造就许多有趣的研究。和婴儿诞生类似,新产品开发的过程也是由充满挑战和高风险的各个阶段构成。不可避免的是，任何企业都会对新产品的开发给予极大的关注——所开发的新产品是否会得到潜在顾客的广泛接受。

图 11－1　新浪潮营销的营销策略

（图中文字：销售就是商业化；差异化就是编码；产品就是共同创造；价格就是行情；促销就是沟通/对话；渠道就是社区活化；新浪潮营销的市场营销组合）

在以垂直营销为标志的传统时代，企业在新产品开发的过程中扮演着主要的角色，而且所有研发阶段都由企业加以控制。企业往往把顾客视作被动的接受者，可能仅仅是让顾客参与发表有关产品的意见。这就是传统的以企业为中心的新产品开发。

在新浪潮时代，新产品开发的过程呈现越来越多的水平化特征。企业热心地为顾客在各种产品开发阶段的积极参与提供不同的机会，这就意味着最终产品可能是企业与顾客共同参与的结果，从而提高了新产品开发的效果。普拉哈拉德和拉马斯瓦密（Prahalad and Ramaswamy，2004）指出，如果一家企业可以很好地执行这样的共同创造过程，所开发出来的产品的价值将会更高。

信息技术的发展，尤其是网络的飞速发展，为共同创造过程提供了便利和支持，使共同创造的发展达到了空前的水平。网络为增进企业和消费者之间的互动提供了平台，使得协作更加容易实现。同时，网络平台也为顾客提供了丰富的信息资源，从而进一步加快了顾客的创造产出。火狐、菲亚特、波音和伊莱克斯这样的技术驱动型公司就是共同创造运动的典型企业。

乐高公司也是这方面的领先企业之一，它鼓励粉丝和顾客的共同创造，并产生了种类广泛的新游戏设计。星巴克公司使用一种叫作"我的星巴克想法"的新平台，来迎合消费者对改善星巴克产品和服务的热情。耐克公司给目标消费者提供了这样一个机会，让他们通过 NIKEiD.com 在线设计自己的鞋子或者 T 恤。事实上，不仅商业领域在做共同创造的试验，政府也参与其中。新加坡政府就是这方面的一个好例子（如例 11 - 1 所示）。

当然，也不是所有的消费者——或者在新加坡的例子中的"市民"——都可以高效地参与共同创造的过程。企业或组织必须挑选可以作为共同创造者而参与进来的正确顾客。尼达姆和佐哈迪（Needham and Zohhadi，2009）指出，对于一家企业而言，其在共同创造的过程中最主要的挑战就是寻找优势影响者，通常占到 1%。优势影响者具有以下特征：（1）有同企业共同协作的激情和相对密切的品牌关系；（2）有技能；（3）有可以让同事和朋友参与到活动中且潜能巨大的网络。在线平台的使用——正如星巴克公司和新加坡政府所做的——是初步筛选的一种有效方式，旨在找到那些有着闪光想法的共同创造者。

例 11 - 1　新加坡电子政务 2015：共同创造更好的价值

新加坡的电子政务旅程始于 20 世纪 80 年代早期，其目标是把政府转变为信息技术的世界级使用者。90 年代后期，其更是见证了信息技术和电信技术的交融，使服务提供的概念发生了彻底的变革。这也为第一期电子政务行动计划（2000—2003）和第二期电子政务行动计划（2003—2006）铺平了道路。第一期计划的关键目标是尽可能多地推行在线公共服务，第二期计划的重点是进一步提升顾客/公众的服务体验。

iGov2010卓越计划（2006—2010）的开发，就是基于其强大的信息和沟通技术（ICT）的融合，它主要聚焦于创造一个在幕后无缝运营的整合政府，以更好地为公众提供服务。在这一时期，考虑到移动手机应用的市场渗透率较高的情况，政府为了给顾客提供获得公共服务的额外渠道，也开始引入移动服务。

在之前成功的电子政务卓越计划的基础上，eGov2015旨在通过社交媒体和众包平台把政府机构和市民连接起来，最终目标是把新加坡政府升级为协作型政府，一个同市民共同创造和密切联系的协作型政府。这一计划可以为各级政府实现新的信息及通信技术工程提供一项为期5年的指南。

eGov2015聚焦于三个战略，试图实现电子政务的三个愿景：共同创造更好的价值、为民众积极参与搭建桥梁、催化整个政府的转型。

为了完善提供给公众的服务，新加坡政府利用了一系列新技术。eGov2015也为公众和私人部门的共同创造留足了空间。随着新网站和移动应用的发布，这一计划开始实施。Data.gov.sg网站旨在为获取来自50多个机构的政府数据提供便捷的途径；移动应用mGov@SG则可以让消费者便捷地搜索和使用政府服务。

在增加参与度的努力中，政府会通过各种移动应用和社交媒体平台发布相关举措的信息。许多政府机构为了对公众进行教育、告知正在进行的工程，也成功地开发了自己的社交媒体平台。

随着社交网络的普及，政府可以更容易地吸取民众的集体智慧。就这一点而言，政府作为服务的提供者已经超出了传统角色。政府还扮演了平台的提供者，目的是鼓励推出更好的新型电子服务。例如，公众能够从data.gov.sg网站便利地搜寻和下载政府数据，用于相应的研究工作，或创新研发。

资料来源：*eGow Master Plan*"，http://www.egov.gov.sg/egov-masterplans/；"*Singapore Moves Towards a Collaborative Government*"，http://dailycrowd-source.com/content/open-innovation/573-singapore-moves-towards-a-collaborative-government.

尽管选择正确的共同协作者非常重要，但更关键的是组织内部构建起合适的团队。没有合适的团队，就无法把同顾客协作而产生的创造性想法整合进产品中。联合利华护肤产品事业部全球消费品营销洞察总监大卫·库奇诺（David Cousino）说："消费者希望更深入地参与到品牌中，作为营销人员我们必须这么做。比起寻找有热情的消费者，更大的挑战在于雇用正确的团队来带领他们。营销人员必须做好准备，放弃对创造性的控制，避免把参与者引向对自己有利的、常规的结果"（Wong，2010）。

由于企业和消费者能够直接接触，顾客研究过程也经历了重大的改变。在传统的新产品开发中，最常用的市场研究技术包括一系列的常规方法，如焦点小组访谈和问卷调查。其中，焦点小组访谈通常用于头脑风暴法和探求新的想法以及产品测试；问卷调查有助于判定市场机会和消费者对即将推出的产品的接受水平。

在上述调查方法中，一般把消费者当作被动的参与者，只是等待制造商提出问题。如果消费者不积极，这当然同共同创造的精神背道而驰。既然这是市场营销调查，调查者就必须改变"质问者"的本性，更注意聆听，并承担引导促进者的角色，为企业和消费者之间的互动提供便利。

为了让共同创造的过程更加高效且有效运行，普拉哈拉德和拉马斯瓦密（2004）特别强调了如下四个基础构件的重要性。

对话

在共同创造的过程中，企业和消费者之间的对话绝对是必要的。对话象征着两个当事人或多或少地处在一个平等的水平化过程中。这远非仅仅倾听顾客的意见，而是在两个对等的问题解决者之间的共享学习和沟通。为了确保对话能够促进和推动共同创造目标的实现，管理者需要考虑以下事项：（1）聚焦企业和顾客之间的共同利益；（2）需要一个使对话得以进行的论坛；（3）需要一套允许高效互动的规则。

获取

随着共享经济的出现,很大一部分消费者倾向于获得想要的体验,而不仅仅是产品的拥有权。获取一般由信息和资源开始。当顾客拥有了企业的信息和资源,他们就能为支持共同创造过程做出更大的贡献。有证据表明:易于获取信息和资源,也能改善顾客的忠诚度。

风险管理

风险指对顾客引起伤害的可能性。总体上看,企业在指导风险评估和管理方面有着更为成熟的能力,所以需要特别关注同顾客有关的风险。随着共同创造不断增加,消费者希望供应商能够跟他们共享关于风险的完整信息,不仅是提供数据,还包括评估与产品和服务有关的个体风险与社会风险的方法。

透明度

企业和顾客之间的信息不对称性正在快速地消失。信息技术大大地改善了顾客获取信息的能力和水平——有关产品、价格,甚至是企业商业模式的完整信息。考虑到这样的透明度,顾客越来越意识到公开其他方面信息的重要性。在共同创造的过程中,在把顾客作为产品开发的积极伙伴的同时,努力提供跟供应商有关的透明信息往往有助于更好地评价联合开发产品或服务的商业影响或社会影响。

从价格到行情

市场营销组合的下一个元素是价格。价格变化的影响不仅体现在销售额上,也体现在利润上。贝克等人(Baker et al., 2010)认为,如果产品价格提高1%,在固定成本不变并兼顾可变成本的情况下,企业的经营利润可能会增加11%。

与其他方面进行比较,价格效应可能更大。例如,如果可变成本下降

1%，那么经营利润的增长一般不会超过 7.3%；如果固定成本下降 1%，经营利润的增长可能只有 3.2%。在另一种情境下，如果销售量增加 1%，经营利润增长可能仅有 3.7%。

只要具有较高的价格弹性，营销人员可以容忍价格的下降，因为每个产品边际利润的下降所导致的损失，是可以通过销售量的增加来获得补偿的。另外，还有一个先决条件就是：价格的降低不应对该品牌的形象产生消极影响。如果可以恰当地运用价格策略，营销人员往往能够成功地渗透某一市场，或者构建起特定的品牌形象。相反，如果使用不当或无法运用价格武器的话，就可能导致一场灾难。

在传统时代，定价可以基于某种机制。首先，价格是由市场的波动程度决定的（基于市场的定价）。在这种情况下，营销人员仅仅是价格的接受者，而非价格的决定者。定价是基于由供应法则和市场需求控制的一种平衡。如果需求增加但数量保持不变或者下降，往往会使价格上升；相反，如果商品的供应在某一市场中很大但来自顾客的需求保持不变，那么价格就会下降。如果营销人员陷入这样的定价机制中，就意味着他们的产品将被消费者视作大路货，即没有什么差异的商品。

第二种机制是基于成本的定价。这个准则已经在各个产业中得到了普遍的运用。价格的计算是基于生产产品所发生的成本以及预期的目标利润。通俗地说，营销人员必须计算成本以及从每个产品中可以获得多少利润，并基于这些信息确定产品或服务的价格。这是一种以企业为中心的定价方法。

第三种是基于竞争对手的定价。企业已经在市场上收集到了现有竞争对手的产品价格数据。基于这些数据，企业决定价格上调、下降或采取市场平均价格——市场中竞争产品的平均价格。

第四种方法聚焦于顾客的期望和感知。按照这种方法，企业需要根据顾客眼中的产品价值来设定市场价格。价格是通过调查顾客希望支付多少钱之后才决定的。这就是我们常说的基于价值的定价方法。

如上所述的四种方法符合传统时代的 4C 模型。基于市场的定价是一种基于市场上的变化而进行定价的方法；基于成本的定价是一种企业根据由内部动态变化所导致的成本而计算的价格模式；基于竞争对手的定价是通过对竞争对手的标杆分析而实现的；基于价值的定价是考虑顾客愿意接受的程度而确定价格的一种方法。

现在，4C模型已经转变成所谓的5C。其中，第5个C是连接者（connector）。连接者的存在导致了透明度的增加，而这归功于顾客一系列信息的可获性。一方面，消费者可以轻易地弄清楚企业和竞争对手的价格。他们甚至可以算出产品或服务生产过程中所发生的成本。另一方面，顾客希望更自由地确定他们愿意支付的价格。这就是新时代的营销变革——产品是共同创造，对价格的关注也转变成了行情。

技术的进步使顾客在指导价格的确定上有了更大的自主权。按照这种基于行情的灵活定价方法，所支付的价格是由预订者根据自己所需要的产品属性来决定的。同样重要的是：这种价格定制会使顾客接受的价值越来越同他们的需求高度相关。总体上看，存在两种基于行情的定价方法：适应与协作。

行情适应

根据行情适应定价方法，企业根据顾客的期望生产定制化的产品，进而对价格进行相应的调整。技术进步使顾客可以着手进行产品和价格的定制，而没有来自企业的任何干扰（Gilmore and Pine，1997）。企业只需要建立能够呈现定价和付款机制的透明选项就可以了。

另外一种可以实践且对行情适应定价方法的修正，是安德森（Anderson，2009）创立的"免费增值"模式。诸如领英、YouTube和脸书这样的技术公司，都赋予消费者从免费或者增值收费服务中进行选择的自由。对于仅仅需要简单服务的使用者而言，基本的产品或服务都是免费的。但如果他们想要更高级的功能，企业就可以提供收费服务了。在实践中往往存在多种付费包可供选择，对应着获取功能或者服务的不同等级以及与此相对应的价格水平。

行情协作

第二种方法是通过企业跟顾客的对话来进行定价。企业和顾客都试图找到可以满足消费者需求的最优化的精确供应物。行情协作定价法特别适用于下列情况：潜在顾客不能清楚地表达自己想要什么，且因被迫从一系列选项中进行挑选而变得十分沮丧（Gilmore and Pine，1997）。

蒂芙尼公司是位于美国的世界高端珠宝零售商和设计厂商，提供一系列订婚和婚礼戒指，同时也经营其他定制化的相关产品。通过与珠宝设计师协作，该公司帮助顾客为自己的特殊时刻制作完美的戒指产品。

从促销到沟通/对话

里斯和里斯（Ries and Ries，2002）在十年前就预测到广告的黄金时代将会消亡。他们的逻辑建立在这样的背景下：（1）广告的大量使用最终会降低其效果；（2）广告越来越被视作单向的、片面的（有偏差的）和企业导向的沟通策略，而人们所寻求的却是值得信任的、没有偏见的、顾客导向的信息；（3）广告产业似乎迷失了方向，关注的焦点已经由到底诱发了多少销售额转向创作更有创造力的广告本身。

作为新的更有潜力的选项，广告推动了公共关系的兴起。对于公共关系活动而言，人们认为广告是得到顾客信任的更有效方法，可以让顾客更有效地接收来自企业的信息。由于公共关系活动中的营销信息是由"第三方"发布的，或者是发布在中立的大众传媒上，所以其可信性明显增强。在《广告的衰亡和公关的崛起》一书中，作者指出：

> 公共关系活动的主要目标是由第三方来提及并推荐某家企业及其产品。这里所说的第三方主要包括：顾客导向型的新闻广播、报纸和杂志。由于上述媒体并不隶属于特定的供应商企业，所以人们更容易接受公共关系活动中所传递的观点和想法。

虽然公共关系活动在当时是完美无缺的——考虑到多个仅仅依靠最少的广告宣传、强大的公关支持而崛起的品牌，如星巴克、美体小铺、小米和Zalora等——这一趋势似乎也在发生着重大的变化。可以说，随着网络发展和其他支持技术的涌现，另外一个甚至更具影响力的"第三方"出现了，那就是顾客自身。显然，顾客口碑传播得更快并且在影响顾客购买决策方面也更加有效。在线和移动社交网络以及像博客和论坛这样的媒体平台成为十分有效的沟通工具——为顾客同自己所信任的人之间的信息沟通提供了便利。在新时代，这种引领不仅导致广告的衰落，也使促销效果大打折扣。

新时代的营销沟通通常把消费者置于核心位置。消费者不仅以各种形式创作富有创造力的信息，如图像、文章、音频、视频，甚至是APP应用，他们还积极地通过各种社交平台分享这些信息。不仅体现在数量上，而且体现在顾客所创造的内容上，很多内容足以同正规的创作机构的作品相抗衡。他们也不缺乏宣传自己信息的媒体。从社交媒体、博客到即时通信工具和在线市场，甚至是应用商店，都可以为他们提供大量的彼此之间分享信息的有效工具。这种现象称为用户生成内容（UGC），包括博客、维基网站、研讨论坛、邮件、推特、播客、数字图像以及其他由在线用户创造和制作的任何形式的内容。

随着用户生成内容的发展和逐渐引领潮流，企业为了在顾客中触发对话，也开始把重点放在有着丰富创造力的信息点上，从而与传统的单向广告形成了鲜明的对照。在传统的广告中，信息是单向地从企业传递给顾客。正如前面提到的，这类对话有助于把营销信息融入病毒内容当中。随着顾客通过各种"可供选择的媒介"将其分享给同自己有联系的人群，这些病毒内容会快速、广泛地传播开来。可以看出，企业面临的真正挑战是创造可以激励顾客自愿分享的精彩内容。

从渠道到社区活化

市场营销组合的最后一个组成元素就是渠道，通常称为营销渠道或分销。所谓渠道，就是连接企业和顾客的实体平台，使顾客可以真实地触及产品或体验到服务。传统的分销渠道多由批量购买产品的批发商组成，它们将产品转售给小的渠道商或者零售商，由后者直接把产品销售给顾客。分销渠道也可以以经销商或者分店的形式存在，它们大多是充当特定供应商的直接渠道。

跟营销组合中的其他元素的变化一样，网络也催生了可供选择的、新的分销渠道。在线或移动渠道逐渐成为把产品和服务分销给顾客的低成本渠道。由于在线支付所带来的便利性，在线分销渠道在许多不同产业中迅速发展起来。结果，越来越多的企业可以直接将产品出售给顾客。在这方面，一个经典的例子是戴尔公司实施的"去中介化"——减少中间商并利用网络直接从最终用户处获取订单。虽然大部分电脑都是在零售店里配置和预先安装的，但由于减少了零售中间商，戴尔公司能够以更低的价格为顾客在系统配置上提供更卓越的选择。跟传统的个人电脑销售分销模式大不相同，这项举措对戴尔公司早期跨越成长的艰难时期发挥了很大的作用（Strickland，1999）。

在新浪潮营销时代，戴尔公司采用的这种渠道模式越来越普遍。网络已经成为将各种产业和它们的顾客连接在一起的媒介。但需要强调的是，新浪潮营销是一种线上和线下互动的结合。戴尔公司也得到了相应的教训，那就是不能仅仅依赖线上渠道。这催生了戴尔公司营销 2.0 的基本理念：重新启动线下渠道来渗透市场——特别是渗透企业或小企业市场。特斯拉公司是另一个促进线上和线下便捷互动的例子。特斯拉公司在汽车行业创造了一个独特的分销模式。一直以来，汽车行业依靠的是经销商网络。特斯拉公司不再采用传统的经销方式，而是创造并运用所谓的"商店和服务"中心模式：在客流量高的地方设立展厅，如综合购物商场和购物街。这些展厅提升了公司跟顾客互动的便利性，提升了车辆的预订水平。特斯拉公司没有存货供顾客选择，但顾客可以在线上订购，甚至可以通过设计工作室来选择各种可定制的车型。

新时代要求企业在设计正确的线上与线下组合方法上变得更加明智，尤其在选择越来越具有某些共性的目标顾客方面更是如此。正如先前所讨论的那样，由于从市场细分到社区化的转变，企业必须在营销渠道方面做出相应的调整。企业在策略层面也需要实施正确的行动方案。其中之一就是充分运用跟企业的分销渠道保持高度一致的顾客社区的作用——在目的、价值观和成员身份识别方面高度一致。这就是本书所说的社区活化。

为了有效地实现社区活化，企业应该扮演好推动者或赋能者的角色——为社区成员彼此间的交流和想法共享提供现实平台。尽管社交媒体和其他在线平台可以为社区成员彼此间的互动提供平台，但这些网络平台的存在不能完全取代面对面的交流。实体平台和线下空间在培育和强化社区联系方面也具有十分重要的作用。健身房、咖啡店等场所建立的社区常常可以提供更好的社交和情感支持，这种支持跟家庭联系一样重要，甚至比家庭纽带更为重要。

反过来也一样，如果顾客已经是线下社区活动的一分子，企业就可以努力去创造一个在线平台，进一步促进社区成员之间的互动与交流。能多益（Nutella）是意大利费列罗公司（Ferrero）生产的世界上最著名的榛子酱品牌，它就采取了上述策略。能多益榛子酱品牌在欧洲的流行，尤其以在青少年中兴起的能多益派对为标志。在乡村、学校或者青少年活动中心等地都组织了诸如此类的活动。除了有趣的聚会和其他娱乐活动外，青少年还在派对上享用涂有能多益榛子酱的面包。

看到顾客社区在能多益派对上的热情，最开始持怀疑态度的能多益品牌的管理者，最终决定围绕这个活动制定一系列营销方案。其中的一项举措就是建立网站 www.mynutella.com，旨在强化与顾客的联系。在这个网站上，社区成员可以通过文字、照片和视频分享关于能多益榛子酱的故事，以及能多益榛子酱是如何融入他们日常生活的。事实证明，这是一个通过线上线下平台实现社区活化的成功案例。

从销售到商业化

除了发生根本转变的市场营销组合元素外，销售实践在新浪潮时代也发生了根本转变。在水平营销时代,在销售过程中应用社交网络变得越来越重要,如在家庭成员、亲戚、朋友、熟人、客户等人群之间密切互动的社交网络(Christakis and Fowler,2011)。在当今时代,口碑推荐在驱动消费者决策制定中所起的作用越来越大,社交网络也越来越具有重要意义。与此形成对照的是:有越来越多的证据表明,广告在影响消费者选择上越来越失去当年的效用。跟许多媒体广告相比,顾客从社交网络得到的推荐往往具有更高的可信度和正反馈效应。相应地,企业必须采用新的销售策略,即商业化来反映这一趋势。在这里,我们认为商业化就是最大化运用社交网络的一种策略,目的是更好地获取新顾客和留住老顾客。

在互联互通时代,识别和理解社交网络在销售过程中的角色相当容易。由于连接体的存在,无论线下(社区、社会活动等)还是线上(移动技术、社交媒体等),都对销售人员构建销售网络提供了很大的便利。顾客正越来越社交化,在决策过程中越来越依赖他人的观点和反馈,这是在销售过程中进一步强化社交网络角色作用的另一种催化剂。

然而,社交网络的优化并不意味着要和一大群我们身边的人建立起联系,因为要有效管理这些关系,在时间、精力和金钱投入上可能花费太大。商业化要求企业以高效和有效的方式来使用社交网络。为此,销售人员需要了解不同类型的网络,不同类型的网络在支撑商业化的过程中作用是不同的。根据乌斯塔纳和戈德斯(Ustuner and Godes,2006)发表在《哈佛商业评论》上的文章,我们可以把商业化的过程划分为以下四种类型:

1. 市场渠道网络的商业化

在销售的早期阶段,销售人员的主要工作就是寻找潜在顾客。在这个阶段,利用网络,往往可以把销售人员介绍给许多潜在顾客,这种做法是合适的。这就是所谓的市场渠道网络。

阿罗电子(Arow Electronics)是一家位列《财富》500强的电子元件公

司。该公司的销售人员有着通过商业化获取潜在顾客的独特方式。在这一行业,当某一家企业开发新产品时,顾客通常就开始下订单了。然而,问题在于:为了避免泄露信息给竞争对手,信息往往是严格分类的,从企业内部人员那里获取信息往往十分困难。阿罗电子公司的销售人员特别具有创造性,以非传统的方式来获取信息。他们同经常帮助客户租购办公室或者办公设备的房地产经纪代理协作,这两项业务都需要提前做好准备。同这些房地产经纪代理的协作,使阿罗电子公司的销售人员在获取潜在客户信息上往往比竞争对手要快。

2. 潜在公司网络的商业化

在确定了潜在顾客之后,下一个阶段的工作就是从潜在顾客那里获得购买意向。为此,销售人员必须在其顾客组织中建立起正确的人群网络。销售人员必须同用户(购买企业产品的一方)、技术人员(控制产品使用的一方)取得联系。当然,还需要跟决策制定者(有权决定采购的一方)取得联系。一般而言,销售人员所构建的这个网络越强大,销售成功的概率也就越大。

3. 内部网络的商业化

这是企业同事间的一个网络,销售人员不应该低估这种网络的重要性。在销售的产品或解决方案相对复杂的情况下,更是如此。为了给顾客设计出定制化的解决方案,销售人员当然不能单打独斗,而要得到技术团队的支持——后者更熟悉产品的复杂性。类似地,在管理顾客忠诚度和顾客期望时,销售人员也需要来自顾客服务团队和其他团队的支持。

了解这种内部网络重要性的企业,往往在解决相关问题方面更加积极。企业可以使用这种社交网络深入理解不同团队之间形成的孤岛思维。这种孤岛思维在销售团队和支持团队中经常存在。一旦发现了孤岛思维,企业就要设法消除其影响,具体可以采用技术手段(如为内部沟通提供便利的企业内部网)或者结构方法(建立特别的临时团队,以促进销售团队和其他团队之间的沟通和交流)来消除它(Cross and Parker,2004)。

4. 顾客网络的商业化

这个网络是由企业的忠诚顾客构成的。例如，旨在使顾客之间彼此交换信息或分享感受的顾客社区就属于这种情况。这种由忠诚顾客所构建的网络，不仅会对现有顾客的忠诚产生积极影响，也可以帮助企业尽快同新顾客达成交易。例如，邀请新顾客参加由顾客社区组织的聚会，潜在顾客就可以直接得到来自现有忠诚粉丝群体的推荐，由此就会降低销售的难度。

一旦企业了解了网络的种类以及它们在商业化过程中的角色，销售人员就能更有效地分配资源了。

参考文献

Anderson, C (2009). *Free: The Future of a Radical Price*. New York: Hyperion.

Baker, C. (2002). Taiwan Semiconductor. http://www.wired.com/2002/07/semiconductor/ (last modified July 1, 2002; last accessed August 1, 2016).

Baker, WL, M Marn and CC Zawada (2010). *The Pricing Advantage*, 2nd Ed. New York: Wiley.

Christakis, NA and JH Fowler (2011). *Connected: The Surprising Power of Our Social Networks and How They Shape Our Lives*. New York: Back Bay Books.

Cross, R and A Parker (2004). *The Hidden Power of Social Networks*. Boston: Harvard Business School Press.

Fournier, S and L Lee (April 2009). Getting brand community right. *Harvard Business Review*.

Gilmore, JH and BJ Pine II (January–February 1997). The four faces of mass customization. *Harvard Business Review*.

Holcim Indonesia (2016). Corporate Profile. http://www.holcim.co.id/about-us/corporate-profile.html (last accessed August 1, 2016).

Holcim (2016). Solusi Rumah: Affordable Housing in Indonesia. http://www.holcim.com/media-relations/our-major-projects/solusi-rumah-affordable-housing-in-indonesia.html (last accessed August 1, 2016).

Info-communications Development Authority of Singapore (2016). Government. https://www.ida.gov.sg/Programmes-Partnership/Sectors/Government (last accessed August 1, 2016)

Kelly, L (2007). *Beyond Buzz: The Next Generation of Word-of-Mouth Marketing*. New York: AMACOM.

Kotler, *et al*. (2003). *Rethinking Marketing: Sustainable Market-ing Enterprise in Asia*. Singapore: Prentice Hall.

MacLarry, R. (n.d.) Singapore Moves Towards a Collaborative Government. http://dailycrowdsource.com/content/open-innovation/573-singapore-moves-towards-a-collaborative-government (last accessed August 1, 2016)

Needham, A and N Zohhadi (October 2009). Co-creation: How to innovate with consumers. *Research World*, ESOMAR.

Prahalad, CK and V Ramaswamy (2004). *The Future of Competition: Co-Creating Unique Value with Customers*. Boston: Harvard Business School Press.

Ries, A and L Ries (2002). *The Fall of Advertising and the Rise of PR*. New York: Harper Business.

Strickland, T (1999). *Strategic Management, Concepts and Cases*. New York: McGraw-Hill College Division.

Taiwan Semiconductor Manufacturing Company (2016). About TSMC. http://www.tsmc.com/english/aboutTSMC/index.htm (last accessed August 1, 2016).

The China Post (2016). Taiwan Overtakes South Korea as Top Chip-maker in Integrated Circuit Wafer Fab Capacity with 3.55 Mil Units. http://www.chinapost.com.tw/taiwan-business/2016/03/02/459646/Taiwan-overtakes.htm (last modified March 2, 2016; last accessed August 1, 2016).

Ustuner, T and D Godes (July–August 2006). Better sales networks. *Harvard Business Review*.

Wong, V (April 2, 2010). Co-Creation: Not Just Another Focus Group. http://www.bloomberg.com/news/articles/2010-04-01/co-creation-not-just-another-focus-groupbusinessweek-business-news-stock-market-and-financial-advice.

第 12 章
依托价值观的价值营销

> 我不是一个技术控,我用顾客那样的普通人的眼光看待技术。
>
> ——阿里巴巴创始人和执行主席马云

前文提到,在战略和策略之外,营销架构的第三个组成要素是价值观,由以下三个元素构成:品牌、服务和流程。如前所述,在水平化时代,品牌营销作为价值的核心所在,经历了根本性的变化,越来越体现出特定的人格特征。本章讨论价值的另外两个元素——服务和流程在新浪潮时代是如何发生变化的。其中,服务转变为关爱,流程转变为协作(如图 12-1 所示)。

从服务到关爱

品牌从根本上决定了价值创造的过程。在这个过程中,品牌是价值指示器,服务是价值强化器,流程则是价值赋能器。实践中,服务不仅仅跟售后服务支持的提供或顾客服务热线有关,更是企业为顾客创造持续价值的范式(Kotler et al., 2003)。技术的进步和持续演进的商业蓝图从根本上

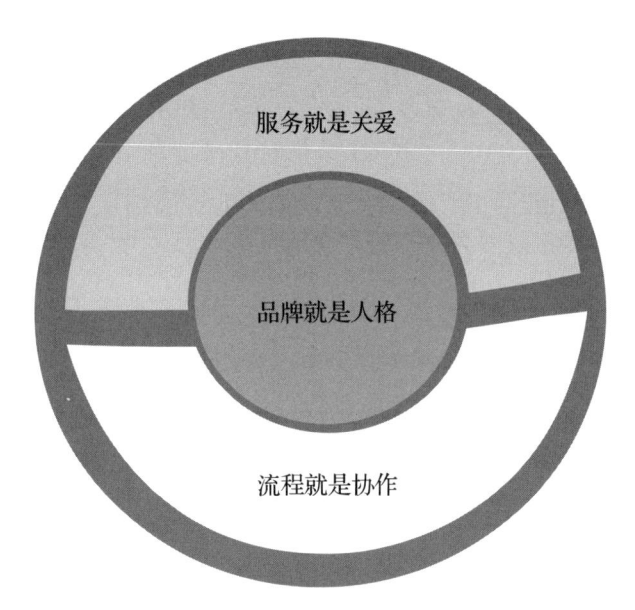

图中文字：
- 服务就是关爱
- 品牌就是人格
- 流程就是协作

图 12-1　新浪潮营销中的价值

改变了营销的概念。问题是：传统的服务范式——正如传统营销时代所实践的那样——是否仍然重要？

在一篇名为《顾客融入中的数字分隔》的报道中，埃森哲公司（Accenture）指出，人际互动仍然是顾客满意度的重要元素，数字时代也是如此。这一点，对于包括太平洋地区在内的所有地区都是适用的。有研究发现：高达 81% 的澳大利亚消费者偏爱跟通过电子渠道解决顾客服务问题的服务人员打交道（Hont et al., 2016）。换言之，对顾客来说，人与人（H2H）之间的互动比基于机械装置的机器对人（M2H）更重要。事实上，越来越复杂的技术反而使顾客变得更需人性化对待，我们将其称作当今时代的一个悖论。结果，传统意义上的服务概念逐渐转变为由关爱所驱动的模式。

基于关爱的模式和传统的服务概念存在很多本质差别（如表 12-1 所示）。首先，传统上，企业总是把顾客当作上帝看待，企业必须遵循顾客的愿望，而不管这是否符合顾客自己的最大利益。对服务提供者而言，这反映了一种将企业置于顾客之下的垂直关系，顾客满意就是最终目标。这已经不能更糟糕了（简直糟糕透了）——无论顾客要求什么都应该满足。在传统的服务模式中，有关顾客的主导地位，可以从美国一家连锁超市斯图·伦纳德连锁超市（Stew Leonard）所推广的关于"两个准则"的流行说法看出来。其中：准则1，顾客永远是正确的；准则2，如果顾客是错的，请参照准则1。与此形成对照的是，在基于关爱的服务模式中，企业把顾客当作朋友，顾客跟企业在定位上是平行的，而不再是垂直的。丽思卡尔顿酒店（Ritz-Carlton）就是这么做的，这可以从酒店的座右铭中看出来："我们以绅士淑女的态度为绅士淑女服务"。由于把顾客定位成平行的朋友，所以当顾客有时想要他们可能不是真正需要的东西时，企业（作为关爱的给予者）必须给出相应的专业意见。

表 12-1　　　　　　　　　　　　服务和关爱的比较

维度	服务	关爱
对待顾客的视角	顾客是上帝	顾客是朋友
焦点	顾客的需求与需要	顾客的欲望与焦虑
预期结果	顾客重复购买	顾客推荐
管理工具	标准操作流程和服务脚本	基于价值观的原则

第二个不同点是关注的焦点。在服务交付中，传统的服务观常常把顾客需求当作显性的参照，但事实是：顾客可能需要什么东西，但当时并没有认识到自己的需要，也可能无法准确描述自己的需要。与此相对，在关爱范式下，企业关注的焦点是顾客的欲望和焦虑——顾客没有说出的需求和需要。关爱给予者应该能够在无须顾客明确表达需求时就解码他们实际上需要的东西。印度的奢侈酒店就是这么做的——当社会名流来到酒店办理入住时，酒店方面会提供"特别问候"。当老顾客到达酒店时，服务人员能直呼其名表示欢迎，而对社会名流，服务人员会用"化名"来称呼他们。之所以这么做，是因为酒店员工在培训时就知道，需要尊重和重视名人的隐私，而无须社会名流直接表达说出自己有某些隐私方面的需求（Buell et al., 2015）。

关爱区别于服务的第三个方面是预期结果。传统上，企业希望服务达到的结果是顾客重复购买。企业常常用顾客重复购买某一产品或服务的频率来衡量顾客忠诚度。然而，在新的范式下，关爱成了顾客满意度的衡量指标，企业开始根据顾客愿意推荐某一产品或服务的意向来衡量顾客忠诚。净推荐值（net promoter score，NPS）就是一种用来衡量顾客作为"推荐人"角色的评价方法。其中，顾客作为推荐人指的是，顾客不仅自己持续购买某一产品或服务，而且催促朋友去购买该产品或服务。贝恩公司（Bain & Company）的一项调查研究表明：长期盈利的企业往往有高于普通公司两倍的 NPS（Reichheld and Markey，2011）。

最后一个不同点是企业使用的管理工具。传统服务通常是通过标准操作流程（standard operating procedure，SOP）和精细地描述服务员工行为细节的服务脚本（服务规章）来实施的。关爱则不同，它强调了授权的重要性；企业常常使用基于价值观的原则（values-based principle，VBP）作为所有员工的一般行动指南。下面就来详细看看上述四个不同点，以更好地理解从服务到关爱的概念转变所带来的管理启示。

从 SOP 到 VBP

为了使所有关于顾客服务的内部流程都实现标准化，企业的服务设计者往往习惯于严格遵守 SOP。这些 SOP 通常制约着服务人员的行为：处理某种情况的通常步骤（做什么）以及哪些事情应该避免（不该做什么）。SOP 有助于给所有流程都提供相似的模板或标准，以便向所有顾客提供一样的服务水平和相同的服务质量。

然而，对 SOP 的过度服从可能产生相应的问题。为了能向顾客提供标准化的服务，有些企业甚至走向了另一个极端——起草制定极为详细的服务脚本。在有些情况下，这种脚本是如此具体，以至于逐字逐句地描述了服务人员为了掌控每种局面应该说什么的全部细节。如果一线员工仅仅是机械地记住了这些脚本却并没有理解它们所代表的实质，再按照这样的脚本要求认真落实的话，很可能会产生令人不安的结果——工作人员就像程序化的机器人一样行事。显然，这样做的结果就是：提供给顾客的服务会显得过于严苛、过于正式，从而无法提供有效的人际接触。

此外，标准化常常会导致无法向顾客提供多元化的服务。实践中，毕竟每个顾客都是独立的个体，有独特的需求、欲望和期望。虽然有些人可能很欣赏遵循SOP的标准化服务，但也有顾客偏好更私人化的服务接触。奥贝罗伊集团（Oberoi Group）的首席运营官维克拉姆·奥贝罗伊（Vikram Oberoi）似乎很好地理解了这种差异性。该集团是一家位于印度的高档商务与休闲旅游豪华连锁酒店。截至2014年，奥贝罗伊集团在6个国家——印度、埃及、印度尼西亚、毛里求斯、沙特阿拉伯和阿拉伯联合酋长国拥有和经营着31家酒店，另有2艘豪华邮轮。在评论酒店提供的多元化服务时，维克拉姆·奥贝罗伊指出：

> 没有两个顾客的互动是相似的，我们总能帮每个顾客做正确的事是十分重要的。你根本无法预见或者预测到每件将要发生的事情（Buell et al., 2015）。

那么，这是否意味着企业不需要使服务标准化呢？当然不是。奥贝罗伊酒店集团有自己的SOP——自称为"以奥贝罗伊的方式发挥重要影响"。奥贝罗伊酒店集团为自己能够给顾客提供更好的体验感到特别自豪，该酒店几乎会为每一项任务和活动都制定严格的标准和详细的操作规范，从详细规定男性和女性员工的着装标准，到负责人在3声铃响以内微笑应答对话的要求，再到有关会议室里的糖包、咖啡甜味剂和糖果的说明。甚至奥贝罗伊酒店的气味都是通过在每层燃烧一种定制香料混合物而标准化了的（Buell et al., 2015）。

但奥贝罗伊酒店并没有止步于SOP。奥贝罗伊酒店还对其服务实施了称作"奥贝罗伊法则"的VBP。这些原则对来自所有部门、承担各项职责的员工的行为提供了总体指南。例如，其中一项原则是"顾客第一、公司第二、自己第三"（完整清单如例12-1所示）。当酒店员工理解、采纳了这些价值观，并且酒店对员工反复灌输这些价值观之后，就无须依靠来自监管者或者老板的指导了，员工完全可以根据这些价值观独立地作出判断。维克拉姆·奥贝罗伊强调了"VBP作为指南"对所有员工的重要性："通过运用这些价值观，我们总能做出正确的决策。我们必须坚持这样的价值观，毫不妥协。"

例12-1　　　　VBP：奥贝罗伊法则

我们作为奥贝罗伊集团的成员，必须致力于通过自己的行为和行动来展示以下行为准则，这些准则适用于我们业务的所有方面：

- 实施具有最高道德准则的行为——智力上、财务上以及道德上，体现出对他人最高水准的礼貌和周到。
- 实施能建立和保持团队协作的行为，保持相互信任并将其作为所有工作关系的基础。
- 实施顾客第一、公司第二、自己第三的行为。
- 实施通过预测顾客的需要来展示对顾客的关爱的行为，关注细节、长处、审美和风格，尊重隐私，怀有温暖和关心。
- 实施表明双向沟通的行为，接受富有建设性的争论，在大胆坚持自己的信念原则时不妥协。
- 实施表明人员是企业关键资产的行为，尊重每个员工，并且在行为表现和个人发展上永远冲在前面。
- 实施总是保护顾客、员工和企业资产的安全、保密、健康以及保护环境的行为。
- 实施避免速效对策的行为，致力于确保长期的健康发展。

资料来源：www.oberoihotels.com。

医疗保健业的关爱教训

医疗保健业中有一些有趣的教训，可以用来进一步说明VBP在服务上的重要性。安德森（Anderson，1998）在《交付令人震惊的服务》一书中解释了一些先进的医疗保健机构中存在的两类规则：红色规则和蓝色规则。

红色规则是指那些绝不能违反的规则，用来保护病人的生命和健康。例如，手术室中的禁烟准则。在红色规则上，是绝对不允许妥协的，没有任何协商的余地。与此相对，蓝色规则的设计旨在保证医院的各种流程都组织有序，以平稳方式运行。例如，需要治疗的病人必须提前填写注册表格的原则。

与红色规则相比，蓝色规则在某些情况下是可以变通的。例如，如果有需要急诊的危急病人，那么必须提前填写注册表格的规则就可能被打破。从本质上看，如果是从病人的利益着想，这些蓝色规则是有可能被打破的。在医疗机构，永远把病人的利益置于首位的"病人第一"原则，就是一种植根于医院传统的VBP。然而，并不是所有医院都一定会以书面文件的形式记录下来，这些原则已经成为每个医护人员深入理解了的通用指南。

梅奥诊所是在组织的官方文件中明确记录了"优先考虑病人利益"的典型例子。在每个书面文件的首要价值观中，都十分明确了一点："病人的需求总是第一位的"。有趣的是，这项原则已经完全内化到整个组织中，成为每个员工的行为指南。在梅奥诊所，当护士面临着两种选择，例如，是准时参会还是为一位有需要的病人取轮椅而耽误10分钟时，任何一名护士都肯定会做出第二种选择。而且，护士在做出这种选择的时候，是无须事先征求护士长的意见的。这就是伦纳德·贝里所描述的基于价值观的权力（Berry and Seltman，2008）。

VBP在医疗保健业中的运用，在很大程度上可以说是为其他产业的服务架构树立了榜样。任何企业都应该有相应的服务标准，但为了把服务转变为关爱，还需要关注其他互补属性，这就是VBP。当价值观根深蒂固地植根于服务人员的DNA中时，他们就不再是简单地依靠操作指南来行事了，不再像一个遵循服务脚本或者SOP的恭顺机器人那样。对于那些把VBP深深地植根于日常行为中的酒店服务人员来说，VBP给了他们授权，他们为了顾客的利益敢于采取积极主动的行为，甚至不再循规蹈矩。上述这些原则融入服务员工的日常习惯当中，会使他们在面对顾客时展示出更高的同理心——个性化关爱，而这构成了顾客关爱的基础。

VBP 的内部化

仅仅创造一套 VBP 并不能保证企业可以成功地从提供服务的企业转变成为顾客提供关爱的企业。企业面对的一个更大挑战是：为了确保把价值观融入每个员工的行为中，就必须使上述原则内部化。通过对亚洲一些领先的服务提供商的观察，更准确地说是对新加坡樟宜机场的观察，考夫曼（Kaufman，2012）总共识别出 12 种有助于使 VBP 在企业中实现内部化的基础模块，分别是：

1. 共同语言

在任何一家企业，尽管企业由相同的愿景和核心价值观所引导，但在领导团队、管理层和员工的服务方面仍然会存在显著差别。无疑，这种差距必然使整个企业的 VBP 内部化变得相对复杂。通过使用相同的服务语言，企业往往很容易在所有员工中培育出一种关爱顾客的文化。

2. 吸引人的愿景

"许多协作者，许多使命，一个樟宜机场"，这是把樟宜机场的所有员工团结在一起的服务愿景。在机场，所有员工——从咖啡店员工到高层管理者——都愿意并且积极主动地为顾客提供服务，哪怕是做最简单的工作，如在机场为正在寻找纪念品商店的旅客指路。机场的所有员工每天都致力于同一个愿景——创造关爱顾客的宜人环境。

3. 员工招聘

招聘具有恰当人格特质的员工，是价值观内部化过程中十分关键的一项工作。例如，以谷歌公司和亚马逊公司等为代表的领先企业都认识到招募有爱心的员工的重要性，把那些优秀的、有着爱心人格特质的员工招进来，会使企业愿景的灌输容易许多。当有人问星巴克公司 CEO 霍华德·舒尔茨（Howard Schultz）是如何确保咖啡店的每个员工以一种始终保持微笑的热情欢迎顾客的时候，他的回答很简单："因为我们仅仅招聘始终有着那种微笑的员工"（Moon and Quelch，2003）。

4. 服务导向

VBP 导向的实施是另一个基础模块。导向通常代表着第一个正式流程，对每个新员工了解和熟悉企业文化是十分关键的。在实践中，有许多有效的服务导向方法可以使新员工尽快熟悉企业的价值观。例如，Zappo 公司是一家位于美国的线上鞋靴与服装商店，该公司要求每个新员工都需要有在不同部门工作的经历，以使他们可以真正理解企业的价值观（Frei et al.，2009）。

5. 内部沟通

企业的内部沟通在提醒员工时刻牢记企业关爱文化方面十分重要。它充当着教育、告知、激励和动员员工的角色。实践证明，内部沟通是十分必要的，可以帮助企业高效地传播企业的价值观，并确保每个员工在各自的行为中牢记相应的行为准则。

6. 认可和奖励

认可和奖励是企业对员工说"谢谢"的有效方式，用以表彰他们在为顾客服务时所付出的辛勤工作与努力。当直接领导给予员工这种认可的时候，这种认可和激励往往有最持久的效果，有助于员工更加致力于采纳和践行企业的关爱文化。

7. 顾客之声

对企业的关爱文化而言，倾听顾客的声音是一项十分关键的基础模块。今天，企业可以通过一系列的线上和线下媒体直接获得顾客的意见、反馈和心声，这对服务的改进和开发都是很重要的。在这里，本书建议企业应该组建一个专门的团队去聆听、了解和分析顾客的反馈。今天的各种应用软件使企业可以分析顾客在线评价其产品或服务时所使用的上百万个词汇和短语。

8. 绩效与衡量标准

为了确保关爱文化的可持续性，例行地衡量绩效（如通过顾客调查）是很有必要的，这可以帮助企业为持续改善服务质量获得反馈信息。此外，企业也需要开发相应的绩效评价体系，以便有效地衡量每个员工在各自的行为中贯彻执行企业价值观的力度。

9. 改进流程

改进流程包括企业对顾客抱怨与反馈信息的分析利用程度以及企业后续采取有效措施来改进服务质量的水平。在这一过程中，准确及时地识别出那些必须立即解决的问题并跟相关部门负责人及时沟通是十分关键的，这将有助于企业形成有效的质量持续改进流程和服务文化持续改进流程。

10. 补救和保证

对企业来说，在提供服务的某些环节出现偏差甚至栽跟头是不可避免的。但比错误更重要的是该企业愿意给顾客提供补偿的诚意程度。从企业内部管理的角度看，企业应该有一个完整的机制来发现和更正在服务中发生的错误，而且如果可能，应尽量在顾客正式投诉之前加以处理。

11. 服务标杆

标杆服务有助于企业参照行业中领先企业的"最佳实践"。这样，企业总能在改进关爱文化的过程中不断进步。实施标杆服务，可以帮助企业去理解并从竞争对手和其他行业的经营者那里学到卓越服务的标准。在服务交付中，所有这些举措都会对服务的改进提供重要参考。

12. 角色榜样

最后需要强调的是，每个人在 VBP 的实施方面都是榜样。公司领导必须在保证这些原则的有效贯彻实施方面以身作则。然而，成为角色榜样不仅是高层管理者的事情，而是各层级领导者必须关心的问题。在梅奥诊所，所有医生和高级护士都需要为新员工树立榜样——如何在医院中运用和实践关爱原则（Berry and Seltman，2008）。

在遵循和实践如上所述的基础模块之后，VBP 就会内部化到企业每个员工的实际行为中，帮助企业构建起一种新的竞争优势——在顾客趋势不断演化的背景下，越来越要求企业跟顾客进行更深入的接触和互动。正如前文讨论的那样，这么做的管理启示是：这势必会进一步促进顾客的推荐行为和效果，对价值融入来说是一个非常重要的属性。从长期来看，这还可以驱动企业实现成长。佐丹奴是一家位于香港的零售公司。该公司正是由于持续地加强关爱文化的内部化，才成功地渗透到亚洲之外的多个市场，如澳大利亚和欧洲的许多地区（如例 12-2 所示）。

例 12-2　佐丹奴国际公司：价值观内部化

佐丹奴国际公司（Giordano International）1981 年在香港创建，现已成长为世界领先的服装服饰国际零售商。公司从 1981 年在香港创建时的单一商店，成长为在亚太和中东地区的 40 多个国家和地区拥有 3 000 多家店的连锁网络。

佐丹奴公司在业务扩张方面的成功是同它优质的服务分不开的。佐丹奴公司不仅将自己定位成一家服装零售公司，而且把自己定位成一家服务提供商——销售体验。作为向顾客提供的关爱服务的一部分，佐丹奴开发出了自己的一套"佐丹奴体验"标准和文化，包括为所有顾客提供温暖的微笑、在商场内无限量试穿服装、免费钉纽扣等增值服务以及更换商品的慷慨政策。

为了支持这种充满关爱的顾客服务的实施，佐丹奴公司还开发了一套针对 5 个方面——质量、知识、创新、服务和简约（Q.K.I.S.S）的 VBP。为了确保这些原则内化到员工的行为中并真正得到践行，佐丹奴公司还推出了一些卓越项目。

招募

佐丹奴公司严格执行新员工的挑选流程。新员工的招募，不仅需要

> 考虑其技能水平，而且需要衡量其跟企业价值观的相容性。
>
> **服务导向**
>
> 佐丹奴公司鼓励新员工成为拥有对企业高忠诚度的"内部企业家"。佐丹奴公司也会对员工进行培训，使其了解企业各种经营的细节。这么做的目的，是让员工可以了解企业的内部流程，从而使他们可以为顾客提供最优化的服务和支持。
>
> **绩效衡量**
>
> 为了进一步确保每家分店及其员工对顾客践行关爱原则，佐丹奴公司还会对分店和员工个人的绩效水平进行定期评估。
>
> **奖励和认可**
>
> 佐丹奴公司对那些在日常行为中恰当地展示了企业价值观的员工给予认可并进行激励。公司推行内部竞争，旨在进一步促进和动员员工改善绩效，其中一种方式是赢得"最佳服务店"称号。
>
> 资料来源："*Company Info*"，www.giordano-me.com; Kotler *et al.*（2003）.

从流程到协作

除了服务，价值创造的另一个方面是流程。毋庸置疑，流程肯定是市场营销中一个十分重要的因素。企业现有流程——从原材料的采购、制造过程到把产品和服务交付到用户手中，其效果和效率决定了产品的质量、企业发生的成本和产品或服务的交付速度。质量、成本和交付（quality, cost and delivery，QCD）是衡量企业现有流程是否成功的三个关键词。一种比较理想的情况是，为了生产和交付高质量产品，降低成本以及保证及时交付，企业应该对价值链中尽可能多的流程进行管理。

市场营销过程中的各种要素不仅十分关键，而且由于这些要素跟供应方和需求方的效率和效果密切相关，还相当复杂。此外，使情况变得更复杂的是：企业不仅需要管理内部流程（部门之间的），而且需要对外部单位

（如供应商、零售商和物流提供商）参与的流程进行管理。

幸运的是，网络技术的发展为企业提供了许多更新、更便捷的方式来管理供应链。网络不仅有助于实现更便捷的订购、发货、支付和采购等业务交易，而且有助于进一步改善企业内部和跨企业的协调与协作。这进一步促进了供应链管理中的新趋势——新的协作方式——以实现成功的、可持续的业务流程（Attaran and Attaran，2007）。全球商务协会（GCI）发布的一份有关未来价值链的报告得出了同样的结论："为了构建更加富有效率和效果的价值链以更好地服务于顾客需求，进一步推动价值链中所有群体的协作是十分必要的"（GCI and Capgemini，2008）。

协作也可以对企业的利润产生积极影响。一项由美国市场营销协会（AMA）进行的研究结果显示，供应链协作可以给价值链中各类参与者带来3%的边际利润增长。沃尔玛公司就是一家通过协作获得显著成功的例子。在沃尔玛同宝洁公司进行的一项称为"协作预测与补货"（CFAR）的计划中，两家公司的管理者共同为预测宝洁商品在沃尔玛超市的出售做准备并规划补货战略（Chopra and Meindl，2001）。

在价值链管理环境中，协作的准确含义是什么呢？汤姆森（Thomson，2001）把协作界定为自治的独立个体通过正式和非正式的协商、共同建立规则、确定关系治理结构来进行互动的过程，其中涉及双方的决策方式或就他们所共同关心的问题进行沟通的方式。同时，协作也包括基于共同规范和共同利益而互动的过程。从这个定义可以看出，本书所说的协作是一种超越了一般意义的合作和协调、更高层次的集体行动（Thomson and Perry，2006）。在《协作：寻找多方问题的共同背景》一书中，加里（Gary，1989）指出，尽管一般意义上的合作和协调可能在协作的早期就出现了，但协作实际上体现了一种更长期的整合过程。通过协作，看到了彼此差异的不同群体可以建设性地共同探索问题并寻求相应的解决方法。

与之前的观点一致，全球商务协会和凯捷管理顾问公司（Capgemini，2008）描述了未来供应链的一些关键特征。其中一个关键特征就是通过以下几个方面进一步强化彼此之间的协作：

- 未来的模型会基于关键利益相关者——消费者、供应商、制造商、物流提供商和零售商之间的多方信息共享。
- 制造后的产品会被运输到协作的批发商——多家制造商共享的批发商那里。
- 协作运输会将产品发送到城市枢纽和地区联合中心。
- 非城市地区有地区联合中心，产品在那里可以为最终配送进行分拣和交叉转运（协作的非城市分销）。

协作：两种类型和三个等级

考虑到协作中涉及的群体的不同，可以把协作划分为两种类型，即上游协作和下游协作。同时，根据协作中涉及的群体之间的关系的深度，又可以把协作划分为三个等级（如图 12-2 所示）。

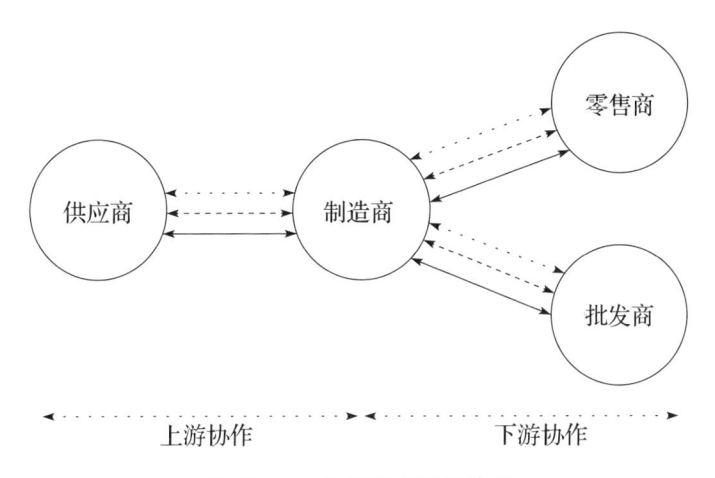

图 12-2 协作的类型与等级

其中，上游协作通常发生在制造商和供应商之间。协作可以采取同步制造安排、协作产品研发和许多其他诸如此类的共同过程的形式建立。卜蜂集团（Charoen Pokphand）是泰国一家最大的饲料制造和禽畜养殖的私人公司。该公司使用了一种同当地饲养员协作的系统来获得家禽的有限供应。另外一个例子是谷歌公司，其安卓商店是跟来自全世界的独立应用开发商协作的平台。

下游协作发生于企业同其分销渠道（如批发商或者零售商）之间。在这方面，一个经典的例子是一家消费品公司同一家现代零售商之间的协作需求计划，即通过一体化的存货体系的建立来帮助管理存货并避免缺货。另一个例子是航空公司和酒店与在线旅游代理（online travel agent，OTA）协作来出售服务。随着双方预订系统的整合，顾客可以便利地获得一系列的信息（从航班到可预订的房间），还可以进行价格的比较。而且，飞机票和酒店都可以通过 OTA 来下订单。比起那些单一的航班或者酒店网站来说，顾客通过使用 OTA 网站服务，可以在旅程计划中有更多样的选择。

最后，基于参与群体的关系的深度，可以把协作划分成三个等级。第一个等级是协作交易管理，第二个等级是协作事件，第三个等级是协作流程管理。艾哈迈德和乌拉（Ahmed and Ullah，2012）对这三个等级作了以下描述：

- **等级一**：协作交易管理的特征是大量数据交换和以经营问题或任务为中心的任务协同。计分卡协作方案就是第一个等级协作关系的例子。
- **等级二**：第二个等级的协作的特征是围绕特定事件（如新产品投放）和协作焦点（如促销）联合制定相应的计划活动。
- **等级三**：协作流程管理指的是基于知识共享和共同决策制定的更具战略性的协作。这个等级的协作往往包括共同的问题解决、长期的商业计划协作和更加一体化的供应链流程等。

参考文献

Ahmed, S and A Ullah (2012). Building supply chain collaboration: Different collaborative approaches. *Integral Review*, 5(1), 8–21.

Anderson, K (1998). *Delivering Knock Your Socks Off Service*. New York: AMACOM.

Attaran, M and S Attaran (2007). Collaborative supply chain management: The most promising practice for building efficient and sustainable supply chains. *Business Process Management Journal*, 13(3), 390–404.

Berry, LL and KD Seltman (2008). *Management Lessons from Mayo Clinic: Inside One of the World's Most Admired Service Organization*. New York: McGraw-Hill.

Buell, RW, A Raman and V Muthuram (March 24, 2015). Oberoi Hotels: Train Whistle in the Tiger Reserve. *Harvard Business School Case*. Boston: Harvard Business School

Publishing.

Chopra, S and P Meindl (2001). *Supply Chain Management: Strategy, Planning, and Operation*. Upper Saddle River: Prentice Hall.

Frei, FX, RJ Ely and L Winig (October 20, 2009). Zappos.com 2009: Clothing, Customer Service & Culture. *Harvard Business School Case*.

Gray, B (1989). *Collaborating: Finding Common Ground for Multiparty Problems*. San Francisco: Jossey-Bass.

Giordano (2016). Company Info. http://giordano-me.com/about-us/company-info/ (last accessed August 1, 2016).

Global Commerce Initiative (GCI) & Capgemini (2008). *2016: The Future Value Chain*. Paris: Global Commerce Initiative.

Hont, R, D Klimek and S Meyer (2016). Digital Disconnect in Customer Engagement. *Global Consumer Pulse Research*, Accenture.

Kaufman, R (2012). *Uplifting Service: The Proven Path to Delighting Your Customers, Colleagues, and Everyone Else You Meet*. Ashland: Evolve Publishing.

Kotler, et al. (2003). *Rethinking Marketing: Sustainable Market-ing Enterprise in Asia*. Singapore: Prentice Hall.

Moon, Y and JA Quelch (July 31, 2003). Starbucks: Delivering Customer Service. *Harvard Business Case*.

Reichheld, F and B Markey (2011). *The Ultimate Question 2.0 (Revised and Expanded Edition): How Net Promoter Companies Thrive in a Customer*. Boston: Harvard Business Review Press.

Thomson, AM (2001). *Collaboration: Meaning and Measurement*, PhD diss., Indiana University, Bloomington.

Thomson, AM and JL Perry (December 2006). Collaboration Process: Inside the Black Box. *Public Administration Review*.

结 语

全球区域本土化的心态
从亚洲走向世界

MARKETING FOR
Competitiveness

全球化有助于企业把自己的市场范围拓展到当地政治边界以外的区域。在全球化早期，当地品牌与外国品牌之间存在着显著差异。尽管当地的产品通常很便宜，质量也较差，但更符合当地条件。进口产品，特别是西方的进口产品，不仅价格高昂，而且因为不符合亚洲的产品规格要求而出现更多问题。反之亦然。一家试图走向国际化的亚洲国际公司，在需要适应新的更高标准的时候，也可能经常会遇到这样那样的问题。

这就要求亚洲企业在走向全球的时候，在追求标准化流程和适应当地市场之间保持适当的平衡。虽然标准化的流程可能会提高国际运行的效率和一致性，但也有观察家发现：适应当地市场可以给企业带来优势。支持标准化的最有力的论据之一，就是哈佛大学市场营销教授莱维特（Levitt，1983）所说的："只有国际化公司才会通过专注于所有人想要的东西来取得长期的成功，而不是担心每个人认为自己喜欢什么"。他的论点是把世界看成一个整体市场。在这个市场上，顾客的需求基本上是相同的，这在很大程度上是由或多或少的相似期望和生活方式造成的。因此，他说，跨国公司不应该考虑太多的不同地区的细微文化差别和顾客的个人喜好。相反，它们应该只专注于满足全球都一样的那些期望。

莱维特认为，信息技术和交通运输的发展形成了大同世界，人们基本上都有类似的内在需求——使自己的生活更轻松，节省更多时间，提升自己的购买力。因此，他认为，跨国营销者必须考虑生产、分销、营销和管理的标准化是怎样有助于实现规模经济和降低成本，进而为顾客提供更大价值的。

然而，正如我们所看到的，随着区域化的出现，顾客接受的全球价值绝不会完全的标准化。因为每个地区相对于另一个地区而言，都有着不同的特点，所以企业应该有协同的区域战略。最后，同样重要的是：在每个区域内的每个国家的策略也都应该本土化。因此，亚洲企业——特别是想要在当地市场之外扩大业务的企业——我们建议它们采用3C准则，我们称之为全球区域本土化的心态。为了在日益数字化的顾客心目中占据一席之地，企业必须通过更加水平化的新浪潮营销来实施这个准则。

在 3C 全球区域本土化准则中，第一个 C 代表一致的全球价值（consistent global value）。企业向顾客提供的价值包括三个新浪潮元素：人格（新品牌）、关爱（新服务）和协作（新流程）。考虑到开发成本相对高昂，营销人员必须对这三个要素进行标准化。如果品牌的某个特性得到了全世界消费者的高度认可，那么该品牌本身就具有巨大的优势，这也是为什么无论在哪里都必须使这一人格特性元素标准化，以便在顾客的心目中建立起同样的关联、感知和形象的原因。

为了建立这样一个始终如一的全球价值，跨国公司不应仅仅依赖于品牌人格活动，还需要关注另外两个需要标准化的价值要素：关爱和协作。特别是就关爱而言，标准化并不意味着企业的所有员工都要实行同样的服务方式。关爱的标准化是通过基于价值观的原则来实现的，这些价值观原则在企业的各个不同地方都是一致的。每个员工都应该感到有权独立地做出大胆的决定——和企业的价值观原则保持一致——以为顾客提供最好的价值。这有助于强化企业在顾客眼中的独特性。

同时，协作过程也需要标准化，以便企业无论在哪里运营都能创造出一致的协作模式。在某个国家或地区已经得到证明的最佳做法，可以复制，并作为全球标准。实践中，标准化既包括协作类型的标准化（上游协作或下游协作），又包括协作等级的标准化（等级 1：协同交易管理；等级 2：联合计划活动；等级 3：协作流程管理）。

第二个 C 是协同的区域战略（coordinated regional strategy）。新浪潮营销战略包括社区化（新的细分市场）、确认（新的目标市场）和角色说明（新的定位）。正如本书前面所讨论的，亚洲有不同的文化群体，因此，实施协同区域战略的亚洲企业往往可以更好地为顾客提供服务。事实上，尽管社会文化存在多样性，但有三个社区（亚文化）对亚洲市场的活力有着重大的影响：青年、女性和网友。这三个亚文化的复苏在亚洲是很常见的现象，因此，企业在区域层面上也需要有共同的战略。

第三个 C 是定制的本地战略（customized local tactic）。新浪潮战略包括编码（新的差异化）、新浪潮的营销组合和商业化（新的销售）。其中，编码主要涉及如何将本企业与竞争对手真正区别开来，需要在当地层面进行定制。然后，将编码结果转化成新浪潮的营销组合和商业化技术，其中，后两者也必须在当地进行定制。

总之，瞄准国外市场的亚洲企业要平衡如上三个要素（3C）——一致的全球价值、协同的区域战略和定制的本地战略。在接下来的章节中，读者将会看到有效地实施3C的亚洲成功企业，它们都从这些方法中获益匪浅：无论是本土冠军企业、区域企业，还是跨国公司，都是如此。

参考文献

Levitt, T (May–June 1983). The globalization of markets. *Harvard Business Review*, 61(3), 92–102.

第 13 章
亚洲本土冠军

> 工业巨头——尽管拥有新技术、顾客关系管理等——但面对一家想要独树一帜、实施亲密型策略的本土企业——总显得十分笨拙。
>
> ——汤姆·彼得斯（Tom Peters）

在任何市场上，本土企业都是最坚韧的利基市场竞争者。全球本土化现象也凸显出全球企业会根据当地顾客的喜好来调整自己的产品，以更有力地与本土企业展开竞争。当今，跨国公司对同行企业似乎并不太焦虑，它们会有或多或少相似的商业模式，采用类似的战略。大型跨国公司拥有精良而复杂的系统和标准化的产品，但在进入新的本地利基市场的时候，不可避免地会受到当地文化的冲击和阻碍。另一方面，那些小型的本土企业在满足当地顾客需求方面却相对敏捷，而且往往很难预测，因此它们在自己已经根深蒂固的市场中几乎是不可战胜的（Kotler et al., 2007）。

那么，这些本土冠军企业的制胜策略是如何在有众多产品和服务选择的市场中赢得顾客尊重和顾客忠诚的呢？成功的本土品牌是如何在全球化和高度竞争的环境中继续保持有利的地位的呢？为了成为本土冠军，企业依靠民族主义情绪当然不是一种可持续的战略。对当地市场的更好的了解，应该能够转化为可以更好地满足当地消费者渴求和欲望的产品和服务。这应该由一个拥有专业文化人士的强大的营销组织来巧妙地支持。此外，席卷亚洲国家的数字技术革命，也为本土企业开发出低预算但影响力大的营销战略和策略提供了机会。

虽然亚洲地区特别是发展中国家的大多数本土冠军企业往往因拥有垄断地位（由于政府的管制）而成为强大的企业，但亚洲市场已经开始越来越开放，这导致竞争加剧。在这种情况下，为消费者提供的战略、策略和价值观是本土冠军企业保持统治地位的关键所在。本章汇编的案例表明，本土冠军企业必须做出努力来应对不断加剧的竞争——由于国内市场开放，本土冠军企业面临着来自区域化和全球化公司的入侵和威胁。这些案例还突出反映了它们应该如何去努力实现自己的价值，在各自的国家和地区吸引越来越多的数字化消费者。

老挝航空公司

老挝的经济状况和东盟航空市场

老挝，或者正式地说，老挝人民民主共和国（LPDR），是一党执政的社会主义共和国。尽管2014年人均国民总收入（GNI）仅有1 600美元，被视作中低收入经济体，但老挝仍然是东亚和太平洋地区增长最快的经济体之一。在过去十年里，其国内生产总值增长率平均为7%。国家自然资源——主要是水、矿物和森林使用量增加，它们贡献了1/3的经济增长。当然，区域一体化的不断增强推动了旅游业和外商投资的发展，随之建筑业和服务业也有所增长（The World Bank，2016）。

由于电力产业的发展和东南亚国家一体化协作的日益增多，老挝的经济前景依然十分广阔。作为东南亚国家联盟（简称东盟）的成员，老挝正在加强与区域经济和全球经济的融合。老挝是2016年东盟的主席国，之前马来西亚担任过荣誉主席国。到2015年年底，东盟经济共同体的成立进一步促进了该区域的货物、服务、资本和高技能劳动力的流动。东盟作为单一市场的整合，也有望进一步推动老挝的经济发展。

航空运输行业一直处于东盟经济共同体的关注中心。近几年来，东盟航空实现了显著的增长。2009—2013年四年间，东盟航空的乘客总量实现了两位数的增长，低价位的运输市场份额从2003年的13.2%大幅增长到了2014年的57%。东盟作为世界发展最快的航空市场之一，具有巨大的增长潜力。这个行业的增长，是与本地和区域的消费者日益增长的需求支持分不开的。自2010年以来，东南亚的客运量增长了9%以上，东南亚的交通量预计在未来20年还将增长7.7%。会实现上述增长，有一个十分重要的原因——在组成东盟的十个国家中，几乎所有国家都有日益强大的国民经济和不断扩大的中产阶级，这为航空公司创造了有利的环境（CASEA，2016）。

考虑到航空业在东盟的重要性，东盟已经制定了"开放天空"政策，呼吁规划航空业与旅游业进一步整合的路线图。该路线图旨在推动制定东盟的目标和时间表，以便完善2015年开始实施的开放天空政策的所有必要框架。实际上，使东盟开放天空政策得以实施所需要的框架已经基本建立，其中包括东盟关于全面开放空运服务的多边协定、东盟航空服务多边协议以及东盟关于客运航空服务全面化的多边协议。有了这些协议，任何东盟成员国指定的航空公司都可以在本国和成员国的任何国际机场之间有计划地提供客运和货运服务，然后运送到另一个成员国的国际机场，没有容量和时间表方面的任何限制。实现地区的开放天空，是建立东盟单一航空市场的重要组成部分，旨在促进航空业各个方面的深化整合，包括航空服务自由化、航空安全和空中交通管理等。这样的一体化，为东盟航空业的扩张创造无数机会铺平了道路。由于竞争日益严峻，这一过程并非没有挑战。竞争氛围不断加剧，是因为更多独立的外国企业开始进入国内市场。这种不断加强的竞争，是外国企业进入日益自由开放的商业市场的必然结果。

老挝航空公司：历史与竞争

作为一家国有企业，老挝航空公司（Lao Airlines）是老挝的国家航空公司，总部设在万象，既有国内航班，又有国际航班，如飞往柬埔寨、中国、泰国、越南、新加坡和韩国等国。未来计划重新规划，包括在东盟内部以及中国香港、中国台湾和日本开通相关航线。公司的主要经营场所是万象国际机场（老挝航空公司官方网站，2016）。

公司的历史始于 1976 年 9 月，是由当时的众多航空公司以及皇家航空公司和老挝航空公司合并而成的，1979 年成立公司，名为 Lao Aviation。这家国家性的航空公司最初从西方飞机混合编队（包括道格拉斯 DC-3、DC-4）起步，经营国际和国内航线。公司还有一队直升机，为更偏远的地区提供服务。2000 年，中国云南航空公司和老挝政府成立合资公司，后来重新收归国有，命名为 Lao Aviation。2003 年，公司更名为 Lao Airlines（老挝航空公司）。

相对于老挝国内其他航空公司，老挝航空公司是市场的主导者。当地竞争对手包括老挝天桥航空公司（Lao Skyway）和老挝中央航空公司。其中，老挝天桥航空公司原名是老挝空中航空公司（Lao Air），2002 年 1 月 24 日成立，是提供直升机包机服务的民营航空公司。今天，老挝空中航空公司经营众多国内航班。该公司计划扩大业务，增加更多的国内目的地，同时也在寻求扩大国际航线。

老挝中央航空公司是一家私营航空公司，总部设在万象，机队规模居第二位。该航空公司成立于 2010 年 5 月，主要服务于国内和地区市场。该公司是一家高级航空公司，为乘客提供全面服务，具有独特的老挝体验，其使命是成为一家亚洲领先的航空公司，利用领先的技术和系统来强化安全、顾客服务和价值。老挝中央航空公司经营国内航线和定期到泰国曼谷的航班。2013 年，新的目的地包括河内、昆明、暹粒、金边。但遗憾的是，老挝中央航空公司于 2014 年停止了运营。

本地策略

老挝航空公司在国内市场拥有强势地位，因此它的主要重点应该放在维系现有顾客方面。作为东盟开放天空政策的结果，外国企业的进入是预期之内的事情，应该密切关注。老挝航空公司需要采取具体步骤提前做好相应的准备。老挝航空公司已经意识到了这一点。公司于 2014 年 2 月官方推出了常旅客计划，这一忠诚计划被称为皇冠老挝（Champa Muang Lao）计划，专门为常旅客提供大幅优惠，如免费门票、特权服务和附加便利服务等。

虽然老挝的互联网普及率仍然很低——到 2015 年年底仅达到 14.3%，但老挝航空公司已经采取措施优化网站功能，更好地利用网站作为其建立更深层次顾客关系的平台。不少航空公司也在利用数字技术的进步来为其业务流程提供支持。在这种情况下，老挝航空公司不甘落后，积极地通过网站在线预订给顾客提供便利。

另外，老挝在线旅行代理（OTA）的发展也为航空业带来了新的机遇。而且，越来越多的数字化消费者也有助于扩大宣传。在老挝提供在线服务的几家著名旅行代理中，tourismlaos.org 和 laostravel.com 是其中的佼佼者。在水平化的新浪潮营销时代，这些 OTA 可以作为潜在的协作伙伴，充分利用旅行分销业务的演进动态。以老挝航空公司为例，下游协作可能是特别有意义的。其中，OTA 作为航空公司的延伸，可以接触到更多的顾客信息。显然，如果有整合在线预订系统的适当支持，这种协作将会是最佳的。

在这些举措的推动下，老挝航空公司在面对即将到来的国内市场上的外国竞争对手，特别是来自邻国的航空公司时，就会更加游刃有余。此外，与当地社区建立联系的方法也有助于老挝航空公司了解国内顾客的担忧和欲望。由于了解当地市场，老挝航空公司能够设计出最适合当地旅客的忠诚度计划。

UFC 集团

UFC 集团成立于 1942 年，名为"Idesh Tejeeliin Kombinat"（字面意思是"食品集"），当时是蒙古人民共和国的一家国有独资企业，位于乌布苏省。直到 1997 年，它仍然由政府所掌控。之后，私营业主把它收购了，改名为"Uvs Hüns"。为扩大业务，该公司在 2006 年开始使用现在的名字——UFC 集团。2011 年，蒙古商会把 UFC 集团列为蒙古国前 10 家公司之一。

UFC 集团公司生产和销售多种 100% 天然及纯生态产品，包括伏特加、软饮料、纯天然浆果汁、沙棘汁、纯净矿泉水和碘盐。除了生产饮料，UFC 集团还提取天然成分生产面包和饼干。2009 年，公司的实验室通过了 ISO 9001 认证，所有产品在进入商店之前都要通过实验室的严格检测。

UFC 集团的高档伏特加酒品牌是 Chinggis Silver，在国内市场和国际上都保持着很好的质量，产品出口到韩国、德国、比利时、英国、瑞典等多个国家。公司还有一个伏特加品牌——Moritoi Chinggis。2010 年和 2011 年，在布鲁塞尔的 Monde Collection 评选中，该品牌获得了"大金奖"荣誉称号。

与此同时，UFC 集团还提供一种更卓越的产品——利用沙棘油加工的一种天然果汁。沙棘是生长在平原上的野生落叶灌木。沙棘的果实和叶片富有营养，具有很高的药用价值，成分丰富，包括维生素 A、B1、B2、C、E、P、类胡萝卜素、黄酮类、植物甾醇。长期以来，沙棘一直用于传统医药。今天，沙棘广泛地应用于 200 多种工业产品，包括化妆品以及治疗癌症、心脏疾病、肝脏疾病、烧伤和大脑疾病等的挽救生命的药物和药草。由于具有高含量的抗氧化剂，沙棘油还广泛地应用于抗炎、抗菌、抗辐射、抗衰老、镇痛以及促进组织再生等方面。

UFC 集团的本地行动

在 UFC 集团所处的天然饮料行业，丰富的原材料供应是保持其业务可持续发展的重要因素。鉴于需求不断增长，即使 UFC 集团不能单靠自己的种植园来满足原材料需求，丰富的原材料供应也的确是公司建立竞争优势的重要因素。在当前这个互联互通的时代，竞争优势可以通过与其他利益相关者——政府、其他企业和供应商的协作来建立。

UFC 集团的旗舰产品——天然沙棘汁和沙棘油在其他地方找不到原材料。这也就是 UFC 集团需要与各方协作确保供应充足的原因。幸运的是，政府特别关注具有很高价值的园艺产品种植园。基于国家沙棘和绿墙计划框架，沙棘种植一直在上升。在全国沙棘计划实施之前，直到 2009 年，用于园艺栽培的 1 200 公顷土地的 80% 都种植沙棘。在 2010 年 3 月得到批准之后，种植面积翻了一番，达到 2 210 公顷。同时政府赞助了一部分沙棘种植园，个人和私营企业部门的投资也在增加。到 2011 年，沙棘种植面积已经达到 4 000 公顷，2012 年年初进一步扩大，达到 6 000 公顷。

除了政府和以 UFC 集团为主导的行业参与者之外，还有其他几个主要的沙棘种植和加工实体，包括乌布苏沙棘有限责任公司、恩图姆投资有限责任公司、冈噶有限责任公司、汗吉姆有限责任公司和托乌克红吉姆有限责任公司。此外，还有许多小微企业和家庭种植沙棘并生产沙棘汁。

从事沙棘种植的许多利益相关者都存在着某种协作关系，但这些伙伴关系中的大多数并不是很有成效。供应链中的反馈机制很少，协作活动的最终结果并没有在所有参与者中得到积极分享——这种益处几乎不会传递下去。现代耕种和收割机械技术的局限性也导致作物的收获量只有 50%～70%。这表明现有的内部资源并没有得到最有效的利用。

在这个互联互通时代，UFC 集团可以利用信息技术支持同多个企业和沙棘当地种植者的协作。提供关于庄稼、种植气候和技术发展等方面的准确信息，有助于改善协作过程。交易市场的价格信息、原材料供应量和国际需求等，也有助于沙棘汁和沙棘油的生产商维持动态的生产能力，以满足市场需求。如果能够对供需双方进行进一步的优化，全国所有的利益相关者都将从中受益匪浅。

在这方面，UFC 集团正致力于利用数字化渠道，不断提高沙棘纯天然产品的市场知名度，尤其是在国际市场的知名度。公司力求向市场传达有关其产品系列的各种特点和优势。然而，网站方面却存在着限制：内容以当地语言呈现——应该把网站内容翻译成英文，以吸引全世界的潜在顾客。

华和百货商店

华和百货商店（Hua Ho Department Store）是由华人丕显拿督刘锦国（Pehin Dato Lau）创办的，是文莱最大的超级市场连锁店之一，也是零售产品、杂货和新鲜农产品的领先供应商。刘锦国最初在橡胶园的一个小屋中开了家店铺，在自行车上将自己的农产品售给当地的居民。他1947年创办了华和，1982年开设了第一家超市。目前，华和旗下拥有9家大型卖场，如森库荣、伽东2、迷你市场、克优莱普、亚亚桑、德里玛、芒杰思、布纳特和都东路的佩塔尼购物中心。公司的成功，很大程度上是因为它一直致力于以优惠的价格向文莱人提供最优质的产品和服务。

作为华人社区领袖，刘锦国积极参与文莱政府与华人社区的联系，以增进双方之间的良好关系。鉴于刘先生对华人社区和政府活动的努力和承诺，他于2004年4月21日被文莱达鲁萨兰国国王苏丹授予"丕显甲必丹"荣誉称号。2006年7月15日，在苏丹60周年诞辰之际，刘先生被授予"拿督巴杜卡"头衔，这是一种荣誉表彰。2008年8月29日，为表彰刘先生在文莱达鲁萨兰国的业务成就，位于马来西亚吉隆坡的一家非政府组织——企业亚洲组织（Enterprise Asia）授予他"亚太企业家终身成就奖"（Suryadinata，2012）。

除了零售业务，刘锦国还设立了几家华和农场，供应蔬菜、水果、鸡和鸡蛋。百货公司也开始利用自己的内部品牌——博努斯（BONUS）涉足制造领域，生产博努斯面巾纸和华和反渗透水。今天，其经营范围进一步扩大，包括婴儿湿巾、洗涤剂、洗手产品以及电烤箱、水壶、风扇等各种电子产品（Too，2012）。2000年，他成立了华和文化基金会，帮助保护和促进华人文化。基金会的活动包括开办华人书法班及向贫困家庭学生提供财政支持。

本地忠诚度计划

为了表示感谢和回报忠实的顾客，华和超市实行积分奖励计划"H2"，来该商店购物的顾客可以获得积分，可用积分兑换商店销售的各种商品。H2 积分卡主要适用于 6 家华和大卖场，即克优莱普、德里玛、都东路、伽东 2、迷你市场和玛佬特。2008 年，华和百货商店为四个网点推出了 SYMB 奖金卡，这四个网点分别是森库荣、亚亚桑、芒杰思和布纳特。这两种忠诚卡通过不同的奖励系统进行操作，最终达到同样的目的：为有价值的顾客提供最有利可图的奖励和最佳的购物体验。

在实施自己的忠诚度计划的同时，华和百货商店还与其他公司展开合作。在这方面，一个成功合作的例子就是跟百都瑞银行（Baiduri Bank）——总部设在文莱的商业银行的合作，这个合作项目称为"购物大赢家"。当顾客使用自己的百都瑞信用卡或借记卡，连同自己的华和 H2 特权卡在华和百货商店的德里玛、伽东 2、克优莱普、布纳特和都东使用时，该项目可以给百都瑞持卡人提供一次抽奖机会。每张购物小票的购物金额超过 50 文莱元时，就可以参加一次华和百货商店幸运大抽奖机会（Borneo Bulletin，2016）。

除了采用传统的方法，数字技术的进步也为包括华和百货商店在内的零售商制定更多的富有创意的顾客忠诚度计划铺平了道路。文莱达鲁萨兰国是互联网和手机渗透率相对较高的亚洲国家之一，分别为 74.2% 和 115.2%（GSM Association，2015）。通过使用数字技术来支持顾客忠诚度计划（例如，通过短信提醒、电话或网站检查点），华和百货商店可以加强其在文莱不断增长的数字消费者中的地位。

鉴于文莱达鲁萨兰国的互联网和手机用户众多，华和百货商店还应该密切关注电子商务领域的新机遇。世界乃至亚洲都有增长的趋势，其中零售市场正在从实体零售向快速增长的电子商务渠道转变。电子商务在零售商和品牌所有者中迅速崛起。例如，中国正在成为世界上最大的电子商务市场。普华永道的报告表明，电子商品零售商是电子商务的主要受益者

（PWC，2015）。拥有自己的电子产品系列的华和百货商店不应该忽视这一趋势。

参考文献

Association of Southeast Asian Nations (ASEAN) (2015). ASEAN Single Aviation Market: One Sky, One Region. www.asean.org (last accessed May 13, 2016).

BBC News (December 18, 1999). Macau and the End of Empire. *BBC News*. http://news.bbc.co.uk/2/hi/asia-pacific/566301.stm (last accessed May 16, 2016).

Borneo Bulletin (January 7, 2016). 'BIG Shopping Win' at Hua Ho Dept Stores. *Borneo Bulletin*. http://borneobulletin.com.bn/big-shopping-win-at-hua-ho-dept-stores/ (last accessed May 15, 2016).

Civil Aviation South East Asia Summit (CASEA) (2016). Concept. http://civilaviationsea.com/index.php?r=page/Category/index&class_id=13 (last accessed May 13, 2016).

GSM Association (2015). *The Mobile Economy: Asia Pacific 2015*. London: GSM Association.

Kotler, P, H Kartajaya and Hooi, DH (2007). *Think ASEAN*. Singapore: McGraw-Hills.

Lao Airlines official websites. http://www.laoairlines.com/ (last accessed May 12, 2016).

Macao Government Tourism Office (MGTO) official website. http://en.macaotourism.gov.mo/main/aboutus.php (last accessed May 16, 2016).

PricewaterhouseCoopers (2015). *2015–16 Outlook for the Retail and Consumer Products Sector in Asia*. Hong Kong: PricewaterhouseCoopers.

Suryadinata, L (2012). *Southeast Asian Personalities of Chinese Descent: A Bibliographical Dictionary*, Vol. 1. Singapore: Institute of Southeast Asian Studies.

Too, D (July 18, 2012). Hua Ho's New Branch to Target Malaysian Shoppers. *The Brunei Times*. http://www.bruneitimes.com.bn/business-national/2012/07/18/hua-hos-new-branch-target-malaysian-shoppers (last accessed May 15, 2016).

UFC Group official website. www.ufc.mn/ (last accessed May 14, 2016).

The World Bank (April 2016). Lao PDR Overview. http://www.worldbank.org/en/country/lao/overview (last accessed May 13, 2016).

第 14 章

亚洲区域企业：
亚洲化愿景，本土化行动

> 争做亚洲领先的线上时尚企业。
> ——Zalora 的标语

据统计，全球有一半以上的人口居住在亚洲（GSM Association，2015），这使亚洲成为各行业最具潜力的市场之一。此外，亚洲也是全球经济的发动机，在 2015—2016 年实现了 5.4% 的稳健增长（International Monetary Fund，2015），而 2016 年全球增长率约为 3.6%。中产阶级财富的增加推动了经济的增长，同时亚洲政府也积极支持经济的增长，许多国家都在实施结构改革并加强宏观政策指导。

亚洲不是一个容易进入的市场，对于西方的全球企业来说更是如此，一些跨国公司不得不退出亚洲市场。2008—2009 年席卷美国和欧洲的经济危机，在亚洲对一些全球企业造成了沉重的打击，尤其是银行业。国内市场的资本和利润压力，迫使一些欧洲和美国的大银行完全撤出了某些市场，关闭了在亚洲的业务。实际上，这也给亚洲的银行业提供了加强自己在亚洲市场中竞争地位的机会。安永公司的一份 2015 年亚太地区银行业报告指出，"随着全球企业缩减规模并从该地区撤出，来自日本和东盟的银行正在亚洲建立其主导地位。在过去五年里，随着区域内贸易往来和客户地理位置的扩展,这些实力和资金雄厚的本土企业扩大了其区域市场范围"。

本土企业在亚洲拓展的机会当然不仅仅局限于银行业。亚洲的本土领先企业已经在国内建立了坚实的商业基础,它们有能力利用上述机会进入更广阔的区域市场。这些公司在亚洲有着伟大的愿景——也许最终是迈向世界的——但它们可以根据当地人的喜好有效地调整自己的策略。

本章介绍了一些亚洲公司的案例,它们已经开始或已经成功地扩展了国内市场以外的业务。这些企业已经成功地将区域战略和本土化的营销策略结合起来。在数字时代的背景下,本章立足于互联网和移动技术,探讨了企业制定更高水平营销方案的举措。

Zalora

电子商务早已在美国、英国和欧洲等市场取得了成功。尽管亚洲地区的时尚业并不发达,但包括ASOS和Zappos等在内的在线时尚网站已经建立起强大的市场业务。在过去十年里,电子商务在西方飞速发展,但亚洲却主要由几个小型的博客店在主导,它们来自新加坡和马来西亚等国,主要是在线销售衣服和配饰。2012年3月,随着Zalora的诞生,这种情况开始发生变化。

Zalora公司总部设在新加坡,是一家网络时尚零售商,已经跨区域扩展到文莱、菲律宾、泰国、越南、印度尼西亚、澳大利亚和新西兰等地。

该门户网站在线销售服装和鞋类产品,经营包括芒果、耐克、彪马、卡西欧、CK、李维斯等400多种流行时尚品牌,产品种类多样,购买便利,只需点击几下鼠标,就可以在网站上购买商品——千禧世代特别喜欢这样做。Zalora得到了Rocket Internet的支持,后者是一家总部设在柏林的德国互联网公司,在美国和欧洲的几家成功企业中都有股份,现在正积极开拓包括亚洲在内的其他地区市场。大约有1亿美元的资金来自Rocket Internet的金融伙伴——其中包括像摩根大通这样知名的公司——Zalora在短短一年的时间里实现了快速成长,在亚洲覆盖了 16 000 个城镇,在多个国家积累了 500 000 人的顾客规模(Kotler et al.,2014)。

品牌全球化,视野区域化

Zalora 迅速成为亚洲地区成长最快的在线时尚零售商之一,得到了许多品牌的支持——甚至包括凯特·丝蓓(Kate Spade)和史蒂夫·马登(Steve Madden)等品牌——这些品牌之前并没有把该地区列为目标市场。Zalora 展开了多元化经营,同时涉足美容、护发和护肤产品。而且,超过一定金额的订单会免费送货,以激励顾客大量购买。其网站还提供了 30 天免费退货的政策,以解决顾客在购买商品之前无法试用的问题。

Zalora 采用一系列数字营销手段来赢得新顾客和吸引老顾客。鼓励新顾客在公司网站上注册并同意接收"实时信息",以便及时把有吸引力的商品信息发送给顾客。网站也提供全面的尺码和转换图表,帮助顾客选择尺码合适的服装和鞋。对美国顾客和欧洲顾客来讲,这可能并不是什么新鲜事,但在亚洲,顾客正在以新的方式接触电子商务,以使购物更简单、更便利。正如 Zalora 区域营销总监所说,"创纪录的销售证明,消费者已经认识到电子商务的好处:在顾客指尖上有数以千计的产品可供选择,而无论他们住在哪里或者他们在做什么,都希望获得最新的产品、时尚和潮流的信息"(Anjum,2013)。Zalora 同时提供国内品牌和国际品牌的产品,这标志着其网站的独一无二性,而且是专门针对该国的消费者量身定制的。

除了提供其他品牌以外,Zalora 在 2013 年 10 月推出了自有品牌 Ezra。最初,Ezra 只是出现在新加坡的网页上,而且只有女装,后来扩展到男装和鞋类。目前,该品牌也在包括印度尼西亚、菲律宾和马来西亚在内的其他区域市场上销售。Ezra 定价合理,因此深受男性和女性消费者的欢迎,Zalora 已经把该品牌扩展到了配饰产品。作为 Zalora 的额外收入来源,Ezra 在买家中的受欢迎程度也有助于 Zalora 在众多在线时尚网站的激烈竞争中提升顾客忠诚度。

Zalora 凭借其多样化的本土和国际品牌产品系列以及优质的服务为顾客提供卓越的体验。采用类似于印地纺集团（Inditex）的方法——一家西班牙国际服装公司，在全球 88 个市场拥有 7 000 家店面——Zalora 也将其分销模式以"快时尚"的概念为基准，定期生产小批量的新服装。Zalora 还把仓库设在了更接近原材料的地方，可以更快地推出新的时尚款式。通过优质的服务、快速的送货，Zalora 进一步提升了用户体验。Zalora 还拥有 24 小时顾客服务热线，通过在各地的庞大仓库网络，成功地实现了 1 至 3 天送货的目标。此外，该公司也允许顾客取消订单。Zalora 注重产品的多样性和优质的服务，从顾客访问公司主页到顾客在家门口接收货品，公司努力确保顾客愉快的购物体验。

行动本土化：对线上线下整合计划进行定制

Zalora 在亚洲的受欢迎程度与其满足顾客需求和解决顾客疑虑的能力密切相关。虽然该公司提供在线支付方式，包括信用卡或贝宝（PayPal）支付，但是在没有在线支付的地区，并不拒绝传统的付款方式。此外，它还提供现金收款方式，在中国台湾和日本颇受欢迎。在提供服务体验方面，Zalora 与新加坡的 7-11 连锁店合作，顾客可以按照自己的付款方式在 7-11 便利店提取所购商品。虽然目前在新加坡的试点还相对有限，但如果消费者喜欢这种取货方式，这项服务可以扩大到新加坡 570 个 7-11 便利店。在认识到亚洲的一些消费者喜欢使用移动设备（如平板电脑）而不是台式笔记本电脑或个人电脑之后，Zalora 又推出了其网站的移动版本以及 iOS 应用程序，这两个应用程序所带来的效果已经超出了公司的预期。

在大多数市场上，Zalora 都积极针对年轻的中产阶级和职业买手采取行动，这就是公司在数字营销，特别是社交媒体和搜索引擎营销方面花费巨大的原因。公司聘请了社交媒体营销专家，提供有趣的互动内容，在社交媒体和其他论坛上吸引顾客。公司的官方脸书页面已经成功地积累了 650 多万的粉丝，推特页面上也拥有成千上万来自不同国家（新加坡、马来西亚、菲律宾和印度尼西亚）的追随者。这些网站每天都会更新帖子和几十个推文，以便及时展示促销活动、新商品甚至时尚技巧。Zalora 各个国家的照片墙（Instagram）账户也获得了稳定的追随者，公司产品的新风格在其品趣志（Pinterest）页面上展示。此外，Zalora 还拥有自己的 YouTube 视频频道，包括时尚视频、造型技巧和教程视频等。这一切都表明：该公司十分了解潜在买家在何处以及如何在网上消磨他们的时间。社交媒体营销方面的举措很大程度上帮助 Zalora 获得了新的追随者和粉丝，经济有效地建立了品牌形象。

Zalora 使其产品和营销策略本土化的能力，是帮助其获得成功的另一个因素。从 2014 年开始，该公司就与新加坡歌手展开合作，成功举办了 24 小时品牌活动，名为"Zalora 爱新加坡"——艺术家身着 Zalora 时尚服饰演唱。演唱会在 Zalora 网站上播出。正如公司所说，"我们的目标是通过这些活动联系当地民众，特别是音乐爱好者。通过采取本地化的方式，我们希望和那些想要参与活动的、年轻的新加坡社区居民进行沟通"（Singapore Business Review，2014）。参加 Zalora 活动的音乐爱好者就是一个轴心型社区的例子，艺术家和歌手是中心。这是社区化策略的一个例子，展示了 Zalora 是如何应用新浪潮营销的。

在类似的活动中，Zalora 菲律宾公司与移动广告提供商 Out There Media 达成协议，制定了在青年和网络社区中推广公司品牌的移动营销策略。这类社区是成员拥有共同价值观的水池型社区。Zalora 实时信息的订阅者会收到可以跟朋友分享的优惠券。通过这种方式，Zalora 为每个市场实施特定的本土化战术，从而与其他全球企业形成了显著差异。

Zalora 受益于东南亚的先发优势，考虑到互联网渗透率和智能手机使用率的上升，其发展潜力巨大。该公司已经在相对较短的时间内发展成为最知名的在线时尚零售商之一，但其成功并不意味着在所有市场上的发展都是一帆风顺的。Zalora 在登陆中国台湾一年后不得不关闭了其在台湾的业务——因为当地的在线零售市场已经由雅虎台湾公司和 PChrome 所主导，而且渗透成本非常高。此外，由于亚洲各国和地区之间存在明显的异质性，所以也不能把整个亚洲看作一个无差异的大市场。事实上，正是亚洲各国和地区之间鲜明独特的文化、经济和政治差异，才使 Zalora 在计划进入每个市场时都离不开当地的实体运营。

但是，Zalora 已经在很大程度上把上述挑战成功地转化为一种机遇。通过与国内外专业团队的通力协作，公司有效地了解了当地市场的差异，进而有力地保证了专业化运作以使本土化策略的整套方案得以有效实施。公司还在主要语言不是英语的国家和地区提供双语网站，每个网站都拥有强大的本土化社交媒体专家团队来管理各种在线平台。例如，Zalora 在新加坡与在印度尼西亚的博客内容是完全不同的。Zalora 已经在进入的所有亚洲市场建立了独立的运营体系，所有的公司网站都可以充分利用 Zalora 在该区域日益突出的影响力。

爱喜利达银行

在全球金融危机之后，亚洲领先银行的业绩都表现强劲，甚至超过了全球银行业的增长水平。在亚洲，"本土冠军企业"的崛起受益于各自的产品组合策略，包括零售和投资银行、信贷和保险业等。由于新竞争者的加入和日益激烈的市场竞争，银行业的联合态势更加明显——特别是在东盟——促进了该地区商品和服务的自由流动。

东盟银行业一体化框架使进入该区域市场变得更加容易，这势必会诱发更激烈的竞争。为了实现跨境运营，银行必须充分利用规模经济优势来提高效率并降低成本（EY，2015）。

在该区域市场上有一家迅速成长的本土冠军企业，它就是由柬埔寨王国根据银行与金融机构法案组建的股份有限公司爱喜利达银行（ACLEDA Bank）。该银行成立于 1993 年 1 月，当时是一个国家层面的非政府组织（NGO），专门为小微企业发展和信贷提供服务（ACLEDA Bank official website，2016）。总体来说，有两个因素导致了董事会和国际合作伙伴决定将其转变为一家商业银行：一是扩大其网络并覆盖柬埔寨所有省市；二是确保其盈利能力的可持续性。根据柬埔寨国家银行的报告，爱喜利达银行目前是柬埔寨总资产最大的国内商业银行。

区域扩张和社区化战略

在国内市场的地位得到巩固之后，爱喜利达银行在东南亚的一些邻国开始扩张。2008年，爱喜利达银行将其业务扩展到老挝，成为柬埔寨首家在老挝开展业务的银行。由于老挝的经济形势和文化等跟柬埔寨十分相似，所以爱喜利达银行选择首先在老挝这个国家开设分支机构。2015年年底，它在老挝的六个主要省份经营着多个分支机构。爱喜利达银行在老挝进行扩张，是因为该国大力鼓励发展金融业。根据爱喜利达老挝银行发布的2015年度报告，该行连续四年实现增长，收入增长了22%。在这四年间，爱喜利达老挝银行的贷款增长了20.57%、存款增长了10.45%。其中，贷款的增长主要是由于小企业贷款的增加。

2012年年初，柬埔寨取消了对缅甸的制裁。2013年爱喜利达银行在缅甸开设了第一家分支机构（Becker，2013）。在此前的20年时间里，缅甸一直受到国际社会的经济制裁。后来，缅甸开始实施重大改革，从而迎来了增长的态势。作为增长潜力的一个指标，爱喜利达缅甸银行开设了六个新的办事处，在仰光省开设了一家分行和四个分支机构，在勃固省开设了一家分行。

截止到2015年3月底，经缅甸小额信贷业务监督委员会授权，爱喜利达缅甸银行开始在仰光省的45个乡镇和勃固省的28个乡镇展开经营。在这些地区，小微企业家社区成为该银行的主要目标市场，银行向这些顾客提供小微企业贷款和存款。截止到2016年，爱喜利达银行的小额信贷机构——其子公司已营业两年多，并建立起良好的信誉。它有超过32 863个活跃借款人，组合贷款金额达到了880万美元。为了推动进一步的发展，其仰光省的总部及所有分支机构都在使用由柬埔寨爱喜利达银行开发的一套内部系统。

爱喜利达银行与本地竞争对手、区域竞争对手之间的区别在于选择低收入者作为自己的目标顾客。爱喜利达银行CEO In Channy曾经说过，"我们的目标不是现有的大型企业,而是当地的低收入群体,并在当地社区开展相关的业务活动。我们深信:从底层基础做起,帮助低收入客户成长,然后把他们培养成更大的机构客户"(Becker,2013)。

为了赢得金字塔底部的社区群体的喜爱,爱喜利达银行运用更多的新浪潮营销方法。它给自己的定位不是在顾客的上方,而是与顾客并行。银行对其销售人员进行培训,让他们充当顾客的顾问,就如何利用所获资金向顾客提供建议。这是共同创造过程的一个例子,其中,信息的透明度是跟消费者建立起积极伙伴关系的关键所在(请参阅本书第11章)。在这一方面,爱喜利达银行CEO曾经指出:"我们希望顾客与我们进行交流,我们也与顾客进行分享,当他们告诉我们实际需求的时候,我们向他们提供金融服务。从一开始,我们就告诉顾客我们是透明的,我们的借贷是基于相关信息——其他银行的借贷则是基于抵押。这就是我们不同于其他银行的地方。"

数字消费者和数字竞争

数字技术的发展彻底改变了全球的商业格局。亚洲发达国家的一些主要银行不得不面对新兴的移动货币、人人贷和网上银行的挑战(请参阅本书第3章)。考虑到亚洲国家互联网和手机的渗透率相对较高,这一趋势迟早也会在柬埔寨到来。2014年,几乎94%的柬埔寨人声称"有自己的手机",而且通过手机可以联系到99%的人。不过,使用多部手机的公民比例只有12.5%,而四个柬埔寨人里就有一个使用不止一部手机(Phong and Sola,2014)。数据是柬埔寨移动应用不断上升的证据——仅在一年内,移动普及率已经增长到154%(GSM Association,2015)。

尽管柬埔寨的手机渗透率很高——与其他发展中的亚洲国家(如老挝和缅甸)差不多——该国的互联网使用率却很低。2015年,柬埔寨只有31.8%的居民是互联网用户,而缅甸使用互联网的人口比例为12.6%、老挝使用互联网的人口比例为14.3%(GSM Association,2015)。这些数据与智能手机的使用情况基本一致。然而,与亚洲各国政府承诺继续改进信息技术领域的基础设施保持一致，预计未来互联网普及率将会持续增长。这可能给银行业者带来新的机遇和挑战，如亚洲的爱喜利达银行。

为了抓住亚洲的发展机遇，全球领先企业安永给出了相应的建议，亚洲的银行业者需要：

（1）对数字渠道进行投资，以满足顾客需求——但不能以牺牲与顾客的互动为代价。银行必须在自助服务和提供人际沟通之间找到适当的平衡，并力争通过"人员接触"来销售更高价值的产品和服务。以爱喜利达银行为例，可以应用并不需要高级移动技术的短消息服务（SMS）来改善其微客户端的移动服务。

（2）对技术驱动模式进行投资——这不仅可以降低成本并提高效率，而且还可以通过技术为来自金融科技部门的新进入者做出响应，以为顾客提供更快速、更便宜的解决方案。亚洲的一些银行与电信公司合作，向顾客提供新的服务。爱喜利达银行也可以采取类似的举措。

越南乳业公司

越南乳业公司（Vinamilk）成立于1976年，英文名称是Southern Coffee-Dairy Company，是食品总局的一家子公司。自成立以来，该公司发展迅速，其愿景是成为食品饮料行业的世界级品牌，成为人们信赖的营养和健康产品品牌。目前，该公司占乳制品加工市场份额的37%。根据2015年年度报告，2005—2015年间，越南乳业公司的收入增长了7.1%。

该公司的主要业务包括加工、生产和销售鲜奶、包装牛奶、奶粉、营养粉、酸奶、炼乳、豆奶、饮料和其他产品。同时，奶牛也是其业务的重要组成部分，因为奶牛可以为公司提供新鲜的牛奶原料以生产相关的乳制品。其产品不仅在越南销售，还出口到其他国家，如柬埔寨、菲律宾、澳大利亚和中东的一些国家，出口销售额占总收入的13%左右。

虽然48%的资产仍然归政府所有，但越南乳业公司凭借其总裁梅娇莲（Mai Kieu Lien）的一系列举措取得了巨大成功。随着20世纪国有企业的私有化，梅娇莲积极参与公司事务，最终发挥了关键作用。在私有化的过程中，几乎没有人认为越南乳业公司是有利的，但梅娇莲认为业务潜力很大，并聘请了专业的公司来激发投资者购买该公司股票的兴趣。同时，她还实施产品多元化，开始经营一些新的品类，如婴儿配方奶、奶粉和酸奶。在优秀的管理团队的支持下，梅娇莲最终击败了主要竞争对手荷兰子母公司（Dutch Lady）。越南乳业公司不仅在国内竞争中取得了巨大的成功，在面对来自国外品牌的竞争中也脱颖而出。今天，越南乳业公司已经成长为一家强大的越南品牌公司。随着消费者对营养乳制品的偏好不断上升，其在国内市场建立起了牢固的竞争地位。

竞争优势

越南乳业公司的成功之路并不是一帆风顺，原本坚定支持梅娇莲并认同其公司愿景的管理团队于2009年决定退出，并加入新的竞争对手TH乳业公司。这家新的竞争对手抱有很大的野心并快速地采取了行动。例如，该公司通过进口28 000头奶牛在鲜奶生产领域展开竞争。对此，越南乳业公司做出有力的回应，建立了一个投资达1.2亿美元的大型乳制品厂，并通过增加海外采购来补充原材料。在此过程中，主要的挑战源于竞争，而且是多个品牌之间的竞争，尤其是来自菲仕兰（Friesland）的竞争，菲仕兰加大对养牛场、工厂和广告的投资，以谋求进一步扩大市场份额。在过去几年里，木州（Moc Chau）和巴维（Ba Vi）等新兴公司涌现，在液态奶和酸奶市场上展开竞争，进一步激化了越南乳制品市场的竞争。

然而，越南乳业公司因其广泛的产品形成了一定的竞争优势，并努力在市场上保持强劲的优势。该公司有四大品牌：在液态奶、酸奶和冰激凌市场上的Vinamilk、果汁和豆奶市场上的Vfresh、奶粉市场上的Dielac以及营养粉和炼乳市场上的Ridielac。这种多样化的产品系列有助于越南乳业公司同时满足广泛的顾客需求。而且，越南乳业公司尤其擅长捕捉不断变化的顾客需求并做出反应。鉴于生活方式的不断改变以及顾客对健康产品的青睐，越南乳业公司推出了新的更健康的产品。例如，越南乳业公司推出含有胶原蛋白的新产品以及具有补充营养成分的奶粉。

除了产品领先以外，购买的便利性构成了越南乳业公司的另一个竞争优势。截止到 2015 年 12 月，越南乳业公司在全国共有 243 家独家经销商，远远超过其最大的竞争对手——菲仕兰公司和雀巢公司。这些经销商直接向 212 000 多家零售商提供服务（Vinamilk Annual Report 2015）。可以说，强大的分销渠道网络使越南乳业公司的新产品在市场上渗透得更快、更容易。

产品开发和市场扩张

在认识到新的市场机会之后，越南乳业公司在 2011 年迅速进入一个全新的细分市场——生产水果和蔬菜汁。这次"跨界"使越南乳业公司进一步多元化，并进入一个具有巨大增长潜力的全新市场——越来越多的消费者接受更为健康的生活方式，并愿意为健康食品支付更多的金钱。投放市场不久，新的产品线就获得了巨大的成功。在此过程中，有助于越南乳业公司获得成功的关键要素，是其现有的品牌知名度和广泛的渠道网络。

在成功进入果汁市场之后，越南乳业公司又在 2012 年 2 月进入儿童果汁产品市场，这是越南乳业公司首次经营该类产品。这又是一个具有巨大增长潜力但尚未被开发的细分市场。在品牌经理 Nguyen Trong Tan 的领导下，越南乳业公司在该细分市场上也获得了成功。新的水果和蔬菜汁业务面临着来自跨国公司的激烈竞争，如可口可乐公司的美汁源和百事可乐公司的纯品康纳。到目前为止，还很难说越南乳业公司在新的细分市场上成功与否，但一个既定的事实是：该公司在越南市场上占有可观的市场份额。这主要归功于越南乳业公司对当地市场的熟悉程度以及公司强大的品牌认知度。

除了持续的产品开发之外，越南乳业公司也在积极地进行市场扩张。2013 年 4 月，越南乳业公司在南部省份平阳省新建了两座现代的乳制品厂。其中，第一座工厂在第一阶段的年产量估计为 4 亿升牛奶。到第二阶段，产量估计会翻倍。第二座工厂预计可以生产 54 000 吨奶粉，是现有产量的 4 倍。2014 年 1 月，越南乳业公司又获得了一项投资许可，可以在柬埔寨以吴哥乳制品有限公司（Angkor Dairy products Co., Ltd）的名字创办一家合资企业。该项投资的目标是建设乳制品加工厂来满足柬埔寨市场的需求。2014 年，为了进一步开拓欧洲市场，越南乳业公司在波兰建立了子公司。此外，2015 年越南与欧亚经济联盟（Eurasian Economic Union）签署了自由贸易协定之后，公司于 2016 年年初在俄罗斯设立了分支机构（Nikkei Asian Review，2016）。

服务越南的数字消费者

与其他新兴亚洲国家一样，越南是一个支持移动和互联网的国家。在越南，年轻的移动用户日益增加，互联网普及率高达 30%，这意味着社交媒体在该国相当受欢迎。例如，脸书在这里拥有 2 000 万用户。因此，不断发展的数字化技术与应用，使消费者的权力比企业更大，进一步提高了消费者的议价能力。互联网和社交媒体允许用户通过点击鼠标来分享他们的产品或服务体验，在网络上与成千上万的用户进行分享。尽管目前该国的智能手机使用率仍然很低——只有 20% 的居民拥有智能手机——但数量正在不断增长。越南年轻的千禧一代，正积极使用智能手机查看电子邮件、浏览互联网、观看 YouTube，并与社交媒体上的其他人，特别是专业人士和商业人士联系。

因此，越来越多的企业倾向于设计营销内容和活动，如网络视频、社交媒体营销、网络广告、电子邮件营销，而且尽可能与不同的移动设备兼容，以便成功地把相关内容送达潜在的消费者（Masso Consulting，2014）。

在技术应用方面，越南乳业公司也处于奶牛养殖和食品加工技术的领先地位。通过使用一些最新的技术和工具，越南乳业公司继续开发新产品。越南乳业公司和越南的其他企业也需要密切关注互联网和移动技术的不断发展。数字消费者的出现，正在改变几乎所有行业的竞争动态。通过使用在线平台来建立和维护顾客关系，是需要采取的一项重要举措，以进一步加强公司在新兴社区中的竞争地位。

对于越南乳业公司而言,它已经开始使用社会化媒体进行营销沟通。越南乳业公司在脸书的页面已经有 264 000 多个粉丝,YouTube 频道也拥有近 14 000 个用户。考虑到该品牌主要面向国内市场,社交媒体上的内容仍然使用本地语言。然而,如果越南乳业公司要跨地区建立品牌影响力,它可能需要付出更多的努力去提供更具有普遍性的、各国消费者都能够理解的内容(包括用英语提供相关内容)。除此之外,越南移动技术的普及(103.6%)也带来了值得企业关注的机遇。

数字技术的进步,也使越南乳业公司开始应用新浪潮营销中的水平化原则。以前,产品创新一直是越南乳业公司的优势。未来,越南乳业公司可以考虑应用共同创造,鼓励消费者参与到产品开发过程中来。数字平台可以极大地协助企业实施共同创造策略,因为它非常灵活,而且允许消费者在任何时间任何地点分享他们的想法。越南乳业公司的庞大顾客群也可以优化成为另一种分销渠道。通过社区活化,企业既可以提升现有顾客的忠诚度,也可以赢得新的顾客。这些都是可供越南乳业公司选择的一系列策略,有助于越南乳业公司进一步加强在当地的市场地位,进一步提升市场渗透率。

席卷全球和亚洲的数字技术的发展,将从根本上改变未来的竞争格局。随着越南乳业公司继续努力开拓市场并占据国内和区域市场的更大份额,它将面临日益激烈的竞争和越来越多的挑战。尽管面临诸多挑战,但如果继续发挥得当的话,越南乳业公司的技术适应性和产品多样性将会继续推动其业务的蓬勃发展。

马尔代夫库鲁巴度假村

马尔代夫的旅游业

热带国家马尔代夫的旅游业获得了最大的经济效益。全国每月都迎来十几万名游客，赚取大量外汇，并带动了服务业的就业。马尔代夫的游客人数最多的国家是中国，其次是意大利、德国和法国等欧洲国家。

马尔代夫旅游业始于1972年。20世纪60年代，联合国发展特派团访问了马尔代夫群岛，并不建议马尔代夫发展旅游业，声称这些岛屿不适合发展旅游业。但是，自从1972年推出第一个度假胜地以来，马尔代夫的旅游业却蓬勃发展起来。第一个旅游团的到来，大约是在1972年2月。

一开始，马尔代夫的旅游业仅有两个度假村开放，约为280张床位。其中，第一个是库鲁巴度假村，第二个是班度士度假村。今天，全国已经有超过105个度假村点缀在不同的环礁之间。马尔代夫的游客人数一直在攀升，游客遍布在各个岛上，他们都被白色的沙滩和清澈的海水所吸引。2009年，当地的岛屿宾馆开始兴起。这是由于法规的改变，政府开始允许游客停留于当地民众之中，而不仅仅是在私人度假岛上。

根据马尔代夫旅游法的相关条例，向游客提供服务的所有机构都必须向旅游部门（MoT）登记。住宿设施分为度假村、酒店、宾馆和旅行游艇。马尔代夫度假村拥有独特的"一岛一度假村"概念，这使度假村成为马尔代夫最具吸引力的住宿选择。截止到2013年年底，在马尔代夫注册的旅游度假村有110个岛屿，共有23 677张床位，占全年总床位的79%；酒店一般位于有人居住的岛屿。截止到2013年年底，共有19家酒店，床位共1 626张，占全年总床位的5%；宾馆为参观当地岛屿的旅客提供廉价住宿。2012年，共有75家宾馆在马尔代夫登记了1 101张床位。到2013年年底，这一数字增加到了135家宾馆、1 930张床位；住在海上的浮床，俗称旅行游艇，是游览马尔代夫的潜水游客中最受欢迎的住宿形式之一。尽管旅行游艇在数量方面领先，但其床位容量仅占该国2013年总接待能力的9%（Ministry of Tourism Republic of Maldives，2014）。

马尔代夫的游客来自不同的国家，而不仅仅来自欧洲。到马尔代夫的游客中，有一些来自亚洲国家，其中包括中国、日本、印度和韩国。每个国家的游客人数，会随着国家经济状况的变化而上升或下降。例如，欧洲地区的经济衰退对来自该地区的游客数量造成了负面影响。

马尔代夫库鲁巴度假村：公司概况

马尔代夫库鲁巴度假村成立于 1972 年，是岛上建立的第一个度假胜地。"库鲁巴"源自当地的椰子一词。在刚刚建立的时候，库鲁巴度假村一个月只能容纳 60 位客人，现在它已经可以为 14 000 位客人提供住宿。在机场扩建以推出长距离飞行航班之后，库鲁巴度假村可以容纳的游客数量又进一步扩大。相应地，它也从一家小企业逐渐成长成一家拥有 450 名员工的公司。

2003 年，库鲁巴度假村再次经历转型，以满足新世纪的旅游需求。之后，该公司成为一家世界级的度假胜地，拥有 180 间客房，包括皇室、总统套房、泳池别墅、家庭别墅以及海景房和花园高级房。库鲁巴度假村已经发展成为马尔代夫最受欢迎的娱乐场所之一，成为国内和整个地区的酒店标杆企业。2016 年，库鲁巴度假村被授予"马尔代夫领先的度假胜地"称号，赢得了世界旅游大奖——印度洋领先会展酒店（Kurumba Maldives Official Website，2016）。

作为世界性的度假村，库鲁巴度假村为客人提供各种住宿、多种选择的餐厅和酒吧、充满活力的现场娱乐表演、各种社交活动以及可供选择的许多其他活动。度假村也在其经营场所和周边开发了自然景观和人造景观，为丰富的游客活动提供支持。它由环海岛海堤所保护，这是一种常见的做法以常年保护海滩。同时，也可以为游客提供安全的游泳体验，特别是在大风和恶劣的气候条件下更是如此，并确保在沙滩附近没有强烈的海潮。此外，为了满足客人的沟通需求，度假村还与 Dhiraagu 电话网络公司合作，该运营商使用 GSM 900 网络，适合许多国际手机运营商。

库鲁巴度假村：关爱产生对话

自建立起，库鲁巴度假村就开始应用新浪潮营销的原则。1972 年，当和朋友努力实现"兴建一个新的度假胜地"的想法时，马尼库（M.U.Maniku）的经营理念实际上是与顾客一起创立的。这种实践体现了企业和顾客在价值创造过程中的共同创造理念。马尼库曾说："我们对旅游业一无所知，是游客帮助我们在这里建立了这个事业。我们听了他们的意见，给了他们想要的东西。而且幸运的是，游客希望在自然环境中保持简约，这就是我们必须提供的，也是我们可以提供的。"

在服务方面，库鲁巴度假村不仅提供客人所需要的，而且还试图了解他们的困惑和需求。因此，度假村确保通过网站和宣传册提供客人可能感兴趣的全部信息：机场到达时间的问题、在度假场所及外出旅游时的着装礼仪等。大多数客人可能咨询的问题是通过在线平台提前来处理的，所以在客人到达前就已经做好了一切准备。

库鲁巴度假村的工作人员有能力为客人提供优质的服务。考虑到客人来自不同的文化背景，只要对客人有利，他们不必总是遵守各种各样的规则。每名工作人员——无论其职位如何——都是受过良好培训的，都能够做出符合客人最大利益的决定。库鲁巴度假村的管理层很清楚：员工是公司的主要资产之一，因此公司也很关心员工的忧虑、福利和需求。库鲁巴度假村认真对待所有员工的能力提升，并为所有员工制定了标准化的程序。库鲁巴度假村在 2014 年度马尔代夫最佳雇主奖中排名第三，这次评选是由马尔代夫招聘网组织的。

库鲁巴度假村认为，通过对客人的关爱所产生的影响力，会比媒体上广告的影响力更大。随着数字技术的发展，同广告相比，消费者更加信任其他顾客对产品和服务的评价。库鲁巴度假村努力为每一位客人提供最好的体验，并鼓励获得良好体验的客人通过各种在线平台提供积极的反馈，其中包括猫头鹰旅游网站（TripAdvisor），一家让用户查看相关旅游提供商信息的网站。

这真的有效。2015 年，基于客人的积极评价，马尔代夫库鲁巴度假村获得了猫头鹰旅游网站认可。库鲁巴度假村在全球度假胜地中排名第一，在亚洲度假胜地中排名第一，并且赢得了马尔代夫顶级豪华酒店、马尔代夫顶级奢华酒店等荣誉。对客人的关爱也鼓励潜在消费者积极与之对话。2016 年 5 月 11 日，通过猫头鹰旅游网站入住库鲁巴度假村的一位客人评价道:"我会再来的,还会把这家酒店推荐给我的家人和朋友。我们在这里支付了一笔费用,它是完全值得的!库鲁巴度假村的工作人员坚持下去,你们是最好的!"

参考文献

ACLEDA Bank official website. http://www.acledabank.com.kh/kh/eng/ (last accessed May 12, 2016).

ACLEDA Bank Laos. *Annual Report 2015*. http://www.acledabank.com.la/la/eng/bp_annualreport (last accessed May 12, 2016).

Anjum, J (December 16, 2013). Zalora Achieves Record Breaking Sales Across the Region. *CIO Asia*. http://www.cio-asia.com/print-article/48560/ (last accessed May 11, 2016).

Becker, SA (March 1, 2013). ACLEDA Opens in Myanmar, Expands in Laos. *The Phnom Penh Post*. http://www.phnompenhpost.com/post-plus/acleda-opens-myanmar-expands-laos (last accessed May 12, 2016).

EY (2015). *Banking in Asia Pacific: Size Matters and Digital Drives Competition*. Asia Pacific: EYGM Limited.

GSM Association (2015). *The Mobile Economy: Asia Pacific 2015*. London: GSM Association.

International Monetary Fund (2015). *Regional Economic Outlook 2015*. Washington: International Monetary Fund.

Kotler, P, H Kartajaya and Hooi, DH (2014). *Think New ASEAN*. Singapore: McGraw-Hill.

Kurumba Maldives official website. http://www.kurumba.com/maldives-resort-information (last accessed May 12, 2016).

Masso Consulting (February 2014). Vietnam 2014 Trends in Marketing and Branding. *Vietnam Economic Times*. http://massogroup.com/knowledge/insights/8439-vietnam-2014-trends-in-marketing-and-branding.html (last accessed May 11, 2016).

Ministry of Tourism Republic of Maldives (2014). *Tourism Year Book 2014*. Male': Statistics & Research Section Ministry of Tourism.

Nikkei Asian Review (February 9, 2016). Vinamilk Revenue up 14% in 2015 on Strong Overseas Business. *Nikkei Asian Review*. http://asia.nikkei.com/Business/AC/Vinamilk-revenue-up-14-in-2015-on-strong-overseas-business (last accessed May 11, 2016).

Singapore Business Review (January 22, 2014). See How Zalora's 24-hour Online Ad Campaign Boosts Singapore's Music Scene. *Singapore Business Review*. http://sbr.com.sg/media-marketing/exclusive/see-how-zaloras-24-hour-online-ad-campaign-boosts-singapores-music-scene (last accessed May 11, 2016).

Phong, K, and J Sola (2014). *Research Study: Mobile Phone in Cambodia 2014*. USAID & The Asia Foundation.

Vinamilk Annual Report 2015. https://www.vinamilk.com.vn/static/uploads/bc_thuong_nien/1462532728-0504c9670b04eb86f6e9c18594aebb97390c093fbbe21a262264a324c22d978d.pdf (last accessed May 10, 2016).

第 15 章

亚洲跨国公司：
全球价值、区域战略和本土化策略

> 在一次早期的规划会议中，我提出的愿景是创造世界上最大的食品公司。那时，我们仅有 5 家店，有些人认为我过于乐观。
>
> ——快乐蜂集团创始人及 CEO
> 陈觉中（Tony Tan）

没有多少企业是真正的全球性公司。相反，大多数企业通常只是在世界上一些地区有影响力。有盈利机会的区域市场，才具有吸引力。然而，一些企业即使拥有知名的品牌、丰富的资源、数十年的经验、世界一流的管理团队，但在远离家园的市场和地区的发展仍然面临着严峻的挑战。

但是，有些亚洲企业决定冒险走出舒适区，甚至去开拓国际市场。随着在本地建立起强大的商业基础，有些企业冒着巨大的风险向亚洲以外的市场推出它们的产品和服务。这从来都不是一帆风顺的。全球市场的动荡起伏，迫使一些亚洲企业放弃扩张，退回到家乡。但是，也有少数企业成功地生存下来，有些企业甚至还成长为全球知名的公司。

本章重点探讨一些在全球市场上发展业务的亚洲企业。我们挑选了三家不同的亚洲企业——菲律宾的快乐蜂集团、韩国的三星公司和日本的本田公司——都展示了如何实施本书所讨论的概念。通过分析价值观、战略和策略，本书旨在了解如何实现"全球本土化思维模式"，特别是要赢得那些数字化生活方式下的全球消费者。

快乐蜂集团

快乐蜂集团是由陈觉中先生和他的家人创立的。它从一间不起眼的冰激凌店起步，成长为一个新兴的全球品牌。快乐蜂集团之所以成功地征服了菲律宾市场，是因为快速地适应了菲律宾对快餐产品的需求，其快餐食品范围包括汉堡包、炸鸡、面条、三明治、丰富的早餐食品、各种饮料和甜点等。如果没有良好的服务来支撑，再好的产品也会大打折扣。为了适应城市居民的需求，除了30分钟送货服务之外，有些快乐蜂集团商店还24小时营业，并提供汽车购餐服务。即使是面对孩子们，快乐蜂集团也有多个主题的生日礼包可供选择。

在快乐蜂集团涉足的行业里，新进入者的威胁处于低到中等水平，这是因为：快餐行业的新进入者往往需要面对较高的进入壁垒。除了需要一定的经济规模以外，开快餐连锁店的高资本要求以及不同于竞争对手的产品等，都在一定程度上限制了新加入者。而且，新进入者还必须与已经在业界拥有了强大的忠实顾客群的快乐蜂集团展开竞争。

来自替代产品的威胁则处于中高水平。当地的街头食品以及行业中直接竞争对手的产品，都是主要的替代品。竞争对手之间的竞争强度也处于中高水平。可以说，快餐行业是一个利润丰厚的细分市场。在菲律宾，已经有其他快餐企业与快乐蜂集团展开了竞争。

在全球市场方面，快乐蜂集团好比众多大象中的一只老鼠。但在菲律宾，快乐蜂集团却控制着超过80%的汉堡包市场份额和55%的全部快餐市场份额。通过率先进入市场，相比麦当劳公司而言，快乐蜂集团在菲律宾具有先行者优势；通过保持对运营管理的严格控制，快乐蜂集团使其价格低于主要的竞争对手。而且，快乐蜂集团迎合当地顾客口味的灵活性更高。

国际扩张

快乐蜂集团已经启动了一项积极的国际扩张计划。该公司于 1978 年从 5 家门店开始起步，已经发展成为在菲律宾拥有 890 家商店、在全球拥有 133 家商店的强大企业集团网络（Yoo-chul，2016）。快乐蜂集团是菲律宾最大的快餐连锁店，并在文莱、科威特、卡塔尔、沙特阿拉伯、新加坡、越南、阿拉伯联合酋长国和美国拥有连锁店。

1993 年，快乐蜂集团收购了格林尼治比萨公司（Greenwich Pizza）80% 的股份，进入比萨细分市场。格林尼治比萨公司经营着 50 家分公司，在食品服务行业建立了强大的业务实力。2000 年，快乐蜂集团又收购了超群中式快餐（Chowking），从而成为亚洲快餐店的一分子。2004 年，快乐蜂集团又以 2 250 万美元收购了中国快餐连锁店永和大王。

快乐蜂集团还与美国星洲米粉控股有限责任公司（Chow Fun Holdings LLC）签订了合资合同，后者是新墨西哥州 Jinja 酒吧餐馆的开发商和业主。2010 年，快乐蜂集团收购了烧烤先生餐厅（Mang Inasal）70% 的股权。烧烤先生餐厅是一家专门从事烧烤鸡肉的菲律宾食品连锁店。2013 年，快乐蜂集团在弗吉尼亚州的弗吉尼亚海滩和得克萨斯州的休斯敦开设了门店。2015 年又在迪拜开设了一家连锁店，并于 2016 年 2 月在迪拜开设了第二家连锁店。1995 年，快乐蜂集团首次尝试进军阿联酋市场，但以失败告终。所以，这是快乐蜂集团再次扩张到了阿联酋市场。

全球一致的价值观念：快乐蜂人格和以家庭为导向

1980 年，快乐蜂集团引入大型蜜蜂吉祥物，并印在西装、衬衫和厨师的帽子上。快乐蜂集团可能是菲律宾最广泛认可的一个品牌，目前已经扩展到全球市场。除了有吸引力的企业标识之外，快乐蜂人格也反映了其向顾客和员工传递的价值观念。快乐蜂集团有 8 个基于价值观念的原则，分别是：顾客至上、追求卓越、尊重个人、团队协作、欢乐家庭、虚心倾听、诚实可信和保持节俭。在实践中，欢乐家庭的精神也许是最为突出的一种价值观念。

这些价值观不仅反映在与顾客的互动之中，还通过企业与员工之间强大的家庭关系来实现。其成功的核心，是以家庭为导向的人事管理方法，这使快乐蜂集团成为该地区最受尊敬的雇主之一。快乐蜂集团获得了菲律宾人事管理协会颁发的年度雇主奖、翰威特（Hewitt）菲律宾最佳雇主奖以及亚洲华尔街日报评选的亚洲20名最佳雇主奖（Jollibee Foods Corporation，2016）。

快乐蜂集团也为员工提供快餐行业最高的薪酬福利计划和综合培训计划。一方面，快乐蜂集团为经理们定期培训最新的商店运营系统和以人为本的管理技能等；另一方面，快乐蜂集团为服务人员提供各种店铺培训和食品服务创新培训。此外，快乐蜂集团还为合格和优秀的员工提供职业发展机会，以进一步提升他们在食品服务行业的职业规划。最重要的是，快乐蜂集团把员工视为大家庭中的一员，快乐蜂集团总是充分地将家庭价值观融入企业的规则制度之中。通过将这些价值观内化到企业员工身上，快乐蜂集团能够持续向顾客提供关爱。

除了上述人格特征和关爱之外，快乐蜂集团还有着在全球实施的标准化流程。它与上游公司和下游公司的各方建立了合作指南。快乐蜂集团对以"F.S.C."为标志的执行标准要求非常严格：服务于公众的食品（F）必须符合企业的卓越标准；服务（S）必须快速且有礼貌；厨房和餐具必须始终保持清洁（C）。每个合作伙伴——本地的或全球的——谁想要与快乐蜂集团合作，都必须达到这些标准，以使快乐蜂集团能够始终保持为顾客提供高质量产品和服务的声誉。

协调区域战略：确认不同的社区群体

快乐蜂集团在菲律宾和国际上从事快餐店的开发、经营和特许经营。它主要经营三项业务：食品服务、特许经营和租赁。快乐蜂集团也同时经营着多个餐饮品牌，包括超群牛肉面、格林尼治比萨、红丝带餐饮、永和大王、宏状元粥店、烧烤先生、汉堡王、三品王快餐和12家火锅店。同时，快乐蜂集团还参与商店店铺的租赁、数字印刷和广告活动，提供会计、人力资源、物流以及企业业务管理服务。

在消费品市场，特别是在食品服务领域，快乐蜂集团旨在与家庭、儿童、青少年和节俭人士四个顾客群体保持密切联系。家庭群体愿意培养情感纽带，并与家庭所有成员一起度过开心的时光；儿童群体想要有冒险精神的游乐场；青少年群体则需要相对宽敞的舒适场所，让他们在享受经济实惠菜品的同时可以聊天和分享快乐；节俭人士群体则是为了参加某些活动，如生日宴会、同事聚餐等，他们要求环境干净和食物优惠。

对于海外市场，快乐蜂集团则使用了一套不同的战略。公司试图通过所提供的家庭价值观，联系分散在世界各地的菲律宾社区群体（Dalgic，2006）。一个例子是美国快乐蜂食品公司。1998年，快乐蜂集团在加利福尼亚州开设了第一家店面（Jollibee USA，2014），为住在该地区的菲律宾和菲律宾裔美国家庭提供相关服务，从而让他们找到一种熟悉的感觉。在东亚地区，快乐蜂集团尝试与那里代表主流文化的中国社群建立联系。

定制化本地策略：本地化菜单和在线行动方案

快乐蜂集团提供的产品可以吸引菲律宾人的口味。通过集中资源来满足菲律宾人的口味，快乐蜂集团已经能够提供本地菜品——完全不同于菲律宾其他快餐连锁店的产品。这些新菜品是对炸薯条很好的补充，因为炸薯条在麦当劳、肯德基、汉堡王餐厅中都可以享用。

在菲律宾以外的市场，快乐蜂集团也提供了适合当地口味的定制化菜单。例如，新鲜的香草和蔬菜，在越南菜中起着巨大的作用。因此，在快乐蜂集团的菜单上找到一款田园蔬菜沙拉一点也不奇怪。除了鸡肉饭，还提供鸡肉烧烤、鸡肉条和鸡肉咖喱饭；在喜欢肉食的卡塔尔，快乐蜂集团还推出了皮塔饼三明治，可以选择牛肉条或是鸡肉片；与卡塔尔的菜单类似，沙特阿拉伯菜单上还有通心粉沙拉和脆皮鸡汉堡；文莱的美食受印度尼西亚、新加坡和马来西亚等国的影响很大，所以像鸡肉咖喱之类的菜品出现在快乐蜂集团的菜单上也是一点都不奇怪的。

为了从新兴的数字化消费者那里获取新的机会,快乐蜂集团与联款通有限公司(AsiaPay)一起推出了在线支付服务,后者是亚洲的电子支付解决方案和技术提供商,还是 PesoPay 的持股公司。这项合作使快乐蜂集团的在线支付网站(www.jollibeedelivery.com)可以在线接受信用卡付款。在菲律宾,联款通有限公司对付款平台 PesoPay 的整合,使快乐蜂集团能够让在线支付顾客高度信任,并放心使用信用卡。此外,菲律宾市场的付款平台 PesoPay 的反欺诈管理工具也使快乐蜂集团能够提高在线支付的安全性,可以在诈骗发生之前就发现并阻止。

在当地市场实施在线支付服务,可以看作快乐蜂集团实践"行情适应"的行动方案(请参阅本书第 11 章)。通过运用这种"新浪潮定价"概念,该公司建立了顾客定制机制。快乐蜂集团还可以在线提供各种定制化的产品和价格(如允许消费者根据自己的需要或预算从菜单中选择汉堡包)。

快乐蜂集团也试图整合线上和线下的促销。其中一个例子是 2015 年推出的"迷人夏威夷冠军汉堡包"计划。在菲律宾,订购迷人夏威夷冠军汉堡包和菠萝汁超值套餐的每一位顾客都可以参加比赛。参赛者可以在公司网站 http://www.amazingblowout.com/ 输入个人资料和公司的详细信息。快乐蜂集团面临的下一个挑战是设计有创意的在线促销,以便创造对话,进而把相关信息从一个消费者传播到另一个消费者——包括线下和线上的交流。

本田公司

短暂的历史

本田公司的历史与其创始人本田宗一郎(Soichiro Honda)的故事密不可分。本田宗一郎出生于日本静冈县的一个中产阶级家庭。为了增加家庭收入,他曾经在自行车维修店帮父亲干活。

小时候，本田宗一郎非常热衷于工程科学。才十几岁的时候，他就对汽车特别感兴趣，辍学时只有 15 岁。幸运的是，父亲非常支持本田宗一郎的爱好，把他介绍给了东京的一位朋友柏原，为其工作。柏原是"艺术商会"汽车修理店的董事。

在那里，尽管没有理论知识，但本田宗一郎通过实际工作学习了汽车发动机的机械和运作原理。凭借在自行车维修店获得的技能和专长，本田宗一郎终于开设了自己的车间，最终开发出一些产品。其中一个就是摩托车。摩托车的初始想法源自他试图把发动机整合到自行车上。

1949 年，本田推出了一款名为"梦想 D"的摩托车。因为在当时是一个新的突破，所以很快就在日本成为畅销产品。本田继续改进摩托车，1959 年推出了一款"本田 C-100"摩托车，并最终成为当时全球畅销的摩托车。

今天，在日本和全球汽车行业中，本田都是主要的竞争者之一。公司不仅生产汽车和摩托车，还生产电力设备、船用发动机、船、割草机和许多其他类似的产品。另外，公司也在机器人研究方面取得了巨大进步，正在建设世界最先进的人形机器人"阿西莫"（ASIMO）（American Honda Motor Co, Inc., 2016）。

全球扩张

作为全球扩张战略的一部分，本田公司在世界各地都建立了装配厂。这些工厂分别位于中国、美国、巴基斯坦、加拿大、英国、日本、比利时、巴西、墨西哥、新西兰、马来西亚、印度尼西亚、印度、菲律宾、泰国、越南、土耳其、秘鲁和阿根廷。以美国销售为主的北美地区，是本田公司的最大市场，占全球收入和营业收入的近一半（Ohnsman, 2010）。

在 2008 年经济衰退严重打击全球汽车行业之后，本田公司的几个市场正在逐步复苏。尤其是在美国市场上显示出令人鼓舞的迹象：劳动力市场在改善、消费者购买力在提高以及各行各业都在不断投资。尽管欧洲市场仍然停滞不前，但已不再恶化。

另一方面，亚洲市场特别是在东南亚地区，包括泰国和印度尼西亚等国家也已经成为本田公司销售增长的重要来源。东南亚的汽车销售，预计在未来几年会有所增长。显然，对本田公司而言，与其他日本汽车制造商一样更加关注东南亚市场。此外，包括本田公司在内的成熟汽车制造商也越来越期望通过推动经济发展来充分开发市场的潜力，并鼓励企业家们面向未来拓展自己的业务。为了做到这一点，汽车制造商正在开发适合相关市场需求的多种产品。

一贯的全球价值观念：三个快乐

本田公司品牌的发展，离不开其创始人以及其他杰出领导者的卓越眼光。创始人本田宗一郎所持有的个人价值观，深深地体现在公司全球范围内的基本商业原则之中。原则就是"尊重个人"和"三个快乐"。其中，尊重个人反映了企业尊重每个人的独特人格和能力、相互信任、平等相处和在每一个机会中尽最大努力；三个快乐包括"生产乐趣"（公司工程师的幸福感）、"销售快乐"（来自经销商和销售团队的支持）以及"购买的乐趣"（顾客满意）。

根据上述原则，本田公司一直以最优惠的价格不断开发最优质的产品。为了确保来自世界各地消费者的满意度，本田公司付出了很大的努力。本田公司并没有止步不前，也做出了继续保护环境和提升安全驾驶的承诺。

协调区域战略：确认青年社区群体

如前所述，我们已经认识到：在当今世界上，特别是在亚洲，青年、女性和网民正日益成为三大主流的亚文化。本田公司也在积极面对这些群体，特别是亚洲的青年市场。

在印度尼西亚市场，阿斯特拉本田汽车公司（Astra Honda Motor）推出了针对年轻买家的BeAT。为了进行营销传播，本田公司邀请崭露头角的年轻艺术家并选择年轻人的歌曲。在年轻人的社区中，本田公司实施了专业的营销方案。与此同时，本田BeAT在印度尼西亚市场获得了相当大的知名度，成为销量最大的两款车型之一。

在越南，本田公司提供了名为"本田 YES 奖"的奖学金，这是对全国优秀年轻人的一种鼓励形式。通过这个计划，本田公司的目标是在越南消费者心目中创造出"不仅销售优质产品，还为青少年所接受"的公司形象。

如何通过营销策略锁定年轻人的例子在本田公司还有很多。其中，泰国的"本田大粉丝、大乐趣"是一个很好的例子。这是一个与两个英国足球俱乐部——曼联和利物浦——的联合项目，它们是本田公司的区域合作伙伴。泰国本田公司是泰国曼彻斯特联合会的官方摩托车合作伙伴，而利物浦与本田公司就营销活动进行合作。在"本田大粉丝、大乐趣"计划下，本田公司给愿意观看自己喜欢球队的幸运顾客发放比赛门票。该计划获得了巨大成功。2011 年，本田重新启动了"本田大粉丝、大乐趣 2"计划。

定制化的本地策略：线下和线上行动计划

本田公司密切关注每个国家的独特发展趋势，以便制定有效的营销策略。例如，在印度，摩托车是常用的通勤交通工具。本田公司认识到了这一趋势，并预测未来几年两轮车的需求量会大幅增长。考虑到这一趋势，本田公司 2012 年在印度推出了"梦幻年代"（Dream Yuga）摩托车。这种低成本的单缸摩托车，特别迎合了二三线城市郊区的买家需求。即使使用汽缸排量为 100cc 的发动机，本田仍然承诺确保良好的性能和实惠的价格。本田公司的这一车型和其他车型面向的都是年轻买家，如 Activa，在市场上十分畅销，所以本田已经成为印度顶级的摩托车企业。2015 年，本田公司占有了印度摩托车市场 58% 的份额（Panday，2015）。

在越南也是一样，本田公司提供各种各样的产品，其目标是占领低端、中端和高端市场。与竞争对手相比，本田公司的产品要相对实惠。例如，2002 年，本田越南公司出售了一款名为 Alpha Wave 的产品，价格比竞争对手要低 40%。越南公司能够利用当地的零部件来降低生产成本，从而在价格上获得竞争力。

此外，本田公司已经开始开拓边远国家的市场。在预计汽车市场未来会增长的孟加拉国，本田设立了子公司；本田的产品在缅甸也开始打开销路。尽管亚洲汽车市场面临着挑战，但本田公司对亚洲市场仍然持高度乐观的态度。

除了线下方案之外，本田公司还给每个本地市场定制了线上策略。例如，本田公司启动了一项社交媒体宣传活动，在印度推出了期待已久的BR-V活动计划。BR-V计划标志着本田公司进入了印度广受欢迎的SUV板块市场，它开始与竞争对手——现代的克里特（Hyundai Creta）和铃木的S-Cross马鲁蒂（Maruti S-Cross）展开竞争。

根据网民的建议，这项社交媒体活动展示了BR-V在各种不同环境和不同地形的照片，感兴趣的人可以查看公司社交媒体页面和BR-V官方网站。本田公司表示，活动的目的是在印度推出SUV之前的几个月里与消费者建立联系（Mehra，2016）。

三星电子公司

成长和全球扩张

三星电子公司是一家总部设在韩国水原的韩国跨国电子公司，它是三星集团的一部分，2012年占集团收入的70%。该公司生产各种产品，包括核心产品手机。除此之外，它还生产半导体、电视机、家庭影院、投影机、电脑和家用电器等。

三星电子公司于1988年在韩国市场推出首款手机，最初销售情况并不好。到了20世纪90年代初，摩托罗拉在韩国的手机市场占有率超过了60%，而三星的市场份额只有10%（Michell，2010）。直到20世纪90年代中期，三星电子公司的手机部门一直在解决质量差的问题。

1995—2008年间，三星电子公司将重点放在了零部件制造业务上，后来终于回归到消费类产品。2007年，三星电子公司已经成为全球第二大手机制造商，并首次超越了摩托罗拉公司（Yoo-chul，2007）。2012年第一季度，该公司超过了诺基亚公司，成为手机销量最高的公司，销量为9 350万部，而诺基亚公司的销量为8 270万部（Lunden，2012）。现在，三星电子公司继续与苹果公司争夺世界第一智能手机制造商的地位（Chowdhry，2015）。

作为业务拓展计划的一部分，三星电子公司不再局限于亚洲地区，而是继续向全球扩张。三星电子公司在全球80个国家拥有装配工厂和销售网络，拥有员工约37万（Grobart，2013）。

一贯的全球价值观念：创新与合作

尽管在世界各地拥有生产和销售网络，但是三星电子公司一直力图保持原有的特性。其中，关键词就是创新。该公司希望被视为创新的领导者，特别是在数字产品和服务领域。正是在这方面持之以恒的努力，才使三星电子公司的创新能力在全球智能手机制造领域处于领先地位。

三星电子公司也非常重视全球视野。公司一直通过以下途径吸引世界各地的社区群体：开发新的技术、创新的产品和创造性的解决方案。同时，公司也期待开发新的领域，包括健康、医药和生物技术。此外，三星电子公司也一直致力于为核心网络开发新的价值和创造更美好的未来。这里所说的核心网络指的是，行业合作伙伴和员工。通过这些努力，三星电子公司的目标是为所有人创造更美好的世界和更丰富的体验（Samsung，2016）。

快速成功的第二个关键词是协作。在全球市场上，三星电子公司与几个重要合作伙伴密切协作。三星电子公司为了提升顾客价值所采取的战略举措之一，就是与上游运营系统供应商合作。通过与它们的合作，三星电子公司可以让用户坚持使用三星品牌，但同时可以选择多种不同的智能手机操作系统，包括Android、Windows和Bada。

区域战略和本土化策略：产品领先和线上渠道

在快速增长的市场中，三星电子公司认识到的一个重要策略是需要不断开发最好的新产品,并第一个将新产品投放到市场上。一个例子就是 2013 年在亚洲推出的第一台超高清电视机 85S9。作为第一家推出该款产品的公司,三星电子公司不仅使其具有先发优势,也保持了自身发布新的高端产品的品牌形象。

三星电子公司采取的另一个重要策略是将产品和服务本土化以适应本地市场,并与亚洲各国合作开发本地内容和服务。公司提出了"为亚洲制造"产品并专注于亚洲消费者独特需求的口号。其中,RT38 冰箱就通过定制化配置了冰水一体机和专门用于储存药物和化妆品的篮筐。这些专为亚洲顾客设计的产品,要考虑消费者可能拥有的不同偏好和习惯(Kotler et al., 2014)。

除了产品创新,三星电子公司还特别注意选择分销渠道,特别是针对低端市场的分销渠道。三星电子公司控制其低端智能手机的营销活动,以节省成本,并在新兴市场跟来自中国的竞争对手展开竞争。在印度、越南和中国市场,三星电子公司都使用领先的线上渠道直接向消费者销售手机。如果三星电子公司通过其线上渠道销售更多的智能手机,那么就可以节省大量的成本。最终,消费者将会以更实惠的价格买到三星电子公司的产品(Yoo-chul, 2015)。

三星电子公司采用线上渠道应对竞争对手小米公司的威胁,这是一家来自中国的快速崛起的智能手机制造商,用低成本的高端智能手机抢占智能手机市场。有趣的是,小米只通过官方网站销售手机。三星电子公司的管理层认为,这一策略是帮助中国智能手机生产商在短时间内提高盈利的一个原因,但三星电子公司不太可能在主要发达国家市场(如美国、欧洲)以及韩国采用这一策略。

参考文献

American Honda Motor Co., Inc (2016). http://www.honda.com/about (last accessed August 2, 2016).
Chowdhry, A (5 March 2015). Apple Surpassed Samsung as Global Phone Market Leader, Says Report. *Forbes*. http://www.forbes.com/sites/amitchowdhry/2015/03/04/apple-passes-samsung/ (last accessed May 7, 2016).

Dalgic, T (2006). *Handbook of Niche Marketing: Principles and Practice*. New York: Best Business Books.

Grobart, S (29 March 2013). How Samsung Became the World's No. 1 Smartphone Maker — and Its Plans to Stay on Top. *Bloomberg*. http://www.bloomberg.com/news/articles/2013-03-28/how-samsung-became-the-worlds-no-dot-1-smartphone-maker#p2 (last accessed May 7, 2016).

Jollibee USA (2014). About Us. http://www.jollibeeusa.com/about_us.html (last accessed August 2, 2016).

Jollibee Foods Corporation (2016). About Us. http://www.jollibee.com.ph/about-us/ (last accessed August 2, 2016).

Kotler, P, H Kartajaya and Hooi, DH (2014). *Think New ASEAN*. Singapore: McGraw Hill.

Lunden, I (April 27, 2012). Samsung May Have Just Become the King of Mobile Handsets, While S&P Downgrades Nokia to Junk. *Techcrunch*. http://techcrunch.com/2012/04/27/samsung-may-have-just-become-the-king-of-mobile-handsets-while-sp-downgrades-nokia-to-junk/ (last accessed May 7, 2016).

Mehra, J (6 April 2016). Honda Starts Digital Campaign for BR-V. *Autocar India*. http://www.autocarindia.com/auto-news/honda-starts-digital-campaign-for-br-v-401153.aspx (last accessed May 7, 2016).

Michell, T (2010). *Samsung Electronics: And the Struggle for Leadership of the Electronics Industry*. New York: John Wiley.

Ohnsman, A (20 August 2010). Honda's Dream of U.S. Production Protects Profits as Yen Surges. *Bloomberg*. http://www.bloomberg.com/news/2010-08-19/honda-founder-s-dream-of-u-s-production-protects-earnings-as-yen-surges.html (last accessed May 7, 2016).

Panday, A. (2015). Honda Increases its India Scooter Market Share to 58%. http://www.autocarpro.in/news-national/honda-increases-india-scooter-market-share-58-8848#sthash.BAohZjUd.dpuf (last modified July 13, 2015; last accessed August 3, 2016).

Samsung (2016). Values and Philosophy. http://www.samsung.com/us/aboutsamsung/samsung_group/values_and_philosophy (last accessed August 2, 2016).

Yoo-chul, K (26 December 2007). Motorola's Pain Is Samsung's Gain. *BusinessWeek*.

Yoo-chul, K (22 March 2015). Samsung to Focus on Online Marketing. *Korea Times*. http://www.koreatimes.co.kr/www/news/tech/2015/03/133_175675.html (last accessed May 7, 2016).

Yoo-chul, K (January 9, 2016). Jollibee: Acquired Tastes. *The Economist*. http://www.economist.com/news/business/21685465-tenacious-filipino-burger-chain-tries-different-way-conquer-world-acquired-tastes (last accessed May 6, 2016).

Marketing for Competitiveness: Asia to the World!—In the Age of Digital Consumers
by Philip Kotler, Hermawan Kartajaya and Hooi Den Huan

Copyright © 2017 by World Scientific Publishing Co. Pte. Ltd. All rights reserved. This book, or parts thereof, may not be reproduced in any form or by any means, electronic or mechanical, including photocopying, recording or any information storage and retrieval system now known or to be invented, without written permission from the Publisher.

Simplified Chinese translation arranged with World Scientific Publishing Co. Pte. Ltd., Singapore.

Chinese Simplified translation copyright © 2019 by China Renmin University Press Co., Ltd.
All Rights Reserved.

图书在版编目（CIP）数据

营销制胜 / 菲利普·科特勒，何麻温·卡塔加雅，许丁宜著；王永贵译. —北京：中国人民大学出版社，2019.4
书名原文：Marketing for Competitiveness
ISBN 978-7-300-26868-2

Ⅰ.①营… Ⅱ.①菲… ②何… ③许… ④王… Ⅲ.①市场营销学 Ⅳ.① F713.50

中国版本图书馆 CIP 数据核字（2019）第 064736 号

营销制胜
菲利普·科特勒
何麻温·卡塔加雅 著
许丁宜
王永贵 译
Yingxiao Zhisheng

出版发行	中国人民大学出版社	
社　　址	北京中关村大街 31 号	邮政编码　100080
电　　话	010 - 62511242（总编室）	010 - 62511770（质管部）
	010 - 82501766（邮购部）	010 - 62514148（门市部）
	010 - 62515195（发行公司）	010 - 62515275（盗版举报）
网　　址	http://www.crup.com.cn	
经　　销	新华书店	
印　　刷	天津中印联印务有限公司	
规　　格	170mm×230mm　16 开本	版　次　2019 年 4 月第 1 版
印　　张	14.75　插页 1	印　次　2021 年 6 月第 3 次印刷
字　　数	200 000	定　价　45.00 元

版权所有　侵权必究　印装差错　负责调换